跨境电商
B2B
谈判与成交
实战手册

周迪雅◎著

中国铁道出版社有限公司
CHINA RAILWAY PUBLISHING HOUSE CO., LTD.

图书在版编目（CIP）数据

跨境电商 B2B 谈判与成交实战手册 / 周迪雅著. --
北京：中国铁道出版社有限公司, 2025. 6. -- ISBN
978-7-113-32181-9

Ⅰ. F713. 36-62；F715. 4-62

中国国家版本馆 CIP 数据核字第 2025VS1648 号

书　　名：**跨境电商 B2B 谈判与成交实战手册**
　　　　　KUAJING DIANSHANG B2B TANPAN YU CHENGJIAO SHIZHAN SHOUCE
作　　者：周迪雅

责任编辑：张　丹　　编辑部电话：（010）51873064　　电子邮箱：232262382@ qq. com
封面设计：宿　萌
责任校对：刘　畅
责任印制：赵星辰

出版发行：中国铁道出版社有限公司（100054，北京市西城区右安门西街 8 号）
网　　址：https：// www. tdpress. com
印　　刷：天津嘉恒印务有限公司
版　　次：2025 年 6 月第 1 版　2025 年 6 月第 1 次印刷
开　　本：710 mm×1 000 mm 1/16　印张：16　字数：253 千
书　　号：ISBN 978-7-113-32181-9
定　　价：68. 00 元

为什么要写这本书？

一位从事五金出口的公司老板曾向我坦言："开发 100 个客户，最后能成交的不到 5 个，而重复下单的更是少得可怜。"这并非个例，而是行业通病。《哈佛商业评论》的一项研究表明，获取新客户的成本是维护现有客户成本的 5~25 倍。

这些案例和数据都说明：客户开发只是起点，能把客户留下来才是真本事。

在《跨境电商 B2B 客户开发实战手册》中，我曾用"1.0 到 4.0 时代模型"解读客户开发逻辑，具体内容如下：

- 1.0 时代靠信息差赚钱，发封邮件就能成单；
- 2.0 时代挤平台打价格战，利润被流量成本吞噬；
- 3.0 时代拼服务做定制化，却陷入成本内卷；
- 4.0 时代真正的破局点，在于将客户从"交易对象"转化为"价值共创者"。比如帮客户分析当地数据开发新品、专门定制生产线、减少客户压货压力、和客户捆绑到一起，让客户离不开你，从而将"流量"转化为"留量"，让客户从"一次性买家"变为"终身伙伴"。

这也是本书揭示的一个关键的真相，客户开发效率取决于时代，但客户留存能力取决于谈判体系。供应商与客户不再是简单的交易对象，而是共同开拓市场的盟友。谈判与成交的能力，直接决定了你能否在这场合作中占据主动权。

遗憾的是，许多从业者仍然困守旧模式，如下：

- 开发信模板化，客户已读不回；
- 报价后石沉大海，不知如何跟进；
- 过度依赖低价，市场稍有波动便转身离开；
- 精力分散在琐碎沟通中，却抓不住高价值客户。

这些问题的背后，是谈判逻辑的断层与客户管理体系的缺失。

本书主要内容：

本书延续了《跨境电商 B2B 客户开发实战手册》的实操风格，但视角更进一步——从"找到客户"到"绑定客户"，书中涵盖邮件、电话、WhatsApp 三大核心模块，并融入客户分级、满意度、忠诚度的系统方法，让每一分努力都指向持续成交，具体内容如下：

- 邮件成交：分享如何撰写吸引客户的开发信，通过有效的询盘和报价单提升转化率，以及在跟进邮件中创造机会。
- 电话成交：分享电话前的分析技巧，设计一个客户不会拒绝的开场白，以及在通话中如何选择话题，快速推进订单。
- WhatsApp 成交：探讨如何在平台上建立专业人设，获取客户信任，并激活客户的购买欲望。
- 客户分级管理：通过对客户进行分级，可以更好地识别和管理不同价值的客户，从而制定相应的销售策略，提升销售效率。
- 客户满意度与忠诚度：探讨如何通过日常沟通提升客户满意度，找到影响满意度的因素，并分享提升技巧和满意度模型，培养忠实客户，将一生一次的交易转变成长久合作的生意。

本书适合以下读者：
- 没有跨境外贸经验的小白（如刚毕业大学生、转行人员）；
- 不想被客户压价、想用专业实力拿单的资深业务员；
- 要带团队、需要标准化操作的团队管理者；
- 想建立稳定的客户群体、降低业绩波动的老板。

　　跨境电商 B2B 的竞争,早已从"拼体力"转向"拼体系"。本书主要解决如何让客户主动找你合作、长期信任你,甚至离不开你的问题。

　　希望本书能够帮你在跨境电商 4.0 时代的浪潮中,走出低效竞争的泥潭,构建持续生长的跨境版图。

周迪雅

2025 年 3 月

目　录

01

第一章

邮件成交：用好私域流量池，订单不用愁

本章将通过以下内容,帮助大家充分利用跨境私域流量池,达成邮件成交：

如何撰写引人入胜的开发信，让客户一读即回?

如何妥善回复和跟进客户的询盘?

如何提供有效的报价促成成交?

当客户长时间未回复，如何发送跟进邮件?

一个极为实用的水滴式邮件营销工具。

一个工具可查看客户是否打开邮件中的附件。

第一节　开发信:只需六步,写出客户一看就回的邮件

"网络社交如此便捷了,还有必要通过邮件开发客户吗?"答案是肯定的。

Statista(一个全球知名的综合性数据平台)的相关报告指出,2020年全球邮件营销市场价值75亿美元,7年后可能将增加到179亿美元。尽管社交营销的蓬勃发展,但邮件营销增长趋势持续强劲。数字营销公司Litmus通过跟踪统计后得出邮件营销的投资回报比是36∶1。

什么是邮件营销?

邮件营销是一种直接的数字营销渠道,使用电子邮件让企业向名单上的客户分享新产品、销售等推广信息。它可根据不同的目的分为不同的类型,第一封发给完全没有联系过的客户的邮件被称为"开发信"(cold email)。开发信是建立和维持商业关系的一种方式。为了更好地理解什么是"开发信",可以回想一下在线下活动中业务关系是如何发展起来的:去参加一个行业会议想要认识更多新客户,在这种情况下首要目标是推销公司或产品吗?当然不是,首要目标是打破僵局开始对话。线上销售也是遵循同样的原则,在网络世界中,开发信其实是开始对话的一种方式,可以去接触那些对己方公司一无所知或知之甚少的人,开发信的目标不是立即转化,而是让对方认识自己。

十几年前开发信营销模式基本都是利用一个通用的模板批量发送给一大群潜在客户,那个时候用这种方式开发新客户,效果还是很显著的,但随着越来越多复制粘贴类型的邮件充斥着潜在客户的收件箱,他们对批量模板的邮件越来越反感,这种方式已经没什么效果了。现在的开发信应该关注的是收件人,而不是产品或服务,个性化的开发信才是赢得客户兴趣的关键。Experian(一家全球领先的信息服务集团)的数据显示,带有个性化主题的电子邮件被打开的可能性增

加了 26%，如图 1-1 所示，那要如何写一封个性化的开发信呢？本书分享六个步骤：

图 1-1 个性化邮件打开率

第一步，编辑发件人信息。

收件人收到邮件第一眼看到的是什么？答案是"发件人"信息，它准确地向收件人显示出是谁发送了邮件，这将成为收件人的第一印象，直接决定他们是打开邮件进行阅读还是扔进垃圾箱，然而在实际操作中这常常是最容易被忽略的部分。

如果收到一封从 mike1235u@ gmail 发出的邮件，在信中对方声称拥有最优质的产品和服务，你会认真对待这封邮件吗？我是不会的，我会立即删除这封有"垃圾信息"即视感的邮件；如果发件人是 mike_carson@ gmail. com 感觉就会好一些，主题足够有吸引力的话还是有可能会打开；如果发件人是 mike_carson@ abccorp. com，会不会更认真对待它？我会。对方足够专业，我也会用专业的态度回复；如果发件人是 info@ abccorp. com，你的态度会跟 mike_carson@ abccorp. com 一样吗？我肯定不会的。从这个案例中可以感受到"发件人"的重要性了。

专业的发件人信息应该符合图 1-2 的要求：清楚地显示自己是谁、准确地传达想要展示的所有信息、展示的信息是潜在客户想要看到的，并且和邮件其他信息保持一致的风格。下面梳理出五种常用的发件人格式：

（1）名字（Mike<mike_carson@ abccorp. com>）。

（2）名+姓（Mike Carson<mike_carson@ abccorp. com>）。

（3）名+姓+头衔（Mike Carson,head of marketing<mike_carson@ abccorp. com>）。

（4）名字+公司名称（Mike at abccorp<mike_carson@ abccorp. com>）。

（5）名+姓+公司名（Mike Carson at abccorp<mike_carson@ abccorp. com>）。

发件人检查清单

- 清楚地显示我是谁吗？
- 是否传达了我想要展示的所有信息？
- 与我的潜在客户相关吗？
- 是否与邮件其他信息保持一致的风格？

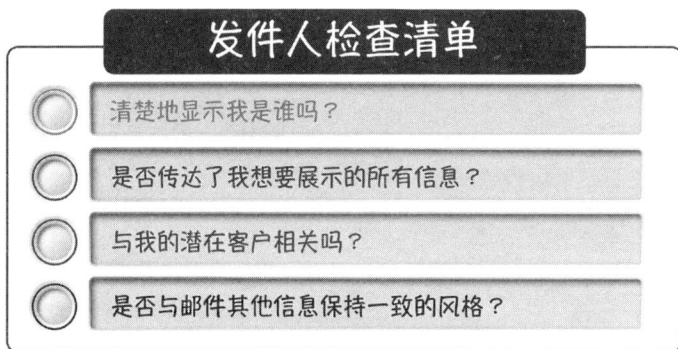

图 1-2　发件人检查清单

第二步,写一个吸引人的主题。

没有钥匙就强行破门而入,不仅无法获得想要的结果,还可能带来糟糕的体验。在传递信息时,如果没有一个吸引人的主题,就难以吸引他人的注意力,无法让对方发现所展示内容的价值。正如需要正确的钥匙才能打开正确的门,需要正确的主题才能开启与潜在客户的对话,让他们做出回应。所以,一个好的主题是打开沟通大门的关键,它能让自己的信息在众多内容中脱颖而出,有效地传达给目标受众,达成预期的效果。写得不好的主题可能会让收件人对产品产生偏见,他们可能决定不打开这封邮件,或者手动将其标记为垃圾邮件,这将会导致邮件的可发送性问题。

那要如何才能写出一个吸引人的主题? 需要掌握下面四个基本原则:

（1）以他人为中心,而不是以自己为中心。需要设身处地站在客户的角度来发布他们需要和关心的内容。打开邮件对他们有什么好处? 是否满足了他们的需求或引起他们的好奇心? 假设公司是提供健身软件的服务,客户群体是健身教练机构,那么其最大的烦恼就是如何获得新的客户。可以用"I am looking for a fitness professional."（我想要找一个健身教练。）为主题,因为大多数健身机构很难忽略这种主题的邮件。

（2）确保主题是个性化的。只是在邮件正文里显示个性化是远远不够的,主题里也需要显示个性化。如果在某个平台或某本杂志上看到客户的文章，可以用 Your article in｛MAGAZINE_NAME｝magazine（你在｛MAGAZINE_NAME｝杂志上的文章）为主题，比用 Your new opportunity（你的新机会）为主题更能让收件人打开邮件正文。

（3）引起他人的兴趣。主题也可以用提问的方式让他人停下来，思考一个他可能正在犹豫的问题，或者一个已经问了他自己很长时间的问题。这就像看到一部电视剧下一集的预告片一样，人们无法克制自己不去看，因为需要看完整个故事来了解结果。

（4）不要使用"标题党"策略。主题应该和正文联系起来，如果在标题中做出一个承诺，比如享受折扣，那么邮件正文里就必须兑现这个承诺。

根据这四个原则还汇总了一些主题范本见表 1-1。

表 1-1 主题范本

序 号	主题范本（英文）	中文解释
1	｛CUSTOMER_NAME｝, there is a more efficient way to achieve｛EFFECT｝	｛客户姓名｝，有一种更高效的方法来实现｛效果｝
2	I have an idea on how to improve your｛BUSINESS_SCOPE｝	我对如何改进您的｛业务范围｝有一个想法
3	Want to scale up｛BUSINESS_SCOPE｝at｛CUSTOMER_COMPANY_NAME｝	想扩大｛客户公司名称｝的｛业务范围｝吗
4	A fresh view on｛BUSINESS_SCOPE｝	关于｛业务范围｝的新视角
5	I hope the word has spread about｛BUSINESS｝	希望关于｛业务｝的消息已经传开了
6	Have you heard about/tried｛PRODUCT/SERVICE｝	您听说过/试过｛产品/服务｝吗
7	Get ready for｛DISCOUNT｝OFF	准备好享受｛折扣｝优惠吧
8	Is your｛PROBLEM｝efficient	您的｛问题｝处理得高效吗
9	It's high time to start｛BUSINESS_SCOPE｝	是时候开始｛业务范围｝了
10	A painless way of doing｛EFFECT｝	实现｛效果｝的轻松方法
11	The time has come. Change｛BUSINESS_SCOPE｝	是时候改变｛业务范围｝了
12	Have you considered doing｛BUSINESS_SCOPE｝	您考虑过开展｛业务范围｝吗
13	Do you have any｛PROBLEM｝challenges	您有｛问题｝方面的挑战吗

标题完成后可以根据图 1-3 的清单进行检查确认是否符合这些基本要求。

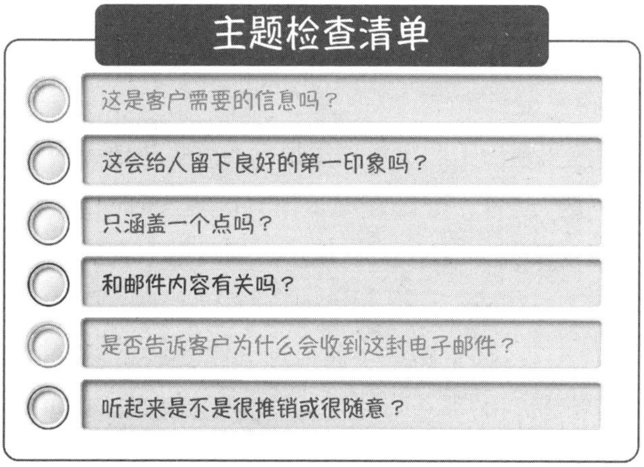

主题检查清单

- ◯ 这是客户需要的信息吗？
- ◯ 这会给人留下良好的第一印象吗？
- ◯ 只涵盖一个点吗？
- ◯ 和邮件内容有关吗？
- ◯ 是否告诉客户为什么会收到这封电子邮件？
- ◯ 听起来是不是很推销或很随意？

图 1-3　标题检查清单

第三步，编辑一个具有让人有继续往下阅读冲动的开头。

当收件人打开你的邮件后，已经完成了一半，然而接下来只有 3 秒的时间来抓住客户的注意力继续往下阅读，所以需要一个有吸引力的开头。

很多人喜欢用这种方式来开头：

Hi, my name is ××× and I work for ××× company, specializing in ××××. Nothing like the other companies, we not only do ××× but also do ×××. We also have great prices and also masters in our field. （嗨，我叫×××，在×××公司工作，主要专注于×××。与其他公司完全不同。我们不仅做×××，还做×××。我们的价格也很优惠，也是这个领域的专家。）

这有可能是因为不知道如何开始写，或者急切地想通过第一封信完成销售，但这绝对不是一个成功的开头。成功的开头有下面三种写法：

（1）提出问题和解决方案。个性化的前提在于正确认识潜在客户的具体需求和问题，这比收集到的数据重要得多。例如：

I am｛YOUR_NAME｝at｛COMPANY_NAME｝, and I noticed you are looking for a way to improve｛BUSINESS_SCOPE｝. You will be glad to know｛COMPANY_NAME｝helps you to achieve this goal. （我是｛公司名称｝的｛你的名字｝，我注意到您正在寻找提升｛业务范围｝的方法。您会很高兴得知，｛公司名称｝能助您实现这一目标。）

（2）出乎意料。如果收到以下两种邮件开头，你更有可能打开哪封邮件？

A：Product Demo. （产品演示）

B：Hey，John，you're invited！（嘿！约翰，邀请你啦！）

我会打开邮件 B，因为邮件 A 看起来像普通的促销邮件，而邮件 B 则激发了好奇心。用出乎意料的内容吸引收件人的注意力，他们就有可能会打开。

（3）与对方相关。提前了解潜在客户并发现他们的问题，可以在解决方案之前先创造一个背景故事来吸引他们的注意力，例如：

I read your blog regarding｛TOPIC｝. It was an remarkable read. The content spoke for itself and the tone was very well defined. （我读了您关于｛主题｝的博客。读起来非常精彩。内容很有说服力，语气也拿捏得恰到好处。）

最后要注意的是，开头必须简短，一般不应该超过两三句话，在发邮件之前通过图 1-4 的清单再来检查开头的完整性。

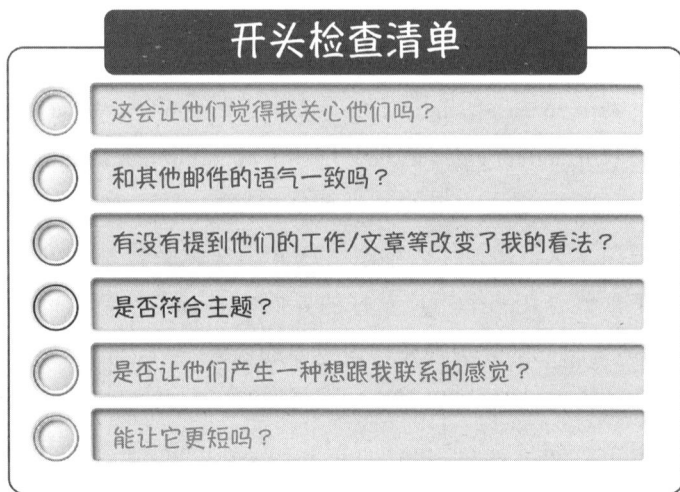

开头检查清单

- 这会让他们觉得我关心他们吗？
- 和其他邮件的语气一致吗？
- 有没有提到他们的工作/文章等改变了我的看法？
- 是否符合主题？
- 是否让他们产生一种想跟我联系的感觉？
- 能让它更短吗？

图 1-4 开头检查清单

第四步，在邮件正文中展现有价值的内容。

这才是正式介绍产品或服务，但要注意不是产品功能介绍，而是要关注能够为客户提供多少价值。

假设一家销售视频软件的公司，经过分析后选择两个潜在的客户群体：视频制作工作室和数字营销机构。邮件正文是向客户传递信息：产品是视频处理软

件,很稳定,功能强大,使用界面易操作,处理速度快。当你的潜在客户看到这样一封邮件后会如何解读呢? 大概会这样解读:

"这是一个视频处理软件。"→"我已经用过很多这种软件了,所以不需要它了。"

"很可靠也有很多功能。"→"我用过的软件也很可靠也有很多功能。"

"使用界面很有趣。"→"这意味着什么?"

"处理速度也很快。"→"现在的处理速度也还好,可以满足需求。"

你以为讲了很多,但对客户来说都没什么价值。因此,需要的是一个故事而不是功能列表,用讲故事的方式向客户展示如何帮助他们解决问题。根据这个原则重新编写正文。

如果是视频制作工作室,正文可以写成如下形式:

I guess you would rather spend your time taking some interesting videos than struggling with a complex software to process the videos that you already took. That's why I wanted to introduce you to an alternative video production software that offers all the necessary tools in a single user-friendly interface. With this software, you can achieve the desired effects for your perfect video without having to go through lengthy tutorials. (我猜,相比花费时间钻研一款复杂软件来处理已拍摄的视频,您更愿意花时间去拍摄一些有趣的视频。这就是为什么我想给您介绍一款替代性的视频制作软件,它将所有必要工具整合在一个用户友好的界面中。有了这款软件,您无须查阅冗长的教程,就能为自己的完美视频实现想要的效果。)

对于数字营销机构,正文可以写成如下形式:

I understand that video processing can be time-consuming, especially when using a complex software with many hidden functions. That's why we came up with an alternative in which you can access all tools from a single screen. Our goal is to help professionals like you spend less time processing videos and have more time for engaging in new and exciting projects. (我知道视频处理可能很耗时,尤其是使用一款有许多隐藏功能的复杂软件时。这就是为什么我们推出了一款替代软件,通过它您能在一个界面中使用所有工具。我们的目标是帮助像您这样的专业人士减少花在视频处理上的时间,从而有更多时间投入到新颖且令人兴奋的项目中。)

完成后根据图 1-5 所列清单再次检查正文是否已经清晰表达出想要传递的价值。

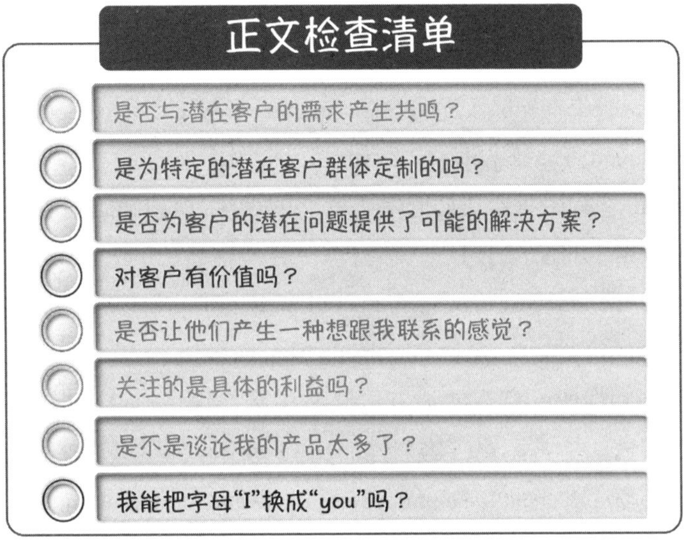

图 1-5　正文检查清单

第五步,用行动呼吁结束。

开发信的目标不是成交,而是跟客户的关系再进一步,行动呼吁正是要达成这个目的。行动呼吁必须简明扼要、清晰明了,不超过一句话,有且只有一个简单的行动。可以用以下几种方式来完成行动呼吁:

(1)确定一个线上会议。通过这个线上会议可以继续讨论客户的真实需求并提供解决方案,具体模板参考如下:

Would you be interested in a phone call so I could tell you more on｛DATE｝? (您是否有兴趣在｛日期｝通个电话,以便我能向您详细介绍?)

Would you be available for a10-minute phone call next week? (下周您方便接一个 10 分钟的电话吗?)

Would you be able to chat on the phone for 10 minutes next week on｛DATE 1｝or ｛DATE 2｝? (下周｛日期 1｝或｛日期 2｝,您能抽出 10 分钟时间通个电话聊聊吗?)

When is the best time for you to talk about this for 10 minutes? (您什么时候方便花 10 分钟谈谈这个事情呢?)

（2）新版本测试回复。产品研发过程中每个阶段都需要有真实客户的反馈以确保走在正确的方向上，并且邀请客户参考产品研发也是一种提高客户参与感的重要途径。用语参考如下：

What do you think about our product idea? Would you find it useful? We would greatly appreciate your feedback, so please feel free to share your thoughts with us by replying to this email. Thank you, {CUSTOMER_NAME}！（您对我们的产品构想有何看法？您觉得它有用吗？我们非常感激您的反馈，所以请通过回复这封邮件，畅所欲言地与我们分享您的想法。感谢您，{客户姓名}！）

Do you like the new features? What could be improved? Please take a moment to share your thoughts by replying to this email. Thanks a lot, {CUSTOMER_NAME}！（您喜欢这些新功能吗？有哪些地方可以改进呢？烦请您花些时间回复这封邮件，分享您的想法。非常感谢，{客户姓名}！）

What do you think about the app update? I'd love to learn your opinion. Please take a moment to click on the following link and complete a short survey. Thanks a lot, {CUSTOMER_NAME}！（您对这款应用的更新有什么看法？我很想了解您的意见。请花点时间点击以下链接，完成一份简短的调查问卷。非常感谢，{客户姓名}！）

（3）社交媒体平台关注请求。如果新客户能够关注到你的社交媒体平台，那么就多增加一条触达客户的途径，也增加了合作的可能。用语参考如下：

{CUSTOMER_NAME}, let's stay in touch on {SOCIAL_MEDIA_ACCOUNT}. I've just sent you a connection request. （{客户姓名}，咱们在{社交媒体账号}上保持联系吧。我刚给你发了好友申请。）

在发送邮件前通过图 1-6 检查确保已经添加了行动呼吁。

第六步，完善邮件签名。

邮件签名跟"发件人"一样容易被忽略，这也是完整邮件中的一部分，不可缺失。邮件签名应该再次告诉收件人你是谁，他们可以在哪里找到更多关于你/你的公司的信息。可以放上专业形象照，这会让你看起来值得信赖。下面提供一个参考模板：

Best regards（致以最诚挚的问候）

{YOUR_NAME}（你的名字）

行动呼吁检查清单

- 是否表达了我邮件的既定目标？
- 是否表达清楚收信人在关闭邮件后需要做什么？
- 能用更简洁的语言表达吗？
- 是否与邮件其他信息保持一致的风格？

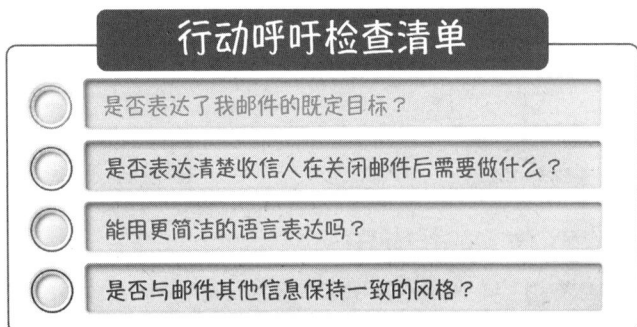

图 1-6　行动呼吁检查清单

{POSITION}（职位）

{COMPANY_NAME}（公司名称）

{ADDRESS}（地址）

{WEBSITE}（网站）

Find more tips on {SOCIAL_MEDIA_ACCOUNT}（在{社交媒体账号}上获取更多小贴士）

在发送之前可以根据图 1-7 所列清单来判断签名是否符合要求。

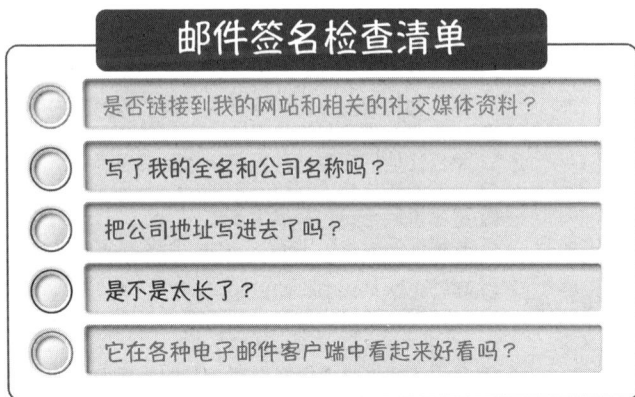

邮件签名检查清单

- 是否链接到我的网站和相关的社交媒体资料？
- 写了我的全名和公司名称吗？
- 把公司地址写进去了吗？
- 是不是太长了？
- 它在各种电子邮件客户端中看起来好看吗？

图 1-7　邮件签名检查清单

最后要注意的是，开发信邮件应该尽量简短，只需要 2~5 句话，总字数不要超过 200 字，50~125 个单词是最佳数量。没有一个万能邮件模板，发件人的任务是发送邮件后密切关注打开率、回复率等数据，不断优化和调整才能写出客户一看就回的开发信。

行动建议（见图1-8）

开发信行动清单

发件人
- ☐ 清楚地显示我是谁吗？
- ☐ 是否传达了我想要展示的所有信息？
- ☐ 与我的潜在客户相关吗？
- ☐ 是否与邮件其他信息保持一致的风格？

主题
- ☐ 这是客户需要的信息吗？
- ☐ 这会给人留下良好的第一印象吗？
- ☐ 只涵盖一个点吗？
- ☐ 和邮件内容有关吗？
- ☐ 是否告诉客户为什么会收到这封电子邮件？
- ☐ 听起来是不是很推销或很随意？

开头
- ☐ 这会让他们觉得我关心他们吗？
- ☐ 和其他邮件的语气一致吗？
- ☐ 有没有提到他们的工作/文章等改变了我的看法？
- ☐ 是否符合主题？
- ☐ 是否让他们产生一种想跟我联系的感觉？
- ☐ 能让它更短吗？

正文
- ☐ 是否与潜在客户的需求产生共鸣？
- ☐ 是为特定的潜在客户群体定制的吗？
- ☐ 是否为客户的潜在问题提供了可能的解决方案？
- ☐ 对客户有价值吗？
- ☐ 是否让他们产生一种想跟我联系的感觉？
- ☐ 关注的是具体的利益吗？
- ☐ 是不是谈论我的产品太多了？
- ☐ 我能把字母"I"换成"you"吗？

行动呼吁
- ☐ 是否表达了我邮件的既定目标？
- ☐ 是否表达清楚收信人在关闭邮件后需要做什么？
- ☐ 能用更简洁的语言表达吗？
- ☐ 是否与邮件其他信息保持一致的风格？

邮件签名
- ☐ 是否链接到我的网站和相关的社交媒体资料？
- ☐ 写了我的全名和公司名称吗？
- ☐ 把公司地址写进去了吗？
- ☐ 是不是太长了？
- ☐ 它在各种电子邮件客户端中看起来好看吗？

图 1-8 开发信行动清单

第二节　询盘：邮件回复四个步骤，转化率提升 80%

最近我在帮一个英国客户采购饰品，于是在阿里巴巴国际站里找一些供应商，并统一发了一封询盘邮件，询盘内容包括：饰品图片和要求，同时也说明为了方便沟通，对方可以加我的微信，邮件里也留了我的微信号码。总共发了十几家，大概出现了五种情况：

供应商一，邮件发过去后没有回复，于是我拨通了他们在国际站留下的电话号码，但电话没有人接。

供应商二，邮件发过去后也是没有回复，也一样打了个电话给他们，电话接通后我大概描述了一下需求，他们说他们有做。我让对方加我的微信，以便把饰品图片发过去，不过最终对方没有添加。

供应商三，邮件有回复，就一句话："Your email is well received and we will reply to you ASAP."（收到你的邮件，我们会尽快回复你。），看得出来这个是自动回复，后来也没有下文。

供应商四和供应商五都回复了邮件并添加了我的微信。他们各自在微信里回复了报价如图 1-9 所示。

你会推荐哪一个供应商呢？我推荐了供应商五，其他都排除在外了。其他四家供应商，有的连邮件都没有回，有的回复非常不专业。很多跨境业务员都在说国际站效果差，但我用国际站发询盘，收到的回复率也只有 5%，这让我想不通这些业务员到底在抱怨什么。他们有及时专业地回复邮件吗？如果知道没有询盘的原因其实是他们根本无作为，老板会不会很生气？

邮件营销公司 Email Analytics 研究表明，35% 到 50% 的销售额流向了第一时间做出反应的供应商。如果你能在一小时内跟进询盘，成功率可以增加 700%。90% 的客户希望得到尽快回复，其中 60% 的客户将"尽快回复时间"定义为"少于

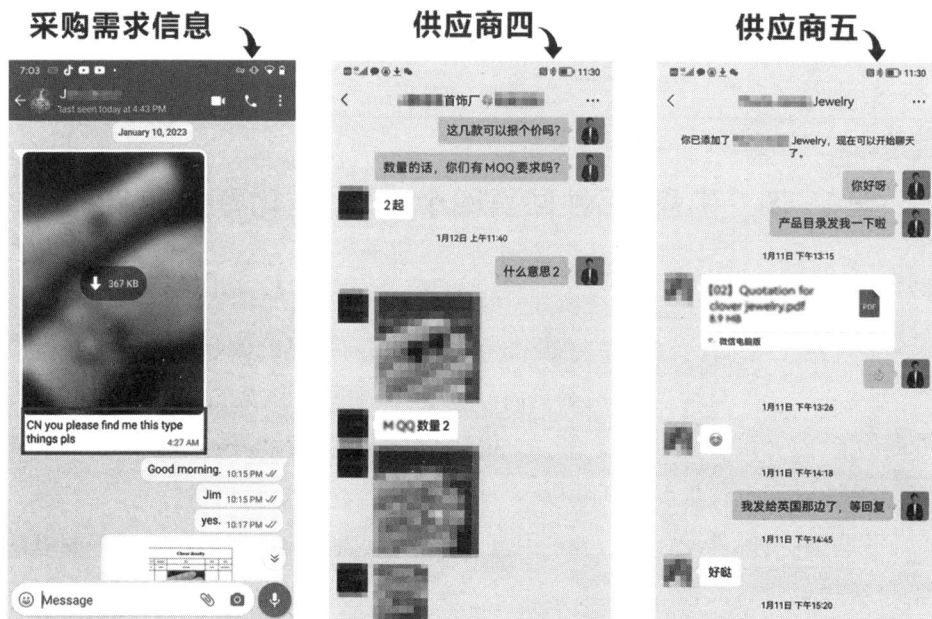

图 1-9　饰品采购询盘案例

10 分钟"。由此可以看出,早起的鸟儿真的有虫吃,在跨境邮件营销中,这些数据直接体现在询盘邮件的回复上。

　　询盘邮件,又称为询价邮件,指的是买方主动发过来问产品、服务、报价等交易条件的邮件。当收到一条如图 1-10 的询盘邮件,那是对自己过往通过搜索引擎推广、社交媒体、开发信等主动方式拓客的一种肯定。因为每获取一条询盘信息,

买家询盘邮件参考

Good morning,we are an Italian group that operates in different sectors of mechanics. From an analysis we have seen that the bicycle sector is a rapidly growing sector, For this reason we are looking for a brand that produces bicycles with a good value for money and interested in a partnership for distribution in Italy and / or Europe. If you are not yet present in these Markets and are interested in our proposal, please send us information about your company and your products to the email.We look forward to receiving your feedback and available for any clarification.

图 1-10　买家询盘邮件参考

就表示增加了一个意向客户，这能够对业绩产生直接影响。回复询盘邮件的主要目的是满足寄件人的需求：可能是需要提供更多信息，也有可能是想打电话，或者是寄样品。买家在选择合作时，产品质量、销售条款并不是唯一关注的事情，服务态度在达成交易中也发挥着重要作用，包括客户发邮件时的回复速度和方式。

很多跨境业务员在收到客户询盘时非常兴奋，急忙撰写并发送回复邮件，接下来就再也没有收到客户的回信了，这是因为没有正确的操作思路。

收到客户询盘应该怎么处理呢？这里分享回复询盘四个步骤，助力转化率提升 80%：

第一步，背景调查。

首先查看这个国家对己方的产品有没有什么政策限制或特殊规定，例如清关资料、商检等。之前有个越南代理商想要进口一些二手的海绵边角料到越南，这种海绵边角料不是什么公司都能够进口的，是需要有一定资质的，因为当地政策把这些二手边角料当作垃圾废料。

再去查找客户的网站，了解对方是什么类型的客户：制造商、代理商、经销商、工程商等。如果是制造商，那也要了解对方是生产什么产品，己方的产品在对方产品中起到什么作用，如何通过产品帮助对方占据更多的市场空间；代理商或经销商大多看中的是利润和市场前景；工程商则需要了解项目具体要求，己方的产品是否可以帮助实现项目上的需求。

还可以通过社媒来了解公司架构，也可以确认和自己联系的那个人是什么职位，因为跟不同职位的人沟通侧重点不一样：跟采购员沟通的重点是情感，他没有什么话语权，只是负责沟通和联系，却能够决定是否将品牌推荐到管理层；跟采购经理沟通首先是需要通过专业让他信任，再者是让他相信无论对他还是对他所在的公司这都是不错的选择；直接跟老板沟通的话需要明确告诉他，用了这个产品可以减少成本，或者带来更多的利润。

第二步，询盘分析。

有效询盘通常可以分为两种类型：需求明确型、资料收集型，如图 1-11 所示。

（1）需求明确型。这种询盘是最有可能在短期内签订合同，通常会在邮件里将需求描述得非常具体，比如需要的产品的款式、颜色、功能、包装、认证、参数、数量、交期、付款条件等。可以根据表 1-2 将客户的需求罗列出来，如果有些需求

图 1-11　两种有效询盘类型

在邮件里没有详细说明,可以先联系客户预约一次线上会议,专门探讨具体的需求再来做进一步的邮件回复。

表 1-2　询盘需求分析

序号	项　　目	内　　容
1	目标价格	
2	采购数量	
3	OEM 还是 ODM 业务	
4	目标市场	
5	是否需要寄送样品	
6	(颜色/尺寸/包装等)产品额外要求	
7	语言版本	
8	出口资质	
9	产品认证证书	
10	付款方式	
11	物流问题	
12	工厂资质	
13	质保要求	

（2）资料收集型。指的是这个买家目前还没有一个明确的采购意向，可能他已经有了供应商，只是想增加几个，也有可能是跟之前的供应商合作不愉快想换一个，或者想拓展一些新的业务，所以会先发个询盘了解市场情况。这种询盘需要结合社交媒体平台运营持续跟进。

本书开头分享的那个采购案例中，我是用中文发邮件，那些公司不回复可能是认为我是贸易公司来骗价格的。其实大可不必有这种顾虑，我对待每一个询盘都是非常认真的，即使有可能是同行询价，那是因为现在信息太透明了，这种情况难以避免。你的同行有很多种方法可以拿到你的报价。我都是直接找客户拿同行报价，而且客户还会告诉我同行给他的底价。在这里我想多说一句，永远保持一颗感恩的心。不管这个人是不是来套价格，大家也可以成为朋友，或者共享信息。

第三步，制定策略。

不同的询盘回复策略也不一样，这是最考究业务水平的一个环节，下面用三个真实有效的询盘案例拆解如何制定有效跟进策略，如图 1-12～图 1-14 所示。

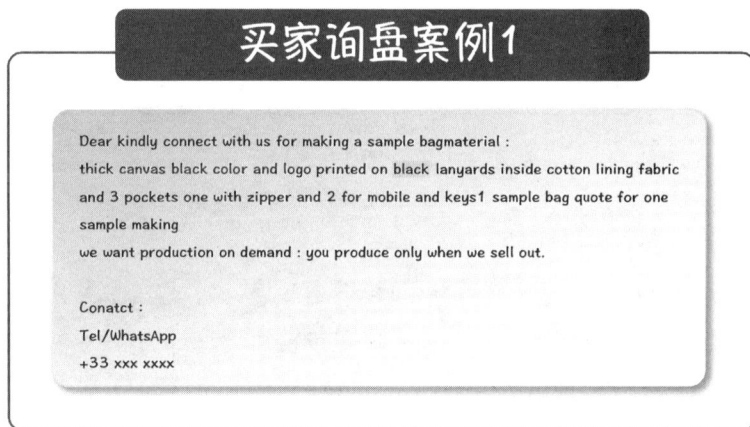

买家询盘案例1

Dear kindly connect with us for making a sample bagmaterial :
thick canvas black color and logo printed on black lanyards inside cotton lining fabric
and 3 pockets one with zipper and 2 for mobile and keys1 sample bag quote for one
sample making
we want production on demand : you produce only when we sell out.

Conatct :
Tel/WhatsApp
+33 xxx xxxx

图 1-12　买家询盘案例 1

案例 1

询盘第一句话表明来意：要做样品。第二段比较清晰地描述产品细节，但没有具体到型号，很有可能是该客户在市场里看到这个款式好卖，于是也想进入这个市场。最后特别强调"我们卖完你再生产"，可以看出其一，他们会比较强势,其二,落款也没有公司名字,很有可能只是中间商,想用这个产品进入一个新市场。这个客户谈下样品订单的可能性还是比较高,但后期大订单可能会需要比较长的时间,因为也是摸索这个市场。这种询盘是属于资料收集型,所以针对这样的客户的跟进策略是:如果这个客户所在的国家你也没有什么客户,那可以先把样品单谈下来,客户会拿着你的样品订单去测试市场,在后续跟进过程中,更多的是通过对方来获取市场信息,帮助你更好地了解市场。

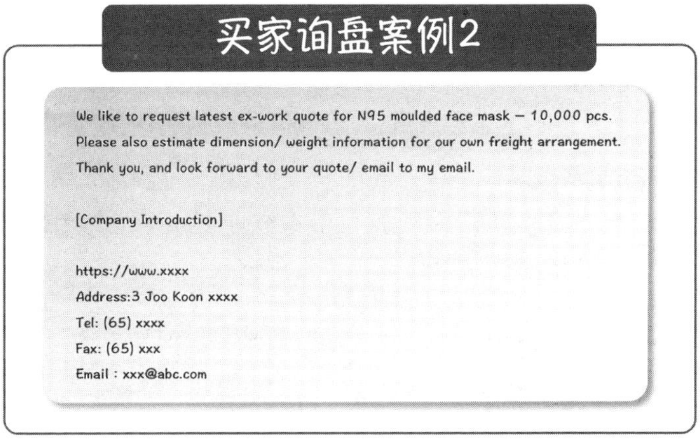

买家询盘案例2

We like to request latest ex-work quote for N95 moulded face mask – 10,000 pcs. Please also estimate dimension/ weight information for our own freight arrangement. Thank you, and look forward to your quote/ email to my email.

[Company Introduction]

https://www.xxxx
Address:3 Joo Koon xxxx
Tel: (65) xxxx
Fax: (65) xxx
Email : xxx@abc.com

图 1-13　买家询盘案例 2

案例 2

这个询盘提供的信息非常齐全:具体的型号、数量、尺寸、重量、需求等。询盘第二段是他们公司的介绍,包括成立年限、主营产品、主要市场等(这里有涉及客户隐私就省略了)。最后有公司名字、电话、邮件等信息。拿到这些信息之后可以直接访问他们的官方网站、在社交平台了解公司基本情况。这个询盘是属于需求明确型,邮件内容书写非常工整、用语也很专业,通过他们的官方网站了解到公司是有一定规模的。针对这样的客户的跟进策略是:在正式报价前预约一个线上会议,尽可能地将他们公司的相关负责人、你们公司的相关负责人都约在一个会议里。这有三个目的:一是尽快增加双方熟悉感;二是显示公司的专业和规模;三是深挖采购意向,比如什么时候会下订单、一年的预计销量等。在沟通完线上会议之后,再进行报价,对这种询盘就是要促成订单。

买家询盘案例3

> Hello,we need Gan US/EU/UK 65W charger 2 Port Type C PD and QC 3.0, do you have advantage item for Malaysia market?
>
> xxx@gmail.com

图 1-14　买家询盘案例 3

案例 3

这个询盘信息比较简单，只有型号和国家，客户连名字都没有留，只有一个 Gmail 邮箱，也无法在社交平台搜索到有用的信息。这种邮件其实也是需求明确型，但跟进策略和案例 2 不一样。案例 2 一看就是一个有一定规模的公司决策采购。这个案例很有可能发邮件的人就是老板，公司也就几个人的规模。采购可能只是刚好有一个客户需要，并不一定是经过深思熟虑的市场分析。这样的邮件跟进策略是：先获取更多的信息，最重要的是联系方式。可以先把 WhatsApp 发过去让对方添加，而不是一开始就报价过去。

第四步，回复询盘。

询盘邮件的正文分成三个部分，开头、主体和结尾：

（1）开头。好的开始是成功的一半，询盘回复主要是因你收到了对方的邮件而发起的一封邮件，一般会以感谢开始。这样可以给客户一个愉快的感觉。可以使用这些句子：

Thank you for your inquiry regarding our product or service. （感谢您对我们产品或服务的询价。）

Thank you for your interest in our product or service. （感谢您对我们的产品或服务感兴趣。）

We would like to thank you for your letter inquiring about our product. （谢谢您方来函询问我们的产品。）

We truly appreciate your letter asking for information about our service. (我们非常感谢您来信询问有关我们服务的信息。)

It was a pleasure to receive your inquiry about the product of our company. (很高兴收到你方对我公司产品的询价。)

（2）主体。主体是根据客户提出的问题针对性地回复,直奔主题用一些简单有效的句子来清楚表达你的意思,尽量用短句,切忌用很多从句或冷僻词,这里是做生意,不是考试,不需要让客户觉得你的英语表达能力强、词汇量大,最重要的是简洁清晰明了,很多客户的母语也不是英语。早在 2016 年,电子邮件营销企业 Boomerang 对 4 000 多万封电子邮件进行的一项研究发现:小学低年级水平的邮件回复率最高,为 53%;相比之下,幼儿园水平的邮件回复率为 46%,高中水平的邮件回复率为 45%,大学阅读水平的邮件回复率为 39%。所以,邮件回复尽可能使用短词短句,本书提供一些模板参考:

According to your inquiry, we have enclosed｛CONTENT｝. (根据您方询价,现随函附上｛内容｝。)

In response to your inquiry, please find attached in this email regarding｛TOPIC｝. (为答复您的询问,请查收附件中关于｛TOPIC｝的电子邮件。)

To answer your question, here are｛CONTENT｝. (为了回答您的问题,这里有｛内容｝。)

We are pleased to satisfy your demand with the attached information regarding｛TOPIC｝. (我们很高兴满足您的要求,附上关于｛TOPIC｝的信息。)

（3）结尾。跟开发信一样,在结尾处一定要做出一个行动呼吁并再次感谢。行动呼吁可以参考前面。如果你是想约对方进行电话会议,日期和时间一定要用客户的时区。

再次感谢可以参考以下例子:

I hope you are satisfied with the information above. (我希望您对以上信息感到满意。)

Hopefully, the information attached is sufficient for you. (希望附件中的信息对您足够。)

We hope that the details mentioned were useful to you. (我们希望上述细节对您

有帮助。）

最后表示随时在线沟通：

Should there be any further inquiries, please do not hesitate to contact us.（如果有任何进一步的询问，请不要犹豫与我们联系。）

If you require further information, feel free to contact me.（如果您需要进一步的信息，请随时与我联系。）

If you have any questions or need more details, we are always ready to help.（如果您有任何疑问或需要了解更多细节，我们随时准备提供帮助。）

It would be my pleasure to know how we can assist you further.（我很乐意知道我们还能如何帮助您。）

Thank you for your time and consideration. I look forward to hearing from you soon.（感谢您的时间和考虑。我期待很快收到你的来信。）

We look forward to doing business with you in the future.（我们期待着将来能和你们做生意。）

模板只是让人快速知道如何去写一封专业的邮件，行业不同需求也不一样，更重要的是对客户深度了解后根据具体情况写出适合自己行业和产品的询盘邮件。

行动建议（见图1-15）

询盘回复行动清单

1 背景调查

2 询盘分析

目标价格

采购数量

OEM还是ODM业务

目标市场

是否需要寄送样品

产品额外要求

语言版本

出口资质

产品认证证书

付款方式

物流问题

工厂资质

质保要求

3 制定策略

4 回复询盘

开头

主体

结尾

图 1-15　询盘回复行动清单

第三节　报价单：完美报价单十要素，让无数客户买单

在分享的采购案例中提到，供应商四和供应商五都在比较短的时间内回复了信息并添加了我的微信。为什么最终还是选择了供应商五呢？区别就在报价单上，供应商四提供的报价单看起来就很随意，在我提供的图片上写上一个报价，也没有说清楚最小起订量、付款条款等，这些都需要看了报价单之后再问他，增加了很多沟通成本。而且当时看到这种报价方式，我的第一感受就是：供应商四可能不是专门做首饰类的工厂，而是跟工厂合作的中间商。注意如果一个工厂给客户一种不是工厂的错觉，那对工厂来说也是一种损失。供应商五将所有的信息都展示在图 1-16 的报价单里，而且还非常细心。在沟通过程中知道我其

序号	商品编号	图片	类型	材料	备注	数量	单价	金额
No.	ITEM	PICTURE	TYPE	MATERIAL	DESCRIPTION	QTY. (PCS)	PRICE	AMOUNT
1	E-	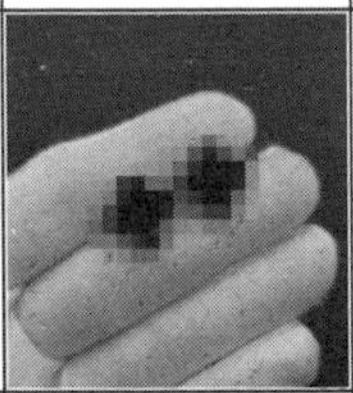	耳钉 /Earring	S925	15mm,Gold Plated	1		
			耳钉 /Earring	Brass	15mm,Gold Plated	1		
		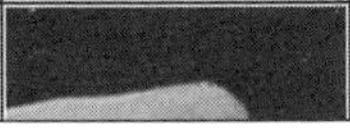	耳钉	S925	15mm,Gold Plated	1		

图 1-16　供应商五的报价单

实只是一个中间商,所以特意发了 Excel 表格方便修改价格,他明白我可能需要从中获取一定的利润。这一点使我对他有非常强烈的好感。

那么什么是报价单呢?报价单是一种商业文件,指的是供应商给客户的报价,经常用于回复客户的询盘。报价单除了提供报价的功能之外,还间接影响客户对你和你公司专业度的判断,因为它会帮你说话,发送报价是给客户留下第一好印象的机会,有时就直接决定客户是否会向你采购。好的报价单能够帮助你提升业绩。

在帮助外商采购的过程中,我问过他们希望收到什么样的报价。我整理了一下他们的回复,归纳出能够让客户满意的报价十要素,如图 1-17 所示,按照重要性依次简要说明。

图 1-17　完美报价单十要素简称

要素一,图片。

很多供应商提供的报价里都没有包含图片,基本上就是一个型号、描述。很多供应商并不是输在价格上,也不是输在产品上,而是输在了图片上,因为客户无法从文字信息中判断你的产品是否值那个价。有些业务员会认为:"我把报价单发过去了,产品目录也发过去了,客户打开两个文件对应着看就行了。"这其实也是一个误区,能够比同行多做一步,让客户少做一步,那么获得订单的可能性就高一倍。

虽然图 1-16 的报价单中包含了图片，但是图片质量不高，像这种手链、珠宝等需要展示质感的产品，可以多参考国际品牌的拍摄方式，也可以直接将国际站或独立站上的产品图片贴到报价单上。

要素二，价格。

很多业务员在报价单里仅仅呈现了产品的价格，如图 1-16 中的"单价"和"金额"两项。这样的报价是无效的，因为没有贸易方式。客户不知道报的价格是 FOB 价（离岸价）还是 CIF 价（成本加保险费加运费），也不知道装运港在哪里，从上海港口发货和厦门港口发货的 FOB 价对客户来说是完全不同的。如果将这些信息全面展示在报价单里，客户可以在尽可能短的时间内以合理的价格找到一个合适的供应商。还有一点需要注意的是，如果原材料、汇率对价格的影响比较大，要增加一条价格调整条款，比如这个价格是基于原材料的哪个价格区间，当原材料浮动超过多少个点或者汇率浮动超过多少个点需要重新调整价格。

要素三，包装明细。

包装明细包含纸箱重量、尺寸、体积、材料等，这是很多供应商会忽略的，但买家需要通过这些明细来计算运费，请记住，客户要支付的不仅仅是产品的采购价，这一点也是很多供应商会遗漏的，客户没有时间一一确认这些细节，而且这些信息是可以提前计算出来的。如果没有提供的话，客户也就不看了。你的专业度也会影响客户的专业度，客户就会直接联系那些提供包装信息的卖方。

要素四，付款方式。

比较常见的国际贸易付款方式有 T/T 电汇和 L/C 信用证，根据网上百科的定义，T/T 电汇是指汇出行应汇款人的申请，采用电报（cable）、电传（telex）、环球同业银行金融电讯协会（SWIFT）方式将电汇付款委托书给汇入行，指示解付一定金额给收款人的一种汇款方式；而 L/C 信用证是指银行（即开证行）依照进口商（即开证申请人）的要求和指示，对出口商（即受益人）发出的、授权出口商签发以银行或进口商为付款人的汇票，保证在交来符合信用证条款规定的汇票和单据时，必定承兑和付款的保证文件。除了这两种，还有 D/P 付款交单、D/A 承兑交单、西联国际汇款等付款方式，不管采用哪一种付款方式，在报价之前需要跟客户经过讨论后达成一致,并清晰地展现在报价单里。

要素五,产品描述。

产品描述包含型号、品名、尺寸、重量、功能、材料、认证、测试、使用年限等,这个要尽可能详细,最好能够做到客户看完描述后没有这些方面的疑问,这样能够快速地帮助客户解决很多问题。如果不知道应该增加哪些内容,那平时跟客户沟通的时候可以将客户的问题记录下来,逐步添加到自己的描述中。

要素六,公司信息。

公司信息包含公司名称、联系人、地址、联系电话、邮箱地址、网址、品牌标识等,很多业务员会遗漏品牌标识这个重要的信息,请记得品牌标识能够在视觉上快速区分你和竞争对手,这样下次客户更容易认出你的品牌。信任其实来自一种熟悉的感觉,通过这个品牌标识可以让客户更容易选择你们。在他们潜意识里觉得你们更像是一个品牌,而不仅仅是一堆产品。

要素七,客户信息。

一定要把客户的信息正确地填到报价表里,每一份报价表都是针对客户的特殊需求量身定制的,或许你对所有客户的报价都一样,但至少在报价表里给人这样的印象和感觉——"这个报价是专为你而做"。

要素八,日期和有效期。

跟客户沟通报价是一个过程,在这个过程中客户的需求会改变,可能提供的就不止一个版本的报价,注明报价日期也能够帮助客户更好地找到最新的报价以免后期造成误会。有效期也是一个非常重要的元素,如果没有有效期,客户可能拿着一年前的报价来跟你合作,还能够以当时的价格来跟他成交吗?即使可以,这样持续下去对你的业务也是利大于弊。报价单上有有效期还有另外一个好处,就是给客户施加一定的压力:要么现在买,要么以后多付费来买。而且也给后续跟进提供了一种场景:"价格即将到期,你确定要采购了吗?"

要素九,报价单号。

有明确的报价单号可以更好地管理报价单,但这更多的是一种心理战术。举个例子,报价单号是根据第几份报价单来编排的话,在七月发送了第三份报价,所以报价单号就是003。那客户可能会对这家公司的能力产生怀疑,都七月了才报了三次价，这家公司的生意怎么了？但到了七月都报了 1 000 份报价，如果你是客户，会更倾向于与哪个供应商合作？

要素十，文件命名。

一般的命名格式为"报价单号—客户编号/项目编号—日期"，也可以根据你们公司的要求来命名。文件命名最重要的目的是让客户能够在想要查看报价的时候快速找到你的那份。还有一点，有些业务员发给客户的报价命名里含有中文，这算是非常低级的错误了，希望你没有犯。

如果有一些额外服务，如"免费样品赠送""免费安装""免费发货"等，都可以详细地在报价单里罗列出来。

好的报价单除了提供详细的产品信息、付款条件、发货方式等，还有产品的图片、型号、尺寸、包装等描述，可以吸引客户在众多报价单中的注意力。通常来说，客户会从不同供应商获取报价进行比较筛选，并把结果递交给决策人，好的报价单是客户下载就能用，而且有完善的联系方式，方便客户后续咨询了解。好的报价单还可以确保己方的报价免受法律纠结的风险，所以一定要确保它是清晰的、易于阅读的。格式可以参考表 1-3，可以根据具体产品进行增减：

表 1-3　报价单参考样式

Company logo				Quotation			
Company：				Customer：			
Contact Person：				Contact Person：			
Tel：				Tel：			
Fax：				Fax：			
Email：				Email：			
Address：				Address：			
Quote No.				Page：			
Quote Date：				Valid Date：			
Payment Terms：				Delivery Terms：			

续上表

Product Code	Product Name	Picture	Description	HS Code	MOQ	QTY	Price	Disc	Amount
Packaging size： Weight： Warranty：				Subtotal					
				Estimated Shipment costs					
				Total					
Notes：									

  细节决定成败，报价单其实就是专业度的体现，这些是客户可以直观感受的。我帮助外商采购的时候也是根据图 1-17 进行判断选择，而报价单的专业度直接决定是否会将该供应商信息提供给国外采购商筛选。

行动建议（见图1-18）

报价单检查清单

- ☐ 图片
- ☐ 价格
- ☐ 包装明细
- ☐ 付款方式
- ☐ 产品描述
- ☐ 公司信息
- ☐ 客户信息
- ☐ 日期和有效期
- ☐ 报价单号
- ☐ 文件命名
- ☐ 额外服务

报价单格式参考

Company logo				Quotation						
Company:				Cutomer:						
Contact Person:				Contact Person:						
Tel:				Tel:						
Fax:				Fax:						
Email:				Email:						
Address:				Address:						
Quote No.:				Page:						
Quote Date:				Valid Date:						
Payment Terms:				Delivery Terms:						
Product Code	Product Name	Picture	Description	HS Code	MOQ	QTY	Price	Disc	Amount	
Packaging size:				Subtotal						
Weight:				Estimated Shipment costs						
Warranty:				Total						
Notes:										

图 1-18 报价单行动清单

第四节　跟进邮件:八个场景,不催促也能拿单到手软

在客户跟进过程中,常常会遇到两种情况:

小 A 所在企业是一家模具专业制造厂家,两年前他联系到了一个意大利客户,发送了几封开发信都没有得到回复。经过分析后了解到这家意大利客户是需要定制模具,而他联系的人是研发部负责人,也是模具采购的决策者,于是他猜测可能当时客户还没有模具采购的需求。他改变了策略,每个月定期发送一封关于产品的邮件。一年后终于收到了客户的回复,先是提供了样品,后来在 2022 年底,客户委派了一个国内合作方来到工厂实地考察。终于在 2023 年初,小 A 所在企业收到了客户的批量订单。

小 B 所在企业为国外设计师提供动画制作服务,收到一个国外客户询盘后积极跟进,邮件往来也很频繁,价格都谈了好几轮,但过了几个星期后,客户突然不回邮件了,打电话也没有接。小 B 很纳闷,之前在沟通过程中了解到这个项目的交期也比较紧急,而且当时也组织了一次线上会议,那个客户也邀请了公司的其他设计师一起开会明确了项目需求,从交谈中可以感受到对方的认可。还好小 B 还记得其中一名设计师的姓名,于是根据邮箱拼写规则给这位新联系设计师发了一封邮件,第二天收到回复才知道之前那个联系人已经离开了那家公司,对方也很感谢他的持续跟进,于是他们又继续原来的合作了。

这两种情况会经常发生,作为一名跨境从业者跟进客户是一项必须掌握的基本技能。你是否觉得客户不回复就意味着对产品不感兴趣?是否担心持续跟进对他们来说是一种骚扰?如果真的这么想,其实是给自己设限了。邮件营销公司 Email Analytics 的数据表明:

(1)发送 1 封至 3 封邮件的回复率为 9%,而发送 4 封至 7 封邮件的平均回复率为 27%,连续 4 封至 7 封邮件可以使回复率提高 3 倍,所以坚持和一致性可

以在邮件营销中获得很大的回报。

（2）大约80%的潜在客户决定合作之前会拒绝4次，而92%的销售人员在从潜在客户那里得到4次拒绝之后就放弃了。

因此通过邮件跟进客户是常态，至少需要5次的跟进才会换来1次的机会。那什么是跟进邮件？跟进邮件指的是发出第一封邮件之后在完成购买合作之前的整个过程中发送的一系列邮件。客户不回复邮件的原因很多，如上面案例所分享的客户还没到采购期和联系人辞职了。再来分享一个案例，如图1-19所示。

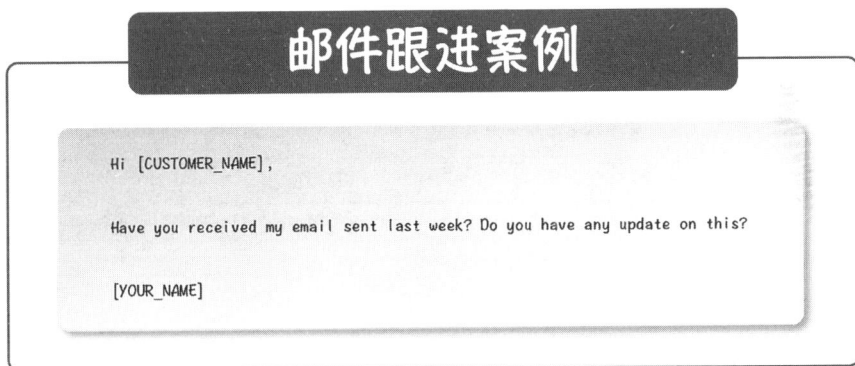

邮件跟进案例

```
Hi [CUSTOMER_NAME],

Have you received my email sent last week? Do you have any update on this?

[YOUR_NAME]
```

图 1-19　邮件跟进案例

换位思考一下把自己当成客户，看完这封邮件有回复的冲动吗？我是没有的，这封邮件没有什么有效信息。这不是个例，很多业务员在写邮件的时候都是从自己角度出发，在他们看来，邮件回复是一件没什么技术含量的工作，不过就是两个陌生人之间的书信往来，也因此觉得跨境业务员是一个没有门槛的工作，这就是很多业务员自我认同感不高的原因。

那么跟进邮件可以写什么内容呢？这个需要根据客户所处的不同的采购阶段来写不同的内容。根据客户采购的九个阶段，跟进邮件主要是针对前三个阶段：认识、兴趣和决策。表1-4展示了不同采购阶段对应的目标和邮件内容，在写跟进邮件的时候也需要参考开发信的那些注意事项，在邮件发送之前根据行动清单进行检查。

表 1-4　不同阶段跟进邮件内容

阶段	目　标	内　容	详　情
认识	让客户认识你和公司	公司介绍	公司发展史、主营业务、主要客户、认证与证书、质量和服务
		新产品介绍	公司发展方向、新产品计划、推广计划
		客户的竞争对手的分析	客户采购你的产品如何帮助其提升市场份额
		客户目前产品线分析	你有什么产品建议
认识	让客户认识你和公司	产品可能会面临的问题	未来规避方案
		客户销售情况分析	销售渠道、包装设计、产品销售、库存情况
		质量控制介绍	产品不良率
兴趣	引导客户购买样品	热销产品	主推产品、市场爆品、产品趋势、产品特点
		产品详细规格	高清图片、利润分析
		客户竞争主打产品	与竞争对手相比自己产品的优势
		成功案例	项目案例
决策	和客户签订最终采购合同	具体产品的报价	报价单、预期利润、产品高清图片
		合同签订	合同、付款证明
		售后政策	
		附加服务	

表 1-4 展示了在不同阶段需要发的邮件内容,这些是可以提前规划好的,但很多时候客户的反馈并不如你所愿。当发送公司介绍之后客户没有回复要如何跟进? 当刚刚跟客户开完电话会议要如何跟进? 当长时间客户没有回复要如何跟进? 因此在实际操作中,还要学会根据不同的场景来回复邮件。接下来重点讲解常见的八种场景如何通过邮件跟进客户:

场景 1

跟客户初次会议之后需要发一封会议总结的跟进邮件,这封邮件需要总结一下会议的内容并提供一系列可行的步骤,最好能够保持积极主动的语气,需要给客户一种"已经在合作"的感觉。

标题:Action Points and Next Steps from our Kickstart Meeting

正文:

Hi {CLIENT_NAME},

It was lovely to meet you and your team today. It was a pleasure to gain insights into {CUSTOMER_COMPANY} and to learn about your project objectives. Here are some points discussed during the meeting：

1.

2.

I've put together a list of action points based on our meeting：

For our team：

ACTION 1.

ACTION 2.

For your team：

ACTION 1.

ACTION 2.

Please let me know if there is anything missing or incorrect.

I've got a follow-up meeting scheduled for {TIME} on {DATE}. Let me know if this doesn't work for you and we can try to reschedule to a more convenient time.

If you have any inquiries or require further clarification，please do not hesitate to reach out to me.

Sincerely,

{YOUR_NAME}

场景 2

当发完邮件后一直都没有收到客户的回复，可以发一封内容有价值的跟进邮件，这样容易让沟通持续下去，并与客户建立信任。

标题：Still interested? Here is a guide to help you get started

正文：

Hi {CLIENT_NAME},

I hope you're well. I previously sent through an email expressing interest in cooperating with you, however if now is not the right time I completely understand.

As a follow-up, I would like to share a comprehensive guide that can assist you in getting started with {BUSINESS}. You can access the guide by clicking on the following link:{LINK}. I believe you will find it incredibly valuable and informative. Let me know if you enjoy the content!

Cheers,

{YOUR_NAME}

场景 3

　　长时间未联系跟进,可能会遇到这种情况:客户告诉你项目暂停了,可能在半年后再开启。在这种情况下,可以设置一个提醒,在半年后再跟这个客户联系。可以问问对方,还能做些什么让你们加入这个项目。可以考虑给他们一个特别的折扣,对方就有可能考虑在这个月签合同。可以试试这样说:

Hi{CLIENT_NAME},

I hope you're well and that you remember me. We spoke {NUMBER} months ago about {PRODUCT/SERVICE} for your business. At that time, you had mentioned that you needed a few months to focus on growing your business before considering our offering.

I just read the news about {RELATED_NEWS_TOPIC} from your {WEBSITE/LINKEDIN/FACEBOOK}. I wondered if you'd have a chance to look over the {PRODUCT/SERVICE} that I sent you previously?

I believe it would be beneficial to schedule an online meeting where we can reconnect and discuss your current requirements. How does {TIME&DATE} work for you?

Please let me know your availability, and I'll be happy to set up the meeting accordingly.

Sincerely,

{YOUR_NAME}

场景 4

　　已经提交了报价和方案，但没有收到回复。客户已经讲述完整个项目，并希望尽快发送一份详细的方案和报价。你很开心，于是马上开始完成方案和报价，但发过去之后就没有收到回复了。这种情况确实很打击信心，可以通过这样的邮件来推动事情的进展。

　　标题：Got any questions about the proposal？

　　正文：

Hi｛CLIENT_NAME｝,

I hope this email finds you well. Last week, I sent over the proposal documents regarding｛PROJECT_NAME｝as per your request. However, I haven't received any feedback from you yet. I wanted to follow up and inquire if you have any questions or need further clarification on the proposal.

In any case, I'd love to organize an online meeting to talk it over in more detail. Would｛TIME&DATE｝work for you？ Here is the link｛MEETING_LINK｝for this meeting. Please click to accept if you are available to talk during that time. If the suggested time doesn't work for you, please let me know your availability, and I will do my best to accommodate it.

I am genuinely excited about this project and eager to get started as soon as possible. Your prompt response would be greatly appreciated.

Sincerely,

｛YOUR_NAME｝

场景 5

　　需要客户提供一些资料时。当在准备方案或报价时，还需要客户提供一些文件或信息，在这种情况下，可以写一封邮件，清楚地概述事情的紧迫性，也能够告诉客户应该发送什么样的资料。

　　标题：URGENT：I need this documents to get started

　　正文：

Hi {CLIENT_NAME},

I'm keen to get started with your cooperation. I want to make sure that everything can be finished up in time for your deadline, however we're stalled at this moment.

In order to get started, I need the following documents:

{DOCUMENT A}

{DOCUMENT B}

{DOCUMENT C}

Please send us these documents before {DATE}. If you have any questions or want some clarity around why we need these documents, I am more than happy to schedule a call and address them.

Your prompt attention to this matter is greatly appreciated.

Sincerely,

{YOUR_NAME}

场景6

超过限期还未付款时,当合同已经签完超过限期客户还没有付款,这种情况会比较尴尬,邮件很容易写成指责的语气,所以要尽量温和地提醒客户付款。

标题:Late payment:Did you miss the invoice?

正文:

Hi {CLIENT_NAME},

I wanted to follow up regarding the unpaid invoice for {INVOICE_NUMBER}, which was originally sent to you on {DATE}.

I understand that invoices can sometimes get misplaced or end up in spam folders, so I wanted to ensure that you haven't overlooked it. To assist you, I have attached the invoice once again for your convenience.

Please be aware that this invoice is now {NUMBER} days overdue. In order to avoid the imposition of an overdue payment fee of {NUMBER}%, I kindly request that you settle the payment within the next {NUMBER} days.

If you require any clarification or assistance regarding the invoice or payment process, please do not hesitate to reach out to me. Your prompt attention to this matter is greatly appreciated.

Yours sincerely,

{YOUR_NAME}

场景7

重新跟进，当客户经过考虑后想选择竞争对手时，很难再赢得这个订单了。这种情况下就要给他们提供真正的好处，而且要标记为这是独家优惠，仅仅是针对他们。这会让他们觉得自己很特别，也显示出你为了赢得他们的合作而付出很多。

标题：Special{NUMBER}% discount for{PRODUCT/SERVICE}

正文：

Hi{CLIENT_NAME},

I hope you're well and that you remember me. I wanted to reach out and revisit our previous conversation about {PRODUCT/SERVICE}. Although we weren't able to proceed with our collaboration at that time, I have some exciting news to share with you. After discussing with my team, I am delighted to offer you an exclusive{NUMBER}% discount on all our fees. This special offer is a testament to my genuine interest in working with{CUSTOMER_COMPANY} and providing you with exceptional service.

I'd be more than happy to set up a call when it's convenient to discuss your options further.

Sincerely,

{YOUR_NAME}

场景8

在跟进了几次后客户就没有再回复了，这种情况经常发生在最初的提案阶段，也许是客户选择了其他竞争对手合作，也有可能是客户决定不再继续这个项目。不管是哪一种，通常都不会主动告诉你他们的决定，相反他们会继续向前推动项目或结束项目。所以可以通过一封电子邮件来"结束项目",这也是一种以退为进的方法,让你获得一个机会。

标题:Sorry that it didn't work out this time around

正文:

Hi{CLIENT_NAME},

I still haven't heard back from you about your project{PROJECT_NAME}, so I'm assuming that your priorities have changed and that you no longer want to go ahead with it. Please keep us in mind if you want to move forward at any point in the future.

Sincerely,

{YOUR_NAME}

表1-5为场景1~场景8对应的中文解释。

表1-5　场景1—场景8对应中文解释

序号	场　景	中文解释
1	场景1	标题:项目启动会议行动要点及后续安排 正文: {客户姓名},你好: 　很高兴今天与你和团队会面,并进一步了解{客户公司名称}及本项目的目标。以下是会议中讨论的重点内容: 　1. 　2. 　根据会议内容,我整理了以下行动计划: 　我方团队需完成: 　行动项1 　行动项2 　贵方团队需跟进: 　行动项1 　行动项2 　若有任何遗漏或需要修正之处,请随时告知。 　我们已预定于{日期}{时间}召开跟进会议。若该时间不便,请告知以便协调其他合适时间。 　如有任何疑问,欢迎随时联系。 　此致 　{你的名字}

续上表

序号	场　景	中文解释
2	场景2	标题：是否仍有合作意向？为您提供入门指南 正文： {客户姓名}，您好： 　　希望您一切顺利。此前我曾发送邮件表达与贵公司合作的意向，若目前时机尚未成熟，我完全理解。 　　此次跟进，我想为您分享一份关于{业务名称}的完整入门指南，相信会对您有所帮助。您可以通过以下链接查看指南：{链接}。这份指南内容丰富，希望能为您提供有价值的信息。 　　如果您对内容有任何反馈，欢迎随时告知。 　　祝好 　　{你的名字}
3	场景3	尊敬的{客户姓名}，您好： 　　希望您一切安好。我们曾在{数字}个月前就贵公司采用{产品/服务}的可能性进行过沟通。当时您提到需要集中精力发展业务，暂不考虑我们的方案。 　　近日，我在贵公司{官网/领英/脸书}上看到了关于{相关新闻主题}的报道。不知您是否有机会查阅我之前发送的{产品/服务}资料？ 　　考虑到贵公司当前发展情况，我认为安排一次线上会议重新接洽、探讨您的最新需求将会很有价值。您觉得{时间日期}这个时段是否方便？ 　　烦请告知您的可行时间，我将很乐意据此安排会面事宜。 　　此致 　　{你的名字}
4	场景4	标题：关于方案有任何疑问吗？ 正文： {客户姓名}，您好： 　　希望您一切顺利。上周我按您的要求发送了关于{项目名称}的方案文件，但尚未收到您的反馈。特此跟进询问，不知您对方案是否有任何疑问或需要进一步说明的地方？ 　　若方便的话，我想安排一次线上会议详细讨论。{时间日期}这个时段您是否合适？这是会议链接：{会议链接}，如果您能参加，请点击确认。 　　若建议的时间不便，请告知您方便的时间段，我会尽力协调安排。 　　我对这个项目充满期待，希望能尽快启动。如能尽快回复，将不胜感激。 　　祝好 　　{你的名字}

续上表

序号	场　景	中文解释
5	场景5	标题:紧急:启动项目所需文件清单 正文: {客户姓名},您好: 　我十分期待能与您展开合作。为确保项目能在截止日期前顺利完成,但目前我们因缺少必要材料而暂时停滞。 　为确保项目能按时完成,现急需您协助提供以下文件: {文件A} {文件B} {文件C} 　请务必于{日期}前发送上述材料。若对文件要求有任何疑问,我可随时安排电话沟通说明。 　此事需您优先处理,感谢配合。 　此致 {你的名字}
6	场景6	标题:逾期付款提醒:是否遗漏了查收账单? {客户姓名},您好: 　现就{账单编号}款项进行跟进,该账单已于{日期}发送给您。考虑到邮件可能被遗漏或误归类,为方便您查阅,我们再次附上账单副本。 　请注意,该账单目前已逾期{数字}天。为避免产生{数字}%的滞纳金,恳请您在接下来的{数字}天内完成付款。 　若您对账单内容或付款流程有任何疑问或需要协助,请随时与我联系。感谢您对此事的及时关注。 　此致 {你的名字}
7	场景7	标题:专享{NUMBER}%折扣优惠-{产品/服务} {客户姓名},您好: 　希望您一切顺遂。此前我们曾就{产品/服务}进行过沟通,虽然当时未能达成合作,但现在有个好消息要与您分享。 　经团队商议,我们决定为{客户公司名称}提供专属{数字}%费用折扣。此优惠充分体现我们与贵公司合作的诚意,以及我们提供卓越服务的承诺。 　若您有意进一步了解,我可随时安排电话会议详谈。 　此致 {你的名字}

续上表

序号	场　景	中文解释
8	场景8	标题:很抱歉这次合作没能成功 ｛客户姓名｝,您好: 鉴于尚未收到关于｛项目名称｝的进一步回复,我们理解贵方的工作重点可能已有所调整,故暂不推进此项合作。 若未来有合作需求,欢迎随时联系我们。 此致 ｛你的名字｝

当客户不再回复邮件了,也不用太担心,也不用责怪自己。发生这种情况的原因有很多,也许他们正忙于其他更紧急的项目,也许这个项目还处于探讨阶段,或者他们有私人事情要处理。不管是什么原因,我们要做的,就是继续跟进,客户也会把每一次跟进看在眼里记在心上,即使不能马上有合作,但也是值得做的。

那多久跟进一次呢? 以下为参考的标准:

(1)评估紧急程度。如果这个项目原来是在本周内要完成的,那么在第一次联系后的两天可以再发一封邮件来跟进,但如果都已经过了一个月客户还是没有回复,那可以考虑等待一周再去联系。

(2)根据客户的繁忙情况。如果在跟客户的沟通中了解到他们最近正在忙一个非常大的项目,而你的项目也不是特别紧急的话,那么建议在他们那个项目结束后再去联系。这样可以尽可能地让客户看到你的邮件。因为他们在忙大项目时,不是特别重要的邮件基本都是忽略的。

(3)不要让方案冷却下来。如果刚报完价或者提交一个方案,那么一个星期内至少要跟进一次。

其实应该发送多少封邮件、多久发送一次,没有一刀切的规则,还是具体问题具体分析。现在有太多的联系工具,邮件的重要性也大大降低,所以也要结合其他渠道继续跟客户保持联系。客户获取信息的渠道增加,跟客户的沟通方式也要多元化。

行动建议（见图1-20）

跟进邮件内容参考清单

阶段	目标	内容	详情
认识	让客户认识你和公司	公司介绍	公司发展史、主营业务、主要客户、认证与证书、质量和服务
		新产品介绍	公司发展方向、新产品计划、推广计划
		客户的竞争对手的分析	客户采购你的产品如何帮助他提升市场份额
		客户目前产品线分析	你有什么产品建议
		产品可能会面临到的问题	未来规避方案
		客户销售情况分析	销售渠道、包装设计、产品销售、库存情况
		质量控制介绍	产品不良率
兴趣	引导客户购买样品	热销产品	主推产品、市场爆品、产品趋势、产品特点
		产品详细规格	高清图片、利润分析
		客户竞争主打产品	与竞争对手相比我们的产品优势
		成功案例	项目案例
决策	和客户签订最终采购合同	具体产品的报价	报价单、预期利润、产品高清图片
		合同签订	合同、付款证明
		售后政策	
		附加服务	

图 1-20　跟进邮件内容参考清单

工具一　水滴式邮件营销工具，助力快速拿到订单

说到邮件营销工具，很多跨境业务员第一时间想到的是邮件群发工具，英文叫作 bulk email sending，指的是一次性给很多收件人批量发送电子邮件的工具。邮件发送之后，接下来面临的就是漫长的等待，在这个等待的过程中，你可能会产生如下疑惑：

邮件成功发送到收件箱了吗？

邮件附件会不会太大了？

客户打开邮件了吗？

为什么客户不回我邮件？

…………

通过这种方式发了大量邮件都没有得到一个回复，紧接着陷入自我怀疑，认为邮件营销已经不再适用了。

事实真是这样吗？

Statista 的数据显示，2022 年全球邮件用户数量达到 43 亿，再过几年预计增长到 46 亿，占预计世界人口的一半以上。换句话说，邮件还是全球商务交流和成交的主要途径之一。国外企业都是如何做邮件营销的呢？

答案是：水滴式邮件营销，又称为自动化邮件营销（drip email marketing）。不同于群发邮件那种的千篇一律，水滴式邮件营销是在特定的时间将特定的内容自动发送给特定的收件人，是一种个性化、针对性和自动化的邮件营销模式。

图 1-21 就是其中一个水滴式邮件营销案例：在第一周，当你先发送一份包含报价单的邮件给客户邮箱时，客户会有如下五种行为："没打开""打开没点击""打开邮件也点击了附件最后放进了垃圾邮件里""打开邮件点击了附件同时回复邮件下了订单促成了合作""直接取消订阅"。针对客户的每种行为在第二周邮箱系统会自动做出回应：如果客户没打开邮件，则会发送一封针对"未打开"行为的邮件；当客户打开邮件但没有点击附件时，则会发送一封针对"打开没点击"行为的邮件，这封邮件内容和刚刚那封针对"未打开"行为的邮

件内容是不一样的;同样,如果客户是做了其他的行为,系统则会根据这个行为发出一封之前就写好的邮件。到了第三周,系统也会根据客户行为的不同发送不同内容的邮件。

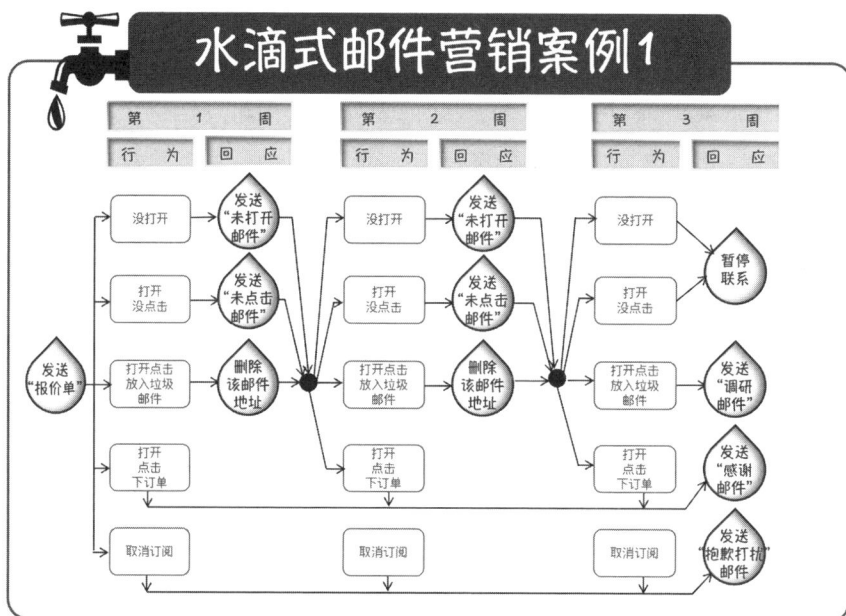

图 1-21　水滴式邮件营销案例 1

这些邮件内容都是提前写好的邮件序列,可以是两封也可以是五封,这样不会给客户造成过度干扰,不但内容不一样,连邮件里的联系人名字也不一样。总而言之,水滴式邮件营销就是在正确的时间给客户提供正确的信息,让客户逐步了解产品和优势并建立起联系,在客户需要的时候就会想起你并产生后续的合作。

优质的水滴式营销应该符合以下四个条件:

(1)目标明确:邮件应该是根据你的目标客户的痛点、状态、行为、习惯等偏好来制定。

(2)内容简洁:每封邮件尽可能简短,不要提供过多的信息。

(3)及时性:一旦触发了行为,就应该自动化回复某封邮件。

(4)品牌相关:不管你最终的目的是什么,邮件内容都应该和跟你品牌相关。

市面上有非常多的工具可以实现水滴式邮件营销,本书推荐的是适用于

Gmail 邮箱的工具 GMass，登录 GMass 官方网站可以看到拓展插件的入口链接并点击图 1-22 中的 Add to Gmail 按钮安装插件。

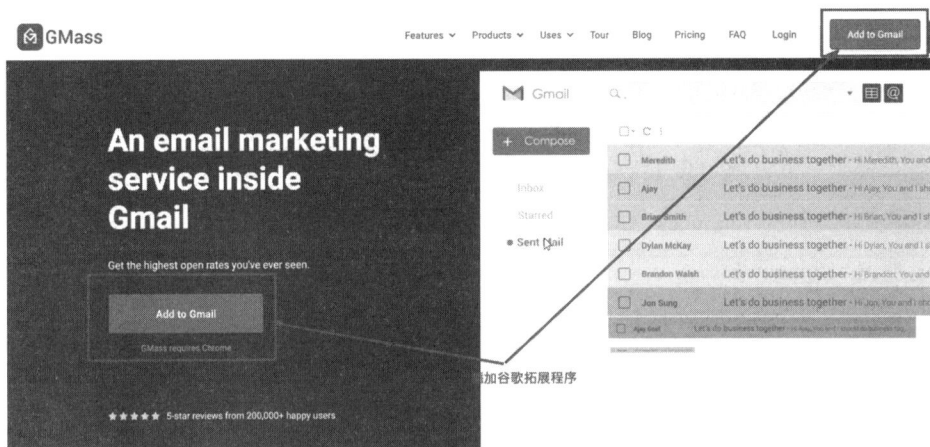

图 1-22　GMass 拓展程序

安装之后，在浏览器上方工具栏就可以看到 GMass 的插件图标，进入你的 Gmail 邮箱，点击 Compose（写邮件）按钮即可进入邮件编辑界面，在这里可以看到 GMass 图标，点击旁边的小三角形即可进入图 1-23 的 GMass 设置界面。

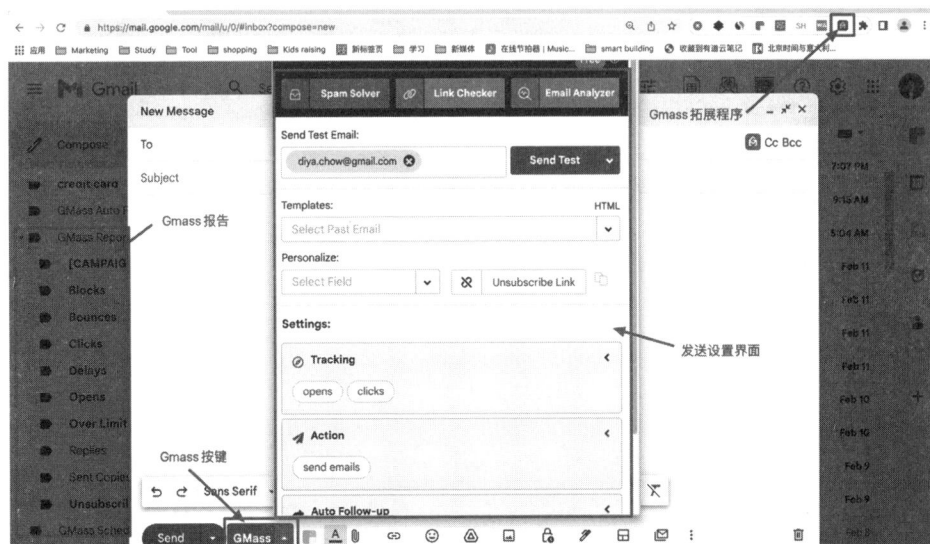

图 1-23　GMass 设置界面

GMass 有四大优势：

（1）定制化邮件：如果发送邮件里的称呼大多都是 Dear Sir or Madam，收件人大概率会把邮件当成垃圾邮件，所以你发送的邮件一定要带上收件人的名字，这是一个基本要求，让对方感觉到被重视。

（2）通过数据分析可以不断优化邮件内容，如图 1-23 所示。当发送邮件后，在 Gmail 左下方就可以看到详细的发送数据报告。这些数据包括：blocks（被阻止的邮件情况）、bounces（弹回邮件情况）、clicks（点击邮件情况）、delays（邮件延迟情况）、opens（邮件打开情况）、over limit（超限邮件情况）、replies（邮件回复情况）、unsubscribes（邮件取消订阅情况）等。

（3）定制发送时间：跨境业务的最大特点是很多客户都在不同时区，比如美国客户，你白天上班的时候正是他晚上睡觉的时候，所以可以利用 GMass 来设置发送时间，还包括提到的水滴式邮件营销，也需要定义特定的时间来发送邮件。

（4）与表格同步：可以将客户信息记录到表格里，GMass 可以直接调用里面的数据，无须再导出导入。

在 GMass 里，只需图 1-24 中的 4 步即可发送邮件。第 1 步，点击 Gmail 里的 Compose（写邮件）按钮进入 GMass 界面；第 2 步，将要发送的联系人的邮箱地址复制到地址栏里；第 3 步，书写具体的邮件内容，在这里会看到一个变量

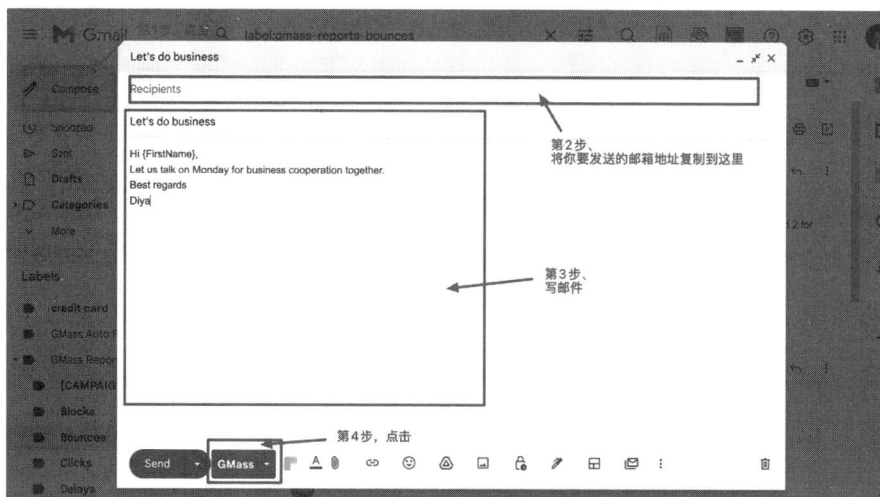

图 1-24　GMass 四步发送邮件

｛FirstName｝，可根据所发邮件地址的不同而显示不同的名字，如邮箱地址是 Diya@ abc. com，｛FirstName｝将会变成 Diya，如果邮箱地址是 John@ abc. com，｛FirstName｝就会变成 John。第 4 步，邮件内容写完后直接点击下方的 GMass 按钮，注意一定不要点击 Send 按钮。

GMass 的功能是非常强大的，这里只是介绍了构建水滴式邮件营销的两个功能：自定义邮件内容和自定义发送时间。其他功能可以去 GMass 官方网站查看。

（1）定制化邮件内容：GMass 提供很多种方法来定制化你的邮件，包括收件人名字、图像、链接、附件等，可以根据表 1-6 来制定你的邮件联系人列表，这个列表可以从表格中获取，也可以从本地上传。这个表格里的信息就是后期写邮件时可以定制化的内容。

表 1-6　GMass 邮件联系人列表

FirstName	LastName	Company	LastPurchase	DateofBirth	EmailAdress

写完邮件之后，有两种方式可以定制联系人信息。方法一，在"Personalize（个性化）"下拉菜单选择，进入"GMass 邮件设置"选择要发的联系人列表，在 Personalize 下拉列表里选择要自定义的字段，比如这里选择 FirstName→Friend，之后退出这个设置界面，在需要的地方将这个字段粘贴上去，如图 1-25 左图所示。这里要注意的是，这个字段内容 FirstName→Friend 是自定义设置的，与表 1-6 的内容一样，如果表格里是 FirstName，这里也将显示 FirstName。方法二，在邮件正文直接输入｛即可出现字段下拉列表中，如图 1-25 右图所示。

（2）自定义发送时间：点击图 1-26 中的 GMass 按钮进入设置界面，选择 Schedule（时间表）可以看到自定义时间的选择，点击 Time（时间）可以选择你想要定义的发送时间，点击 Custom date/time（自定义日期/时间）进入选择界面，除了可以选择发送时间外，还可以选择发送频次、速度等。

在这个过程中，需要通过追踪一些指标逐步提升客户开发的精准度和成功率：open rate（邮件阅读率）、click-through rate（邮件点击率）等。通过追踪这些数据,你可以了解客户的兴趣点以对之后的跟进进行个性化定制,同时也可以评估邮件质量的好坏,及时调整。

下拉菜单选择法　　　　邮件正文输入法

图 1-25　自定义客户信息

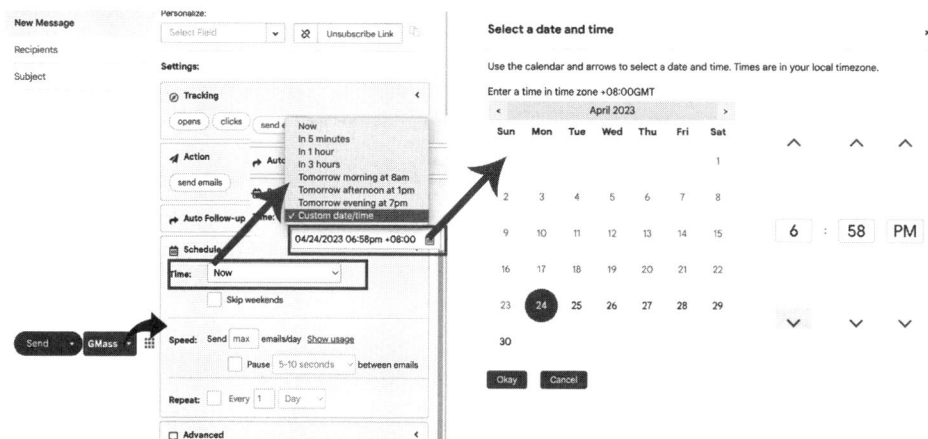

图 1-26　自定义发送时间

最后分享一个真实的水滴式邮件营销的案例,帮助你更好地理解这种模式:

2 月 23 日收到的第一封邮件:

迪娅,您好!

感谢您注册{公司名称}!

我们很希望了解您目前的使用体验,并愿意为您抽出宝贵时间提供 30 个额外积分作为感谢。

不知您是否方便在今天或周四安排一个 5 分钟的电话沟通？

如果方便的话，您可以直接通过以下链接预约时间：｛链接｝，或者回复本邮件告知最适合联系您的电话号码。

祝好！

｛销售代表姓名｝

Hi Diya,

Thanks for signing up with｛COMPANY_NAME｝!

I'd love to hear how your experience is so far and provide you with 30 extra credits for your time.

Would it be out of line to jump on a 1-minute call today or Thursday?

If so, please book a time on my calendar, or reply back with the best number to reach you at -Book a meeting with｛LINK｝.

Best,

｛SALES_NAME｝

两天后 2 月 25 日收到第二封邮件：

迪娅，您好：

作为专注于客户开发的专家，我们认为｛公司名称｝能有效帮助您更快速地对接潜在买家，同时显著减少业务空档期。

在销售智能领域，我们是帮助市场团队提升产能、增加商机的行业领导者之一。以｛客户名称 1｝为例，通过使用｛公司名称｝，他们的业务开发代表超额完成了 142% 的业绩指标！

若您有意向提升团队效能，我很乐意与您探讨如何实现这一目标。期待您的回复。

祝商祺！

｛销售代表姓名｝

Hi Diya,

As someone interested in prospecting, we thought you might find｛COMPANY_NAME｝useful in helping you connect to your buyers faster while decreasing downtime.

When it comes to Sales Intelligence, we're one of the top leaders in helping go-tomarket teams increase productivity while generating more conversations, regardless of company size. Take {CLIENT_NAME_1} for example, their BDRs are 142% over quota because of {COMPANY_NAME}!

If this is something that you're interested in doing, I'd love to talk to you about how we can help you get there. Please let me know by responding to this email.

Best,

{SALES_NAME}

这期间都没有回复他们的邮件,于是在一个星期之后 3 月 2 日收到了第三封邮件:

迪娅,您好:

很高兴向您分享一则重要消息:{公司名称}近期成功获得{投资方名称}2.05 亿美元的战略投资。这笔资金使我们得以快速拓展客户规模,目前我们的客户群体已覆盖{客户名称 2}、{客户名称 3}、{客户名称 4}等行业领军企业,同时也服务{客户名称 5}等中小型机构。

特别值得一提的是,{客户名称 5}通过使用{公司名称}的服务,实现了高达38 倍的投资回报率。我们的解决方案具有极强扩展性,能够满足从 1~3 人创业团队到大型企业的各类需求。

随信附上详细案例研究,期待了解您的看法。

祝商祺!

{销售代表姓名}

Hi Diya,

{COMPANY _ NAME} recently received ＄205M in {FUNDING _ COMPANY} which has allowed us to dramatically expand our customer base. We now work with companies like {CLIENT_NAME_2}, {CLIENT_NAME_3}, {CLIENT_NAME_4} and {CLIENT_NAME_5}, down to smaller organizations.

Speaking of scalability, {CLIENT_NAME_5} generated 38x ROI while leveraging {COMPANY_NAME}. We work with everyone, all the way down to 1-3 person companies.

Check out this case study and let me know what you think.

Best,

{SALES_NAME}

我依然没有回复，七天后 3 月 9 日收到了第四封邮件，这封邮件的标题是：Your 30 Credits are ready，邮件内容是：

标题：您团队的 30 个试用积分已就绪

正文：

迪娅，您好：

希望您一切顺利。

如先前沟通，我们很乐意为您及团队提供额外 30 个试用积分，以便更好地评估{公司名称}的服务价值。

期待您的回复。

此致

敬礼

{销售代表姓名}

Diya,

Hope all is well.

As I mentioned earlier, I'd be happy to provide you and the whole team with additional credits to evaluate {COMPANY_NAME}.

Looking forward to your reply,

{SALES_NAME}

我还是没有回复他们的邮件，在 3 月 15 收到第五封邮件，也是最后一封邮件，本来不想打开邮件看的，但这封邮件的标题让我着实一惊，如图 1-27 所示。

图 1-27　让人一惊的标题

于是忍不住打开邮件看正文：

标题：暂别通知

正文：

迪娅，您好：

鉴于目前贵司尚未就提升{公司名称}账户权限作出决定，我们将暂停跟进以免打扰您的工作节奏。

请继续专注您的客户开发,若有任何需求变化,欢迎随时联系。

祝业绩长虹!

｛销售代表姓名｝

Diya,

At this time, I assume no decision has been reached on increasing your｛COMPANY_NAME｝account access.

So for now I will leave you alone and let you keep on hunting!

If anything changes, feel free to contact me.

Good Luck!

｛SALES_NAME｝

这就是典型的水滴式邮件营销,虽然最终没有采购他们的产品,却记忆犹新。相信在需要的时候一定会采购他们的产品。

工具二　客户有打开邮件附件吗? 一个工具搞定

数据分析是未来,未来就是现在! 每一次鼠标点击、键盘按钮按下、滑动或点击都被用来塑造业务决策。如今,一切都与数据有关。数据就是信息,信息就是力量。

——Centogene 数据分析师 Radi

在邮件营销里,除了撰写正文内容,通常也需要在邮件里附加上文件,这种文件就叫邮件附件,目的是通过提供不能在邮件正文中表达的额外内容来提高邮件对收件人的价值或好处。

附件可以有不同的格式和大小,最典型的邮件附件格式有:Word 文档(. doc,. docx)、文本格式(. txt)、电子表格(. xlsx,. xls)、演示文稿(. ppt,. pptx)、PDF 文件(. pdf)、执行程序(. exe)、图片(. jpeg,. jpg,. gif,. png)、视频(. mp4,. mov,. wmv)、音频(. m4a,. mp3,. wav)、压缩文件(. rar,. zip)等。

在这么多种格式中,最常用的是 PDF 格式,附件可能是产品报价、公司介绍、产品介绍、宣传手册、用户手册、白皮书、案例研究等,目的是让客户通过阅读这个

PDF 能够更加了解公司,但当发送完 PDF 后,知道客户是否打开了 PDF 文件吗? 谁阅读了呢? 打开多少次? 看到第几页? 是否有点击文件里的链接? 事实上,当把 PDF 文件发出去之后,你对这些数据一无所知。但却需要这些数据,这些数据能够为你未来的业务决策提供支撑。可以了解哪些决策可行、哪些不可行,只有充分利用这些数据后才能获得优于竞争对手的竞争优势。在这种情况,就需要一个 PDF 文档跟踪工具。

那什么是 PDF 文档跟踪? PDF 文档跟踪是一种监视文档状态的方法。这种状态包括文档被查看的时间、被谁查看、查看了多少页、是否进行了编辑、是否需要签名等。通过这些数据,可以帮助你更好地优化 PDF 文档和邮件内容、制定客户跟进策略最终促成订单的合作。

下面介绍一个专用于 Gmail 邮箱的 PDF 文档跟踪工具 Mailtrack,登录官方网站,点击图 1-28 左侧的 Install for Free 按钮按照提示的步骤安装好插件。

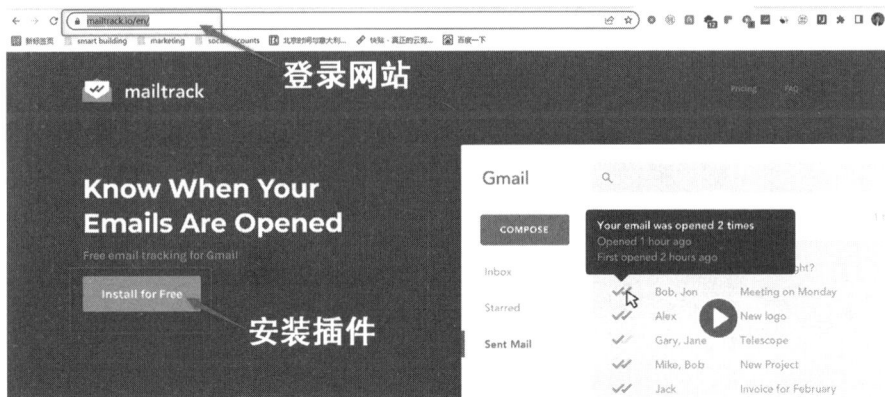

图 1-28　Mailtrack 插件安装方法

安装好之后进入 Gmail 界面点击 Compose(写邮件)按钮进入图 1-29 界面,点击左图的 PDF 图标进入右图的"PDF 添加"界面,在出现的窗口中选择要跟踪的 PDF 文档。在这个界面你可以设置是否允许收件人下载 PDF 文档。还在文档访问有效期,就是说收件人在过了这个日期后就不能再访问 PDF 了。添加好后该文档将以链接的形式添加到邮件正文中,最后点击 Sent(发送)按钮即可发送这封邮件。

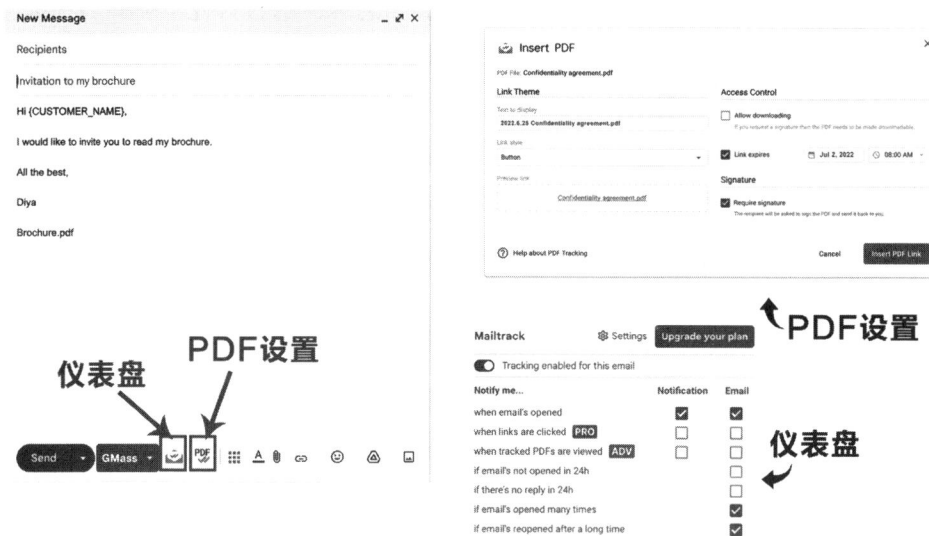

图 1-29 Mailtrack 添加 PDF 文档界面

如果有人打开或下载了 PDF,你会收到一封提醒邮件。也可以将鼠标悬停在绿色"仪表盘"标记上设置跟踪要求,如图 1-29 所示。

将邮件发给收件人之后在"发件箱"里点击邮件旁边的 Mailtrack 绿色图标,可以看到一些基础数据:如谁在什么时候阅读了附件、看了多久、第一次阅读时间是多长,如图 1-30 所示。

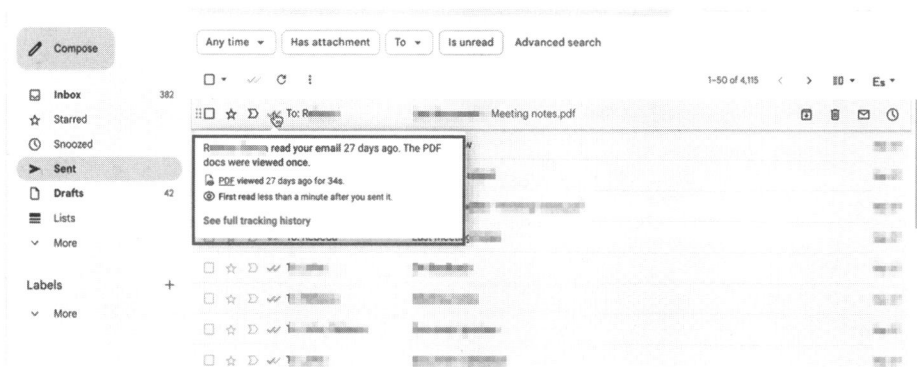

图 1-30 发件箱基础数据

选择图 1-30 中的 See full tracking history(查看完整跟踪历史记录)进入图 1-31 界面,在这里可以获取每一页的数据:是否有人阅读了 PDF 文档、看了多少时间、浏览了哪几页、是否有下载 PDF。有了这些数据，可以更多地了解收件人与 PDF 文件的互动情况，并确定哪些 PDF 内容有效，哪些内容无效。

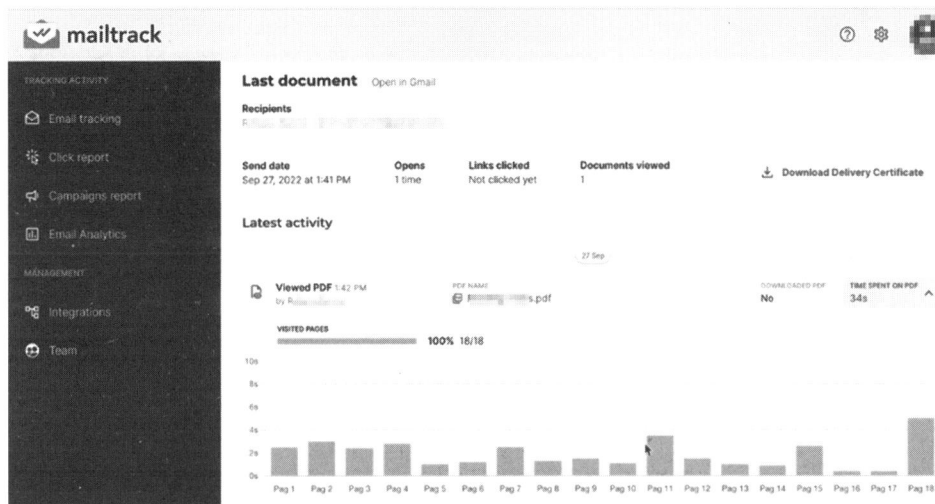

图 1-31　Mailtrack 详细数据界面

Mailtrack 除了可以跟踪 PDF 文件外，还可以让客户签名，特别适合报价单确认、合同确认等实用场景。勾选图 1-32 中的 Signature（签名）栏目下的 require signature（需要签名）选项后，将自动同步启用"允许下载"选项，这样收件人就可以下载 PDF 并签字。当收件人打开这个 PDF 文件时，会在屏幕底部看到一个签名文档的选项 Add signature（添加签名）进入签名界面。一旦 PDF 文档被签名，收件人可以通过点击确认发送邮件，而收件人也会收到已签名 PDF 文档的副本下载链接。

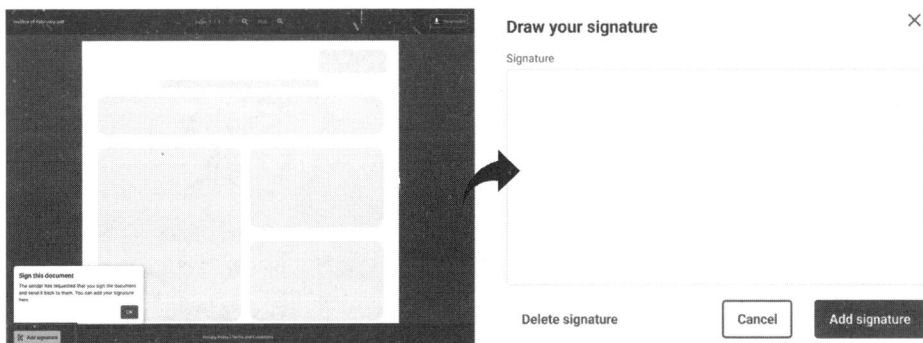

图 1-32　PDF 文档签名设置

会收到一封电子邮件提醒,其中包含签名 PDF 的链接,可以查看和下载。在数据面板中,签名也将被记录在与可签名的跟踪 PDF 一起发送的电子邮件的跟踪活动中。

市面上还有很多适合不同平台的 PDF 文件跟踪工具,本书主要是提供一个思路和方法。在写邮件的时候,需要在邮件正文里对附件文件进行一个简要描述。如果附件文件只是电子邮件想要传递的内容的一部分,它们需要在正文的某个地方提到,最好是用简短的句子说明它们是什么。不建议发送带有附件而没有文本的电子邮件,因为收件人或他们的电子邮件提供商可能会将其与垃圾邮件混淆。接下来将分享如何在正文里对附件文件进行描述:

场景 1

向潜在客户展示一个成功的客户案例。

标题:Cast study for｛BUSINESS_SCOPE｝

正文:

Hello｛CUSTOMER_NAME｝,

I'm thrilled to share an outstanding case study from one of our customers in ｛BUSINESS_SCOPE｝,well beyond our expectations.

｛ACHIEVEMENT_OF_THE_CASE｝.

I've attached a case study with this email to help you understand the performance for the past month.

Thanks.

｛YOUR_NAME｝

场景 2

在跟进客户过程中,需要跟客户邀约一个线上会议。

标题:Invitation to｛EVENT_NAME｝

正文:

Greetings｛CUSTOMER_NAME｝,

I've enclosed an invitation to｛EVENT_NAME｝to be held in｛PLACE｝on｛DATE｝.

You'll find all the details regarding the venue and timing in the attached invitation. It would mean a great deal to me if you could join us for this event.

Please feel free to get in touch if you have any concerns.

Regards,

{YOUR_NAME}

场景 3

谈判进行得很顺利，已经进入合同签约阶段，这个时候需要发送一个 PDF 格式的合同附件。

标题：Your Contract Copy for {PRODUCT/SERVICE}

正文：

Hello {CUSTOMER_NAME},

Thank you for your first payment toward {PRODUCT/SERVICE} for {CUSTOMER_COMPANY_NAME}. I've attached a signed copy of the contract for your records.

Please let us know if you need any further clarification.

Best,

{YOUR_NAME}

场景 4

之前已经在跟进但没什么突破的进展，可以发一封带有附件的跟进邮件。

标题：Ready to Start {CUSTOMER_NAME}? Here is Our Best Quote

正文：

Hello {CUSTOMER_NAME},

It was a pleasure speaking with you recently and gaining a deeper understanding of your needs.

I recognize the challenges you're experiencing with {PROBLEM_DISCUSSED}, particularly how it's impacting your ability to {EFFECT_TO_THE_COMPANY}. As promised, I've attached a detailed proposal outlining our services and the most competitive pricing we can offer. Inside, you'll find tailored solutions to help you achieve {BUSINESS_OBJECTIVE} and address the specific challenges we discussed.

For any further questions, please reach us at {CONTACT_DETAIL}.

Thank you for your time.

{YOUR_NAME}

场景5

你去客户公司拜访,拍了很多照片,想要和客户共享这些照片。

标题:Pictures from our trip to the {CUSTOMER_OFFICE}

正文:

Dear {CUSTOMER_NAME},

I've attached the best {NUMBER} pictures from our trip to this email. I will be sending you more as soon as I get them from {COLLEAGUE_NAME}.

I hope you like them and I'm looking forward to our next adventure!

Love,

{YOUR_NAME}

表1-7 场景1—场景8对应中文解释

序号	场 景	中文解释
1	场景1	标题:{业务范围} 案例研究 正文:您好,{客户姓名}, 　　我非常高兴地告诉您,我们有一个关于 {业务范围} 的成功案例,我们的一位客户取得了惊人的成就,远超我们的预期。 　　{案例取得的成就}。 　　我已在这封邮件中附上了一份案例研究报告,以帮助您了解过去一个月的业绩情况。 　　感谢您! 　　{你的名字}
2	场景2	标题:{活动名称} 邀请函 正文: 尊敬的 {客户姓名},

序号	场　景	中文解释
2	场景 2	在此附上将于 |日期| 在 |地点| 举办的 |活动名称| 邀请函。邀请函内有详细的活动地点和时间信息。若您能出席，我将深感荣幸与感激。 如有任何疑问，欢迎随时与我联系。 祝好， |你的名字|
3	场景 3	标题：您的 |产品/服务| 合同副本 正文： 您好，|客户姓名|， 我们已收到您代表 |客户公司名称| 就我们的 |产品/服务| 支付的第一笔款项。我随此邮件附上了一份已签署的合同文件副本，供您留存记录。 如果您需要进一步的说明，请告知我们。 祝好， |你的名字|
4	场景 4	标题：准备好开启合作了吗，|客户姓名|？这是我们最优惠的报价 正文： 您好，|客户姓名|， 上次与您交谈十分愉快，也让我进一步了解了您的需求。 我明白您在 |所讨论的问题| 方面面临的困扰，以及它给贵公司 |对公司造成的影响| 带来的困难。 正如我们所探讨的，我随信附上了一份 PDF 文件，其中包含有关我们服务的更多信息以及我们能给出的最优惠报价。您将看到我们如何助力提升贵方的 |业务目标| 并解决您的特定痛点。 如有任何进一步疑问，请通过 |联系方式| 与我们联系。 感谢您抽出时间。 |你的名字|
5	场景 5	标题：我们前往 |客户办公室| 之行的照片 正文： 亲爱的 |客户姓名|： 我在这封邮件中附上了此次行程中精选的 |数字| 张照片。等我从 |同事姓名| 那里拿到更多照片，会马上发给您。 希望您喜欢这些照片，期待我们的下一次精彩之旅！ 祝好， |你的名字|

表1-7为场景1~场景5的中文解释除了这些场景外，还可以用这些话来声明邮件里的附件对于客户来说很有价值：

I've attached my{ATTACHMENT_NAME}here.

Please see the attached{ATTACHMENT_NAME}.

Here's the PDF file you asked for.

Please find attached the{ATTACHMENT_NAME}.

The requested document is attached to this email.

Let me know if you have any questions about the attachment.

I've linked the photos in this email.

Enclosed is the information you asked for.

The enclosed folder contains necessary information.

第二章

02

电话成交：说对话，让客户爽快下单

本章将通过以下内容，帮助大家通过电话进行成交：

- 如何设计一个开场白，使客户不容易拒绝接听电话？

- 电话过程中如何与客户聊天，以快速推进订单？

- 电话结束后如何跟进，以增加销售机会？

- 当客户打电话过来，如何快速挖掘真实需求？

- 一个工具帮你找到手机号码，助你迈出第一步

- 一个预定会议工具，帮助你抓住每一个订单的机会

第一节　电话前准备：知己知彼，设计一个客户不会拒绝的开场白

不少跨境业务员是不敢主动给国外客户打电话的，主要有以下四点原因：

（1）觉得自己英语不够好，怕客户听不懂、自己又接不了话导致冷场。我不是英语专业毕业的，毕业后第一次跟国外客户开会的场景历历在目：在公司会议室里坐着三个人，客户（澳大利亚人）、我上司（尼日利亚人）和我，整个会议基本都是我上司和客户在交流，他们讲得比较快，我没有完全听懂，而且也担心英语不好说出来他们听不懂，全程很尴尬地坐在那里赔笑、一句话也不敢说，会议后也被上司批评了一顿。但也因为这件事，我发誓要努力学好英语，于是花了半年的时间慢慢提升英语口语才有了业务自信。现在很多客户跟我通完电话后都会感叹一句"你英语讲得很好"，所以与其担心不如努力。如果单词量少，那就利用通勤时间一个个背诵；如果口语不好，那就看英文新闻一句句跟读。

（2）怕被客户拒绝直接挂断电话。如果有这个想法的话，那么真的是想太多了，其实外国客户很少会直接挂电话，如果他们真的在忙连电话都不会接，如果他们接了电话会听你把话说完。所以与其担心被拒绝，不如认真思考打通后第一句话应该讲什么。

（3）有同事不好意思打电话，怕同事笑话。如果你是因为担心这个导致开不了单，最终被辞退的还是自己。之前我有一个同事，他的业务能力非常强，连续开拓了几个大客户，他的最大优势就在于打电话，先发一封开发信给客户，在24小时之内如果没有收到回复会再打一个电话给客户，他说话声音非常洪亮，英语也不是特别标准，但胜在够大胆。因此他的开发信回复率特别高，最终成单的机会也比较多。

（4）公司没有国际长途电话。这个问题很心塞，遇到困难就推给环境，现在的国际网络电话非常多，信号稳定价格便宜使用方便，本书会在工具分享中讲解国际长途电话的使用。

虽说跨境外贸比较常用的沟通方式是邮件，但邮件毕竟限于文字交流，一味通过邮件和客户联系，很难让客户有进一步的了解并建立好感，从接到询盘开始就要定期地与客户进行电话或视频会议。一件事情自己不想去做，总能找到很多理由，但如果真的想去做，解决方法也很多。那就从这一刻起拿起电话打给客户，订单也会随之而来了。

电话营销主要包含外呼电话（outbound calling）和呼入电话（inbound calling）两种，区别在于主动拨打电话的人不同，外呼电话指的是主动打给潜在客户的电话，而呼入电话指的是潜在客户主动打电话。图 2-1 展示了电话营销中非常重要的 9 个数据，这也是使用电话营销的基础。根据 Crunchbase 研究报告，57% 的卖家更喜欢通过电话联系，如果不敢给客户打电话，相当于把这批客户拱手让给了竞争对手。

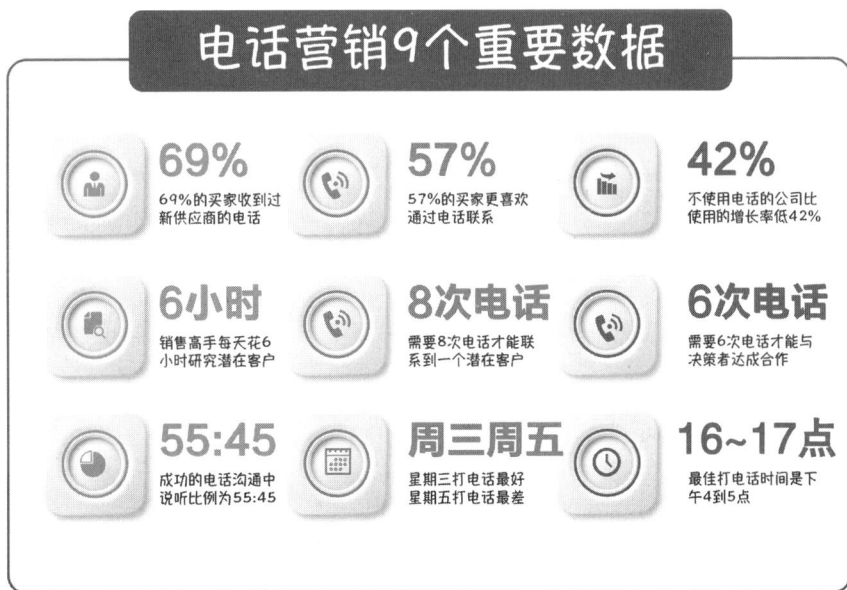

电话营销9个重要数据

69%
69%的买家收到过新供应商的电话

57%
57%的买家更喜欢通过电话联系

42%
不使用电话的公司比使用的增长率低42%

6小时
销售高手每天花6小时研究潜在客户

8次电话
需要8次电话才能联系到一个潜在客户

6次电话
需要6次电话才能与决策者达成合作

55:45
成功的电话沟通中说听比例为55:45

周三周五
星期三打电话最好星期五打电话最差

16~17点
最佳打电话时间是下午4到5点

图 2-1　电话营销 9 个重要数据

富兰克林·罗斯福曾经说过"不做好准备,就是在为失败作准备",那外呼电话需要作哪些准备?

第一步,明确目标。

跨境业务想通过一次电话完成销售的可能性非常低,每一次电话就是朝着成交目标前进一步,每一次电话都有不同的目标,可以通过图 2-2 显示的三个问题来明确电话目标。

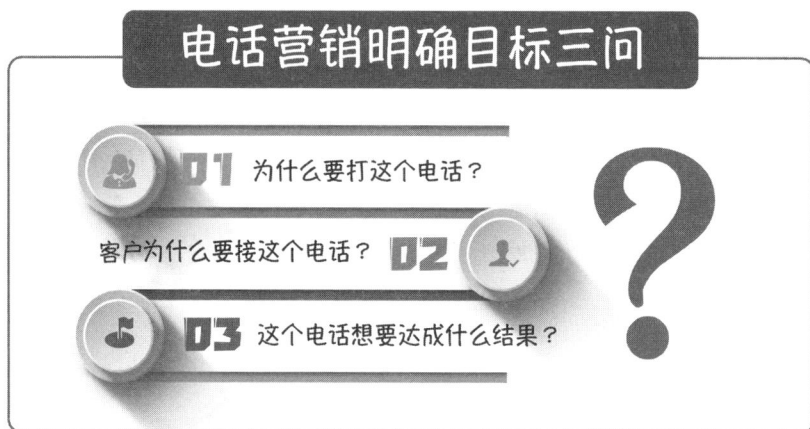

图 2-2　电话营销明确目标三问

问题1:为什么要打这个电话?

你打这个电话的目标是:找到负责人的联系方式、确定拜访细节、获得明确的采购需求、同意报价单、合同条款沟通,还是讨论项目实施时间和进度等?

问题2:客户为什么要接这个电话?

客户会不会在一开始的时候就挂掉电话?或者在沟通过程中找借口挂掉电话?你会提供什么样有价值的信息让客户愿意听?

问题3:这个电话想达成什么结果?

问题 3 和问题 1 是相对应的,目标不一样,想要达成的结果也会不一样。这个结果可能是:让客户推荐负责人的联系方式、明确拜访时间、了解到具体的采购需求、认可报价单、对合同条款提出疑问、知道项目下一步的计划等。

第二步,设计开场白。

电话的前几秒钟是至关重要的,计划好要说什么来吸引潜在客户的注意力,让他们保持专注。成功的电话销售是能够快速通过对话识别出客户的性格类型,并迅速调整沟通策略,根据不同类型的客户进行开场白的设计。通常会遇到图 2-3 中的四种客户类型。

图 2-3 四种常见客户类型

第一种是早期中断者。

这类型的客户坚定地认为任何没有经过允许的电话都是不需要的,可能在还没有开口之前就马上挂断了电话,针对这种客户需要尽快进入主题并提供他们能够获得的利益,也可以展示解决方案正在帮助同类型的公司取得成功的案例。应该专注于挂断电话的原因,而不是挂断电话的那个人。最好的方法是用一种同理心的陈述来承认客户的担忧,然后再讲产品如何能够帮助到他们。这里有一些可以参考的句型:

①I'll only take｛NUMBER｝minutes of your time,｛CUSTOMER_NAME｝, and I am sure you would be interested to know that｛BUSINESS_SCOPE｝.(｛客户姓名｝,我只会占用您｛数字｝分钟时间,而且我相信您肯定会对｛业务范围｝感兴趣。)

早期打断者是一种做事比较决绝的人,而且也特别珍惜自己的时间,因此在一开始就表明大概会花多长时间,也会让他觉得你在珍惜他的时间。

②I'm sorry to bother you，{CUSTOMER_NAME}，but I thought you would be interested to know that{BUSINESS_SCOPE}.（很抱歉打扰您，{客户姓名}，但我觉得您可能会对{业务范围}感兴趣。）

通常的开场白都是"hello，my name is…"这很有可能会让客户失去继续聊下去的兴趣，但开始先道歉，马上就能与其他业务员区分开来，而且客户自然就会说 no worry，然后就可以立即参与到对话里。

③I'm calling to tell you about an offer which will appeal to you to reach{RESULTE}.（我打电话是想告诉您一个能帮您达成{结果}的优惠方案 。）

第一人称增加了个性化，而且一开始就表明了客户的既得利益。

④That's true，{CUSTOMER_NAME}，but I am sure you will understand why I mentioned this after this call.（确实如此，{客户姓名}，但我相信在这次通话之后，您会明白我为什么提到这一点。）

永远不要跟客户争辩是电话沟通中的基本原则，因为当开始争辩就将客户摆在了对立面。首先要承认客户的担忧是合理的，下一阶段再慢慢证明没有担心的必要。

⑤This really is an extraordinarily rare offer，{CUSTOMER_NAME}，and it will help you to reach{RESULT}.（{客户姓名}，这真的是极其难得的优惠，它将助力您达成{目标成果}。）

用一些"非常"的词，如 extraordinarily、greatly、badly、most、exceptional 等会更容易吸引客户的注意。

第二种是围栏守护者。

这类型的客户会比较谨慎挑剔，不愿意作承诺，比较难沟通。你要做的事情就是让客户放心，向他们提供更多的数据和案例来说明产品比其他产品更适合。还有一种方法是作出一个低风险的承诺，从而慢慢地推动销售，比较好用的方法就是提供一个专属服务，可以用这些句型：

①Living in{CUSTOMER_CITY_NAME}]，we thought you might be interested to hear that{BUSINESS_SCOPE}.（您住在{客户所在城市名称}，我们觉得您或许会有兴趣了解{业务范围}相关情况。）

个性化的电话开场白很容易吸引客户的注意，在电话销售过程中使用"钩子"可以让客户有兴趣继续聊下去。

②I understand that you don't need｛PRODUCT/SERVICE｝,｛CUSTOMER _ NAME｝,but we've a brand new｛PRODUCT/SERVICE｝package that looks just right for you.（我知道您不需要｛产品/服务｝,｛客户姓名｝,但我们推出了一款全新的｛产品/服务｝套餐,感觉特别适合您。）

把既得利益清楚地表达给客户听,是一种高明的交流技巧,同样的使用"we""us"让客户觉得大家是一个团队。

③Unlike our competitors,we're proud to offer｛PRODUCT_ADVANTAGE｝.（与竞争对手不同,我们很自豪能够提供｛产品优势｝。）

直接表明产品相比竞争对手的优势。

第三种是渴望反弹者。

此类型的客户经常抱怨现有的供应商,总是在追求更高的服务质量,而不是低廉的价格,很多业务员会把这种客户的抱怨误解为绝望,我反而觉得这是一个机会。当客户对现有供应商感到失望时,你要做的是建立信任,而且要告诉他们,你会把他们的最大利益放在心上。最好的方法就是使用基本的技巧和礼貌用语,在沟通过程中巧妙地加入感激之情;也可以展示同类型公司的成功案例以建立信任,这里提供一些可用句型：

①I'm so glad you're interested in｛BUSINESS_SCOPE｝,｛CUSTOMER_NAME｝.
创造愉悦的沟通氛围。

②Thanks so much for giving me a moment of your time,｛CUSTOMER_NAME｝.
巧妙地表达感激之情。

③When would be a suitable｛TIME｝,｛CUSTOMER_NAME｝?
这句话可以帮助客户重申之前沟通的协定。

④I'm throwing in a｛FREE_BONUS｝just for you.
每个人都喜欢免费的赠品,加上"just for you"让客户觉得特别,他也会在想,是什么特别的东西。

第四种是谈判者。

他们是一群特别有经验的客户：他们或许已经做过很多市场调查,有很强的谈判技巧,在这个行业有多年的从业经历。这时你需要用开放式的问题来沟通,明确什么对他们来讲才是最重要的。

①We always beat our competitors on{YOUR_PRODUCT_ADVANTAGE}.

这句话其实暗示了你们公司的优势。

②Remember,(VAT/P&P/Extended Warranty)is also included in our price.

这句话暗示了竞争对手可能强加的隐藏费用。

③Recent surveys show that ours is the{fastest/best value/most trusted}service on the market.

利用数据给客户提供一个选择你的客观理由。

第三步,预想应对措施。

考虑到潜在客户可能提出的反对意见,并准备好应对措施,这可以帮助你更自信、更有效地处理异议。一般来说客户会有图 2-4 中的四种反对意见:

图 2-4　四种反对意见

在准备期间可以针对这四个不同的拒绝问题提前做好回答:

(1)预算不足。

That's okay. We don't expect you to buy anything right now. We would like to have the opportunity to share with you what we are doing and see if it's valuable to your company. Can we schedule a follow-up call on{TIME&DATE}? (没关系。我们不指

望您现在就购买任何东西。我们希望有机会与您分享我们正在做的事情，看看这对贵公司是否有价值。我们可以安排在｛具体时间和日期｝进行后续通话吗？）

（2）缺乏信任。

At this point, we are not asking you to change the way you are working right now. A lot of our customers used to or still use the products from｛COMPETITOR_NAME｝. We would just like the opportunity to show you how we are different and how we have provided additional value to our customers. We can present some similar cases of other companies like you who work with us and with｛COMPETITOR_NAME｝. When is a good time to schedule a follow-up call？（目前，我们并不是要求您现在就改变工作方式。我们很多客户过去用过，甚至现在仍在使用｛竞争对手名称｝的产品。我们只是希望有机会向您展示我们的不同之处，以及我们是如何为客户创造额外价值的。我们可以给您介绍一些像贵公司这样既与我们合作，也曾与｛竞争对手名称｝合作的其他公司的类似案例。您看安排后续电话沟通，什么时候比较合适呢？）

（3）没有需求。

Hi｛CUSTOMER_NAME｝, thanks for letting me know you're not the right person to discuss this with. So who is responsible for this business？ Can you introduce me to them？（您好，｛客户姓名｝，感谢您告知我您并非探讨此事的合适人选。那么，谁负责这块业务呢？您能帮我引荐一下吗？）

Typically, when someone cancels and says they'll get back to me, it means they're just not interested in what I have to offer right now. Is it fair for me to assume that's the case？（通常来说，当有人取消沟通并表示会再联系我时，意味着他们当下对我提供的内容并不感兴趣。我这么理解，没什么问题吧？）

（4）缺乏紧迫感。

Of course. If it really is bad timing, I am happy to do that. However, I would still like to set up a five-minute call to show you what we are doing and how we might help. That way, if it's not interesting, we don't have to worry about me chasing you next quarter, but if it is, we'll have more to talk about then. When is a good day and time for us to talk？（当然。如果现在时机确实不合适，我很乐意之后再联系。不过，我还是想和您安排一次五分钟的通话，向您介绍一下我们在做的事情以及我们可能提供的帮

助。这样一来,如果您不感兴趣,我们就不用担心我下个季度再联系您;但要是您感兴趣,届时我们就有更多可聊的。您哪天什么时间方便我们聊聊呢?)

通过这些准备,可以将电话中的即兴沟通转化成为有准备的沟通,这样可以大大提高自信心。

行动建议(见图2-5)

电话前准备行动清单

1 明确目标

我为什么要打这个电话?

他为什么要接这个电话?

这个电话想达成什么结果?

2 计划开场白

早期中断者

围栏守护者

渴望反弹者

谈判者

3 预想应对措施

预算不足

缺乏信任

没有需求

缺乏紧迫感

图 2-5 电话前准备行动清单

第二节　电话进行中：话题选择，跟客户聊什么能快速推进订单

最畅销的根本不是你的产品和你能提供什么，而是客户需要什么。

——畅销书《销售巨人》作者尼尔·拉克姆

20 世纪 70 年代，尼尔·拉克姆着手回答一个价值百万美元的销售团队问题："是什么让最优秀的销售人员脱颖而出？"于是他和他的团队通过研究 35 000 多个销售电话后发现：相比于提出正确的问题来说，提出问题的时机更加重要，优秀的销售人员会在正确的时间提出正确的问题，所以需要学会问两个问题："应该向客户问什么问题"和"应该在什么时候问"。1988 年，拉克姆的书籍《销售巨人——大订单销售训练手册》问世，成为全球销售领域的泰斗之作。这本畅销书里提到的 SPIN 销售技巧同样适用于跨境电子商务中的电话营销。

当拿起电话拨通客户的号码讲了开场白之后，客户也愿意继续聊下去，这时的沟通就变成一种双向交流，只有在努力倾听潜在客户了解他们的需求后，才能提供更合适的解决方案并且建立更牢固更持久的客户关系。SPIN 销售技巧就是以客户的需求为中心并提出四种类型的问题，倾听引导客户向预设的方向前进，最终达成沟通目的。

SPIN 四个字母代表提出的四类问题：情境性问题（situation question）、探究性问题（problem question）、暗示性问题（implication question）和解决性问题（need-pay off question），如图 2-6 所示。

情境性问题指的是那些能够帮助了解客户公司运作和业务现状的问题，通常是关于"什么""什么时候""在哪里""谁""做了什么事"等问题，如图 2-7 所示。

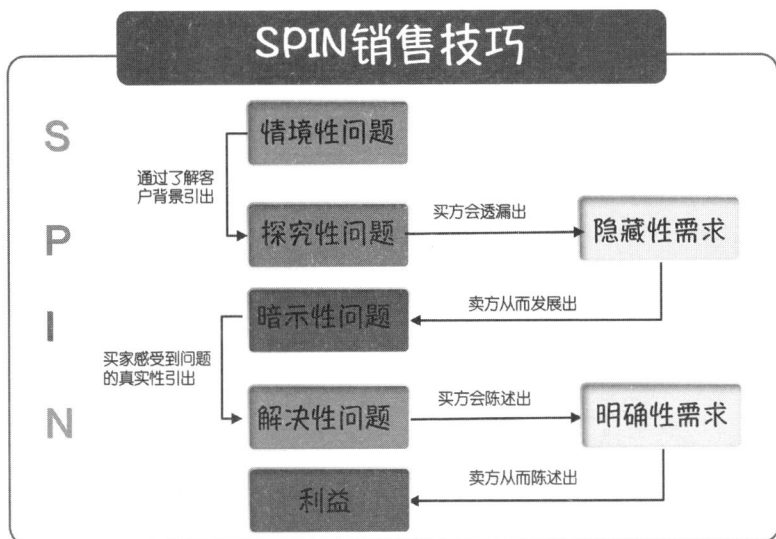

图 2-6　SPIN 销售技巧

图 2-7　情境性问题

很多业务员在跟客户电话沟通的过程中会掉进两个"坑"：一是在完全没有了解客户的情况下直接进入产品讲解，另一个是跟客户沟通时一直在问情境性问题。虽然这些问题对客户的价值很小，但很重要。从图 2-6 的流程走向可以看出，只有知道情境性问题的答案后才能进入到探究性问题。

情境性问题能够帮助你达成四个目标：

（1）数据确认：在电话之前已经做了一些背景调查，那要如何确认了解到的信息是可信的？最好的方法就是问情境性问题，如"谁""什么""何时""如何做"等问题。

（2）建立关系：在第一次电话之前，你对潜在客户来说只是一个陌生人。他们为什么要听你说？为什么要相信你？这个时候需要通过情境性问题先了解你的客户，从而找到一种介绍自己和产品的方法。

（3）表现热情：情境性的问题也是让潜在客户知道你有兴趣了解他们，想知道他们的困境并愿意帮他们解决。

（4）收集情报：通过这些情境性问题，你可以知道客户的实际需求，也可以了解到实际发生的情况。

参考范例

- 关于公司

How many employees do you have?（你们公司有多少员工？）

Who's responsible for{BUSINESS_SCOPE}?（谁负责{业务范围}？）

What is your role at{CUSTOMER_COMPANY_NAME}?（您在{客户公司名称}担任什么职位？）

Who owns the budget?（谁掌控预算？）

- 关于策略

What are your priorities this quarter/year?（您本季度/本年度的首要任务是什么？）

Why do those priorities matter to your business/customers?（为什么这些首要任务对您的业务/客户很重要？）

- 关于现有供应商

Who is your current vendor for{BUSINESS_SCOPE}?（目前负责你们{业务范围}的供应商是谁？）

Why did you choose your current vendor for{BUSINESS_SCOPE}?（为什么选择当前负责{业务范围}的供应商？）

What made you choose those solutions in the first place?（最初是什么因素促使你们选择了这些解决方案?）

What tools/solutions are you currently using to handle{PROBLEM}?（目前你们使用哪些工具/解决方案来处理{问题}?）

- 关于市场

Who are you selling to?（你们的销售对象是谁?）

What does your customers' buying cycle look like?（你们客户群体的购买周期是怎样的?）

What's your Ideal Customer Profile look like?（你们理想的客户画像是什么样的?）

- 关于产品/服务/项目

What is your current value point?（您目前的价值点是什么?）

How do you feel about your current business?（您对当前业务有何看法?）

How's your{BUSINESS_SCOPE}performing currently?（您目前的{业务范围}表现如何?）

Do you have a strategy in place for{BUSINESS_SCOPE}?（对于{业务范围},您是否有既定策略?）

How long have you done{BUSINESS_SCOPE}this way?（您以这种方式开展{业务范围}多久了?）

What's your process for{PROJECT_NAME}?（你们开展{项目名称}的流程是怎样的?）

How much budget do you have assigned to{PROJECT_NAME}?（你们为{项目名称}分配了多少预算?）

How important is{PRODUCT/PROJECT}to your business?（{产品/项目}对你们的业务有多重要?）

注意,情境性问题并不能取代背景调查,如公司规模、员工架构、年采购额等,像"您公司有多大""您在哪些国家/城市有分公司/办事处""您销售的是什么产品或服务"等问题不宜在电话里问客户。这些问题不仅会让他们失去耐心,同时也会缩短问更重要问题的时间。综上所述,建议在电话沟通前可以通过邮件、社交平台等方式先进行背景调查，这样可以减少在电话过程中问一些不必要的情境性问题。

探究性问题（见图2-8），是跟客户一起探讨发现潜在的问题、困难和不满，通常是关于"你担心……""你有……困难吗""如果没有达到你的期待，你会……"等问题。

图 2-8 探究性问题

这些问题都是以客户为中心，对客户的价值非常大，但在这个阶段很多跨境业务员会犯的一种毛病是不断地重复和强调产品的细节和特点，从而忽略了从客户角度出发提供解决问题的方案。尼尔·拉克姆说："我们应该想办法知道客户是如何看待这些问题的，如果客户觉得没有问题，那就没有问题。"因此探究性问题可以达成以下三个目标：

（1）探索客户的痛苦之处：无论在电话沟通之前做了多少功课，都不可能发现潜在客户每天面临的问题。

（2）挖掘合作的切入点：其实一个产品能够解决多个问题，探索客户的痛点可以快速找到可能合作的切入点。

（3）让客户谈论痛点：很多优秀的跨境业务员可能已经知道客户会面临的问题，但这不能促成销售，只有让客户把这些痛点说出来，他们才能感受到确实困难。

参考范例

表格 A

序号	英　　文	中　文
1	Are you worried about the quality of your current ｛PRODUCT｝？	您是否担心当前｛产品｝的质量？
2	Do you have any problems with your｛PRODUCT｝？	您的｛产品｝有没有出现什么问题？
3	Do you face any issues reaching your customers?	在触达客户方面，您是否遇到什么难题？
4	Do your customers face any problems communicating with you?	您的客户在与您沟通时，是否遭遇问题？
5	How's your｛PRODUCT｝performing?	您的｛产品｝表现如何？
6	Do you feel that｛PRODUCT_PROVIDED_BY_COMPETITOR｝is as good as it can be?	您觉得｛竞争对手提供的产品｝是否已尽善尽美？
7	How does this impact stakeholder buy-in?	这对利益相关者的支持度有何影响？
8	What happens if you're not successful with｛BUSINESS_SCOPE｝？	如果在｛业务范围｝上没有取得成功，会发生什么？
9	How long does it take to achieve｛RESULT｝？	实现｛结果｝需要多长时间？
10	How expensive is｛PRODUCT_PROVIDED_BY_COMPETITOR｝？	｛竞争对手提供的产品｝价格有多高？
11	How many people are required to achieve the necessary results?	要达成必要的成果需要多少人？
12	What happens if you're not successful with｛BUSINESS_SCOPE｝？	如果在｛业务范围｝上没有成功，会发生什么？
13	Are you satisfied with your current process for｛BUSINESS_SCOPE｝and the results?	您对当前｛业务范围｝的流程及结果满意吗？
14	How reliable is your equipment?	您设备可靠性如何？
15	When you have issues, is it typically easy to figure out what went wrong?	出现问题时，通常能容易说清楚问题出现在哪里吗？
16	How much effort is required to fix your｛PROBLEM｝？	解决｛问题｝需要付出多大努力？

续上表

序号	英　　文	中　　文
17	Are you happy with your current supplier?	您对当前的供应商满意吗？
18	How long does it take to for maintenance to fix the{PROBLEM}?	维修人员解决{问题}需要多长时间？
19	How important is solving{PROBLEM}to your business?	解决{问题}对您的业务有多重要？
20	Do you think you can solve that problem?	您觉得自己能解决那个问题吗？
21	What will it take to solving that problem?	解决那个问题需要做些什么？
22	If it were up to you, what would your approach to solve the problem?	如果由您来决定，您会采取什么方法解决这个问题？
23	How important is it to you and your team?	这对您和您的团队有多重要？
24	What are your biggest challenges everyday?	您每天面临的最大挑战是什么？
25	What happens if this problem hasn't been solved?	如果这个问题一直得不到解决会怎样？
26	How long does it take to achieve{RESULT}?	实现{结果}需要多长时间？
27	How expensive is{PRODUCT_PROVIDED_BY_COMPETITOR}?	{竞争对手提供的产品}价格有多高？

如果不知道如何在电话沟通中设置紧迫感，可以尝试使用探究性问题，可以根据过往的从业经验来预测客户可能还没有考虑到的困难和障碍。

暗示性问题，指的是假如问题没有解决，可能给客户带来的后果、作用和影响，通常是关于"……对你们的业绩会有什么影响吗""你在解决……问题时花了多少费用"等问题。

探究性问题在帮助客户梳理目前看到的小问题。这些小问题并不需要马上解决，而暗示性问题就是将现在问题和潜在性问题联系在一起，从而拓展并逐步揭示客户的真实需求。尼尔·拉克姆说过，那些销售高手提出的暗示性问题是普通销售人员的四倍。

暗示性问题能够实现以下三个目标(见图2-9):

(1)深入了解问题的严重性,这样可以找到一个切入点来开始销售产品。

(2)了解导致问题的原因,这样可以继续谈话并提出一个解决方案,以防止问题再次发生。

(3)了解现在问题对于未来的影响,这样可以为向客户推荐更多产品提供机会。

图 2-9　暗示性问题

参考范例

表格 B

序号	英　文	中　文
1	How does ｛CURRENT_PROBLEM｝ affect your future ｛TARGET｝ ?	｛当前问题｝对您未来的｛目标｝有怎样的影响?
2	What effect does a ｛CURRENT _ PROBLEM｝ have on your customer review?	｛当前问题｝对您的客户评价会产生什么影响?
3	Has a problem with ｛CURRENT_PROBLEM｝ ever negatively impacted your KPIs?	｛当前问题｝有没有对您的关键绩效指标造成过负面影响?

续上表

序号	英　文	中　文
4	How much time is wasted on solving {CURRENT_PROBLEM} each week?	每周在解决{当前问题}上会浪费多少时间？
5	How much more could your teams achieve each week without {CURRENT_PROBLEM}?	如果没有{当前问题}，您的团队每周能多取得多少成果？
6	Have {CURRENT_PROBLEM} ever delayed product rollout?	{当前问题}是否曾导致产品推出延迟？
7	How would you use an extra {AMOUNT_OF_MONEY} each {WEEK/MONTH/QUARTER/YEAR}?	如果每周/每月/每季度/每年多出{一定金额}，您会怎么使用？
8	What's the productivity cost of doing {CURRENT_PROBLEM} that way?	以这种方式应对{当前问题}，在生产效率方面要付出什么代价？
9	Would your customers be more satisfied if you didn't experience {CURRENT_PROBLEM}?	如果没有遇到{当前问题}，您的客户是否会更满意？
10	If you didn't experience {CURRENT_PROBLEM}, would it be easier to achieve {TARGET}?	如果没有经历{当前问题}，实现{目标}是否会更容易？
11	Does {CURRENT_PROBLEM} ever prevent you from hitting your goals in {BUSINESS_AREA}?	{当前问题}是否曾阻碍您在{业务领域}达成目标？
12	When was the last time {CURRENT_PROBLEM} didn't work?	{当前问题}上一次出现故障是在什么时候？
13	How is {CURRENT_PROBLEM} impacting your team members?	{当前问题}对您的团队成员有什么影响？
14	Would you say {CURRENT_PROBLEM} is a blocker in terms of your personal career growth?	您是否认为{当前问题}是您个人职业发展的阻碍？
15	How does this impact your clients/business?	这对您的客户/业务有何影响？

续上表

序号	英　文	中　文
16	What do your clients do when you can't deliver what they need?	当您无法提供客户所需时,他们会怎么做?
17	How much does this cost you when you face the｛PROBLEM｝?	面临｛该问题｝时,这会让您付出多少代价?
18	Have you lost orders to the competitors?	您是否因为这个问题把订单输给了竞争对手?
19	How does｛CURRENT_PROBLEM｝impact your work?	｛当前问题｝对您的工作有什么影响?
20	Would solving it help｛RESULT｝?	解决这个问题对｛结果｝会有帮助吗?
21	How does the｛CURRENT_PROBLEM｝impact your customers/stakeholders?	｛当前问题｝对您的客户/利益相关者有什么影响?
22	How much are you spending on your existing solution?	您在现有解决方案上投入了多少资金?
23	How many hours do your team spend using that solution?	您的团队使用该解决方案花费了多少时间?
24	If this problem was s,how would you use your budget differently?	如果这个问题解决了,您会如何改变预算的使用方式?
25	What goals are you unable to achieve because of the｛CURRENT_PROBLEM｝?	由于｛当前问题｝,您无法实现哪些目标?
26	How much more could your team achieve each week by solving｛CURRENT_PROBLEM｝?	通过解决｛当前问题｝,您的团队每周能多取得多少成果?
27	If you had more resources to solve this｛CURRENT_PROBLEM｝,how would you spend them?	如果您有更多资源来解决这个｛当前问题｝,您会如何使用这些资源?
28	Has a problem with｛PROBLEM｝ever prevented you from｛ACHIEVING_RESULT｝?	｛问题｝引发的状况,是否曾阻碍您达成｛实现结果｝?

解决性问题，让客户知道使用提供的解决方案后所能获得的回报、效益，通常是关于"这个解决方法能够帮助你解决……的问题""使用这套方法能够实现你的……既定目标"等问题，如图 2-10 所示。

图 2-10　解决性问题

这会将讨论推进到承诺和签约阶段，并对达成合作起到关键性的作用，解决性问题可以达成以下三个目标：

（1）找出有用的解决方案。而不是仅仅推荐你觉得有用的方案，关键在于在了解了他们的想法之后才能推荐你的产品。

（2）找出期待的效果。每个品牌都能够提供有效的解决方案，需要从他们的期待中罗列产品能够带来的好处和价值。

（3）梳理出能够承受的价格范围。这样能够在报价的时候更合理。

参考范例

表格 C

序号	英　文	中　文
1	If｛SOLUTION｝could help you reach a larger audience, how would that impact your business?	如果｛解决方案｝能帮助您触达更广泛的受众，这将对您的业务产生怎样的影响？
2	Would you find value in｛SOLUTION｝?	您会觉得｛解决方案｝有价值吗？

序号	英　　文	中　　文
3	Would it be useful to speed up｛RESULT｝by｛NUMBER｝percent?	将｛结果｝提升｛X｝%会有用吗?
4	How would your marketing teams react to using｛SOLUTION｝?	您的营销团队对使用｛解决方案｝会作何反应?
5	Would it be useful to introduce｛SOLUTION｝to your｛DECISION_MAKING_TEAM｝?	向您的｛决策团队｝介绍｛解决方案｝会有用吗?
6	Would a｛SOLUTION｝increase stakeholder buy-in?	｛解决方案｝会提高利益相关者的支持度吗?
7	Would｛SOLUTION｝make it simpler to achieve｛POSITIVE_RESULT｝?	｛解决方案｝会让实现｛积极成果｝变得更简单吗?
8	Would your team find value in｛SOLUTION｝?	您的团队会觉得｛解决方案｝有价值吗?
9	Do you think solving｛PROBLEM｝would significantly impact you in｛BUSINESS_SCOPE｝?	您认为解决｛问题｝会对｛业务范围｝产生重大影响吗?
10	Is it important for your team members to see｛SOLUTION｝benefit so they can take next action?	让团队成员了解｛你的解决方案｝的收益是否重要,以便他们采取后续行动?
11	How would your relationship with your clients change if it was possible to solve the problem?	如果能够解决这个问题,您与客户的关系会发生怎样的变化?
12	Who else would benefit from this change, if you solve the problem?	如果您解决了这个问题,还有谁会从这种变化中受益?
13	What would solving the problem mean for your and your business?	解决这个问题对您和您的企业意味着什么?
14	How would finding a solution help you, your colleagues, partners, and subordinates to succeed in their respective role?	找到解决方案将如何帮助您、您的同事、合作伙伴和下属在各自的岗位上取得成功?
15	How would solving the problem enable you to achieve｛RESULT｝?	解决这个问题将如何帮助您实现｛结果｝?

最后要注意的是，这些问题都是基于你的解决方案，比如车间设备能够提高工厂的协作效率，就不要去问其对销售人员的影响。而且在电话沟通中请记住要保持双方对话的状态，而不是单方面讲话，单方面讲话不会促成销售，反而会"扼杀"销售。SPIN 销售技巧的前提在于高效的倾听——要先听清楚客户的回答，才能有效地选择合适的问题来提问。

每一次电话沟通都为下一次电话做好铺垫，因此在电话结束后可以询问如何保持联系，如：

How can we stay in touch? Which one would you prefer, email, call or text?

When would the best time for me to follow up? Would {DATE} work for you?

熟能生巧，只有平时在电话沟通中多运用 SPIN 技巧才能将这些问题印在你的脑海中。这样不管跟什么样的客户沟通都能够在合适的时候问出对的问题，从而促进订单的最终签订。

行动建议（见图2-11）

电话沟通中记录表

1 情境性问题（我们需要的背景信息）

_____   _____

_____   _____

2 探究性问题（发现潜在的问题、困难和不满）

_____   _____

_____   _____

_____   _____

3 暗示性问题（可能给客户带来的后果、作用和影响）

_____   _____

_____   _____

_____   _____

4 解决性问题（所能获得的回报、效益的看法和行动意愿）

_____   _____

_____   _____

_____   _____

5 下一次电话时间 _____

图 2-11　电话沟通中记录表

第三节　跟进电话：充分利用电话进行跟进，
　　　　促进销售额增长

从图 2-12 中营销转化公司 Invespcro 关于客户跟进的数据可以看出，电话后的跟进是多么重要——这直接影响了订单的最终归属：电话后跟进做得好，可以维持他们的参与度。如果不能通过一系列跟进来保持沟通，他们就有可能会失去兴趣，最终甚至可能会和他们失去联系错过订单。

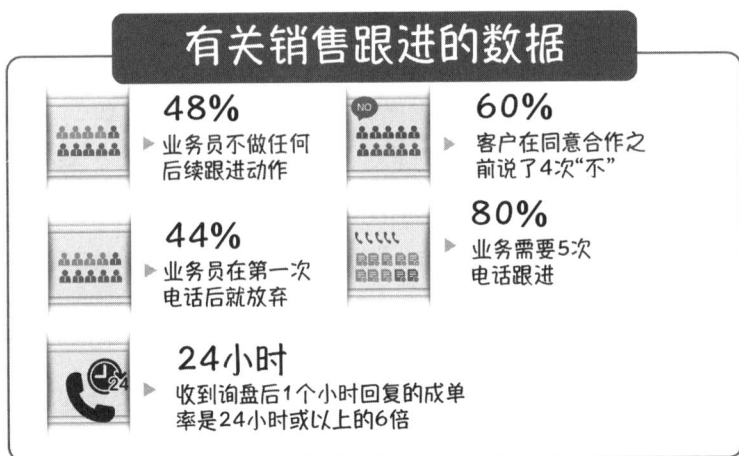

图 2-12　有关销售跟进的数据

给潜在客户打跟进电话比打陌生电话更有挑战性，因为跟进电话才是真正推动销售周期的关键，也是关系正式建立的指标。在进行电话跟进之前一定要先想清楚这个问题："为什么潜在客户要保持联系？"需要给他们一个有价值的理由：当潜在客户看到你可以帮助他们时，他们才会保持沟通。如果你没有什么有价值的原因，那么后续跟进是在浪费时间。可以参考以下三条思路来思考跟进的理由：

（1）能够提升市场地位的行业信息；

（2）能够解决现有或未来困境的解决方案；

（3）竞争对手如何从你的服务中受益。

当已经明确了这个问题的答案后，可以通过以下七个技巧进行跟进：

技巧一，询问客户他们喜欢的沟通方式。

最好是在通完第一次电话之后就问这个问题，以客户舒适的方式沟通能够让关系更进一步。这样不仅可以获得其喜欢的交流方式，还有可能获得其他有价值的信息。

Is there anything I can put in my email subject line or text message that can catch your attention and get you to open my message?

When would be the best time for me to follow up? Would｛TIME&DATE｝work for you?

技巧二，询问一个具体的日期和时间。

很多跨境从业者犯的最大错误就是没有在电话结束前确定后续电话的具体日期和时间。很多人可能会给出"我下周给你打电话"或"我将在本周发送提案"等含糊的承诺，最终导致客户并没有接到跟进电话。所以，通过邮件、即时通信软件或结束电话的时候应该直接询问客户一个具体的日期、时间和方式，如果你提供的都不合适，则可以让客户建议一个时间。

I'll be glad to write up the｛PROPOSAL/QUOTE/SOLUTION｝e-mail it to you. And what I would like to recommend is that we set up｛DATE｝at say｛TIME｝to review it in detail and determine the next steps.

技巧三，发送感谢信息。

这样很容易在客户心中留下好印象，让客户记住你，同时也为给客户后续打电话留下了一个理由。

｛CUSTOMER_NAME｝, thank you for taking the time to speak with me today. I look forward to chatting with you further on the｛TIME AND DATE｝! Kind regards.

技巧四，发一封"预约会议"的邮件。

与客户已经确定好下一次沟通的时间时，应尽快给客户发一封"预约会议"的邮件，提醒其已经有了一个约定，邮件主题可以用。

Online meeting appointment for｛TIME&DATE｝.

在会议前一天可以再发一封会议提醒邮件，同时罗列出会议议程，例如：

Hi{CUSTOMER_NAME}, the call should only take{NUMBER}minutes. We'll review the proposal and I'll answer any questions. And then we'll determine the next steps, if any.

在这封邮件里还可以提供一些有价值的信息,为客户接电话提供一个理由,这些信息可以是关于行业、市场、产品的资讯。

技巧五,准时打电话。

一分钟都不能迟到,这反映了对客户的尊重。

技巧六,设计个性化开场白。

I was calling to follow up on the previous proposal.(我打电话是想跟进一下之前的提案。)

The reason for my follow up was to see if you had come to any decision yet.(我跟进是想看看您是否已经做出决定了。)

I am calling to see if you had any questions.(我打电话是想看看您是否有什么疑问。)

I just wanted to make sure you got my email.(我只是想确认您是否收到了我的邮件。)

这些开场白不是不好,而是太过平庸,让潜在客户觉得你就是另一个供应商。个性化的开场白需要包含三个要素:首先用全名介绍自己,接着给出公司的名字,最后提醒客户你打电话的原因。这个原因可以暗示之前沟通中提到的痛点或陈述电话能够给对方带来的收获价值:

Hi{CUSTOMER_NAME}, this is{YOUR_NAME}calling from{COMPANY_NAME}. when we spoke last week you had two concerns. First,{PROBLEM 1}, and second,{PROBLEM 2}.(嗨,{客户姓名},我是{你的名字},来自{公司名称}。上周我们交谈时,您有两个顾虑。第一,{问题1},第二,{问题2}。)

Hi{CUSTOMER_NAME}, this is{YOUR_NAME}calling from{COMPANY_NAME}. What I would like to recommend at this stage is two things:First,{VALUE 1}, and second,{VALUE 2}. Then we'll determine the next steps, if applicable. How does that sound?(嗨,{客户姓名},我是{你的名字},来自{公司名称}。现阶段我想提出两点建议:第一,{价值点1};第二,{价值点2}。之后,如果有必要的话,我们再确定后续步骤。您觉得怎么样?)

技巧七,客户没有接听时留下语音信息。

如果打电话过去的时候,客户刚好不在或正在通电话,可以留下语音信息让他们知道你是准时打来的。

Hi｛CUSTOMER_NAME｝, this is｛YOUR_NAME｝calling from｛COMPANY_NAME｝for our｛TIME｝appointment. Sounds like you might be tied up for a few moments. I'll call in 10 minutes if I haven't heard from you. In the meantime, my number is｛PHONE_NUMBER｝.（嗨,｛客户姓名｝,我是｛你的名字｝,来自｛公司名称｝,按我们｛约定时间｝的预约给您打电话。听起来您可能这会儿有点忙。如果10分钟内没收到您的消息,我会再打过来。在此期间,我的电话号码是｛电话号码｝。）

如果过了10分钟打电话过去,对方还是无法接听,则可以留下另一条信息:

Hi｛CUSTOMER_NAME｝, this is｛YOUR_NAME｝calling from｛COMPANY_NAME｝, following up on our｛TIME｝appointment. Looks like you're still tied up. Please give me a call when you're free at｛PHONE_NUMBER｝, otherwise I will call you later this morning or early this afternoon.（嗨,｛客户姓名｝,我是｛你的名字｝,来自｛公司名称｝,跟进一下我们｛约定时间｝的会面安排。看起来你依旧很忙。你方便的时候请拨打｛电话号码｝联系我,不然我会在今天上午晚些时候或者下午早些时候再打给你。）

如果当天打了几次客户还是没有接到电话,那么可以这样说:

Hi｛CUSTOMER_NAME｝, this is｛YOUR_NAME｝calling from｛COMPANY_NAME｝. I called a couple of times today but as of yet we have not been able to connect. When we last spoke, you were concerned about the｛PROBLEM｝. I'm sure you don't want that｛CONSEQUENCE_IF_NOT_SETTLED｝. So, my number is｛PHONE_NUMBER｝.（嗨,｛客户姓名｝,我是｛你的名字｝,来自｛公司名称｝。我今天打了好几次电话,但到现在我们还没能联系上。我们上次交谈时,你对｛问题｝表示担忧。我相信你肯定不希望出现｛如果不解决会产生的后果｝。所以,我的电话号码是｛电话号码｝。）

在这个时候切记不要用"but as of yet we have not been able to connect"这样的话语,这会让对方感到内疚或尴尬,最好就是陈述之前提到的"痛点",让他觉得你们正在经历这样的痛苦所以最好还是回电话。

如果连续几天连续打了好几个电话,对方还是没有回信,那也证明至少自己努力过了，没有什么好后悔的，继续跟进另一个客户就好了。

从图 2-12 中可以看出，1 小时内跟进的成交可能性比 24 小时内跟进的成交可能性大六倍，那么通话结束后 24 小时内和 24 小时外应该制定什么策略促进销售额增长？

（1）24 小时之内需要做的事情：

①发一封感谢信。感谢信总是会有助于与你的客户建立更多私人关系，因为这样会让他们觉得你在关心他们。

②电话结束前要提出下一步的行动计划。永远不要在没有明确下一步计划的情况下结束电话。很多国外客户都会将日程安排在手机或电脑的日程表上，因此可以先锁定下一次电话的日期和时间，结束后马上发送一个日历邀请。

③通话结束后通过电子邮件回顾电话内容，请求他们确认。这是一种为潜在客户增加价值的后续行动。为什么通话结束后发邮件是最好的做法呢？因为邮件里总结通话内容也是为了避免误解，而且还可以说明你很认真地倾听并理解他们的需求，同时也是让潜在客户对内容和后续行动负责。

（2）24 小时之后需要做的事情：

在 24 小时之内发出第一封邮件后，可以给一些时间让他们消化。最好在两三天后进行第二次跟进，但也不要太迟，因为如果他们对第一封邮件没有积极回应，有可能是他们在决定时遇到了一些困难，那么可以做以下几件事情帮助他们做决定：

①分享一篇他们有可能感兴趣的文章，这样可以增进对产品的了解。

②也可以去询问是不是有其他的问题或担忧，这样可以更清楚地了解是什么阻止他们做决定。

③分享网站链接，当他们打开这个链接后就会被带到更有信息的页面上。如果他们点击这个链接，也相当于一次"行动"，后续也会更容易采取其他行动。

④也可以在社媒上给他们发送邀请，这样他们可以看到你在有关平台上的更新，即使这次电话沟通并没有促成下一步的合作，也可以让他们持续关注你，以后有需要的时候就会想到你。

⑤询问他们是否愿意安排一个"最后的电话会议"。如果目前跟进的项目已经告一段落，比如客户已经选择了其他供应商合作，或者这个项目已经终止，暂

时不需要供应商了,那么可以安排一次"最后的电话会议",也是将这段时间一些谈过的事情做个总结,同时也期待下一次的合作机会。

当已经明确知道近期已经没有合作的可能性,除了通过水滴式邮件进行跟进外,还可以通过电话进行跟进看看未来的合作机会。这种电话跟进需要安排在重要的时间节点上:

时间节点1

客户公司有重要事件发生

在客户公司官方网站、社交平台账号上了解到他们最近有一些重要事件发生时,可以通过电话送一个祝福。在祝福里可以包含很多细节,向客户展示没有忘记他们:

Hi｛CUSTOMER_NAME｝,how are you? This is｛YOUR_NAME｝,and I wanted to congratulate you on the｛COMPANY_NEWS｝! How is everything working out for your and your business?（嗨,｛客户姓名｝,你好吗? 我是｛你的名字｝,我想就｛公司相关消息｝向你表示祝贺! 你和你的业务一切进展如何?）

Hi｛CUSTOMER_NAME｝,This is｛YOUR_NAME｝. It was so good talking to you again. Congratulations on｛COMPANY＿NEWS｝! I'll check back in with you in a few months to see how you're doing. But don't hesitate to reach out if you need anything else in the meantime, or if you know of anyone else who needs｛PRODUCT/SERVICE｝.（嗨,｛客户姓名｝,我是｛你的名字｝。再次与你交谈真是太棒了。恭喜｛公司喜讯｝! 几个月后我会再联系你,看看你的情况。但在此期间,如果你还有其他任何需求,或者你知道有其他人需要｛产品/服务｝,请随时联系我。）

时间节点2

客户处于人生的里程碑或特殊时刻

比如生日,很多客户喜欢将这些重要时刻展现到社媒上,也是跟进的好时机:

Hi｛CUSTOMER＿NAME｝, this is｛YOUR＿NAME｝calling from｛COMPANY＿NAME｝,and I just wanted to call to wish you a happy birthday! Do you have anything special planned?（嗨,｛客户姓名｝,我是｛你的名字｝,来自｛公司名称｝,我打电话来是想祝你生日快乐! 你有没有什么特别的计划呀?）

这种电话不需要花太长时间,可能也就一两分钟,最后以一个能够显示你的价值和产品的方式来结束通话：

I want to thank you for taking the time to talk to me today, so that I could wish you a happy birthday. I know you've probably got a lot going on, but I really value you as a customer. If you need anything in the future, or know someone else who does, please let me know! （感谢您今天抽出时间与我交谈，让我能向您送上生日祝福。我知道您可能事务繁忙，但作为客户，您对我而言十分重要。倘若日后您有任何需求，或者您身边有人有需求，请告诉我！）

还有一种可能就是打电话过去的时候客户没有接听到，可以留下语音信箱，让他们知道你没有忘记他们，而且随时准备提供他们需要的帮助。

时间节点3

当你发送重要信息的邮件后

这样既可以跟他们分享更多邮件里没有描述的细节，也可以得到反馈，还可以适当地提醒你能够提供的价值，并询问是否可以推荐其他客户给你。

Hi｛CUSTOMER_NAME｝, how's it going? It's｛YOUR_NAME｝. I was just calling to see how you were doing, and whether you've had time to check out the latest email I sent you. I really liked the topic about｛SUBJECT｝and thought you might enjoy it, too. （嗨，｛客户姓名｝，最近怎么样？我是｛你的名字｝。我打电话来是想看看你近况如何，以及你是否有时间查看我最近发给你的邮件。我很喜欢关于｛主题｝的内容，觉得你可能也会感兴趣。）

In the meantime, I'm here if you need anything. And, if you know of anyone else who might need my products/services, please send them my contact information. I'm always on the lookout for great customers like you. （在此期间，如果您有任何需求，我随时为您服务。另外，如果您知道有其他人可能需要我的产品或服务，请把我的联系方式给他们。我一直在寻找像您这样优秀的客户。）

跟进客户的宗旨就是向客户展示你对他们的投入，让他们记住你，他们可以帮你推荐更多的业务，或者等到他们需要你的服务时第一时间联系你，持续跟进等待的就是一个机会，如果你不主动跟进就一定会错过机会。

最后可以根据表2-1制订客户的月度电话跟进计划：

表 2-1　月度电话跟进计划

客户名称：				月份：	
第 1 周	第 2 周	第 3 周	第 4 周	第 5 周	
					星期一
					星期二
					星期三
					星期四
					星期五
					星期六
					星期日

行动建议（见图2-13）

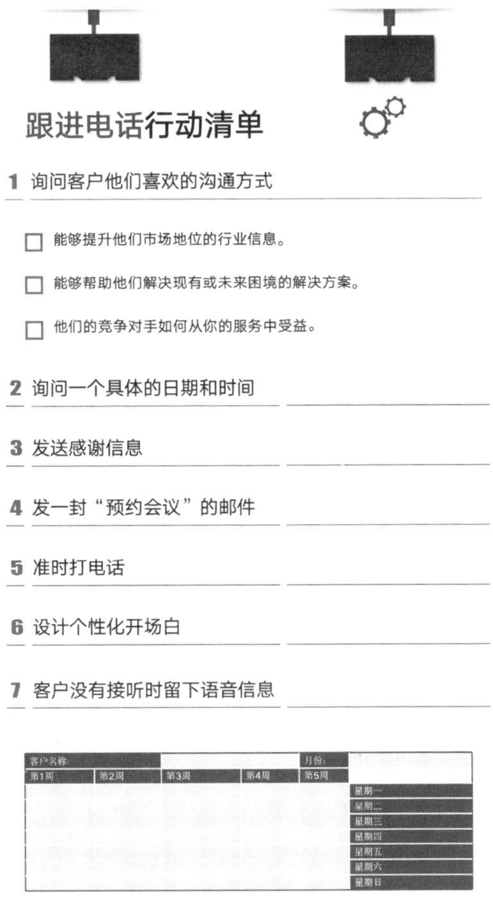
跟进电话行动清单
1 询问客户他们喜欢的沟通方式
能够提升他们市场地位的行业信息。
能够帮助他们解决现有或未来困境的解决方案。
他们的竞争对手如何从你的服务中受益。
2 询问一个具体的日期和时间
3 发送感谢信息
4 发一封“预约会议”的邮件
5 准时打电话
6 设计个性化开场白
7 客户没有接听时留下语音信息
客户名称
月份
第1周
第2周
第3周
第4周
第5周
星期一
星期二
星期三
星期四
星期五
星期六
星期日

图 2-13　跟进电话行动清单

第四节　呼入电话：九个步骤接听电话，
　　　　快速挖掘真实需求

当接到国外客户的询盘电话时，是不是又激动又担忧？

记得我第一次接到国外客户电话的时候，紧张得都不知道说什么了。打电话过来的是一个迪拜客户，英语非常流利和纯正。他在电话那头噼里啪啦地说，说得很快，但我没太听懂他说什么，也不知道自己要怎么回答，就只是拿着电话不断重复着 ok，不敢让他讲慢一点，担心他会觉得我不够专业，等他挂了电话后，还是云里雾里，不知道他是谁，也忘了跟他确认联系方式，一个订单机会就这样白白错失了。

虽说 WhatsApp、电子邮件和社交媒体等数字通信方式已经成为许多人的首选联系方式，但国外客户直接打电话过来也不是完全没有可能的。这样的电话通常都蕴含着合作意向极强的机会，如果没有及时专业地应答这些电话，他们就会挂断电话打到你的竞争对手那里去。而且，你在各大社交媒体平台、官方网站留下了公司的联系电话，所做的这些努力不都是为了让客户能够主动打电话过来吗？这种由客户主动拨打给公司客户服务或销售团队的电话，叫作呼入电话，英文是 inbound calls。如果你收到了潜在客户的呼入电话后却没能很好地利用，那就意味着之前所做的推广努力都白费了。

那么面对国外客户来电，应该如何沟通呢？

第一，询问客户想要讨论什么。

美国软件研发和营销公司 HubSpot 通过采访 505 位全球采购商和 115 位销售代表了解到在第一次销售电话中客户想要谈论什么和销售代表想要谈论什么，如图 2-14 所示。

采购和销售谈论内容

图例：采购商想要讨论的内容　销售代表想要讨论的内容

内容	采购商	销售代表
价格	58%	23%
产品是如何工作的或产品演示	54%	23%
想通过这次采购达到的目的	47%	65%
客户同行成功案例的建议	44%	33%
客户公司需要采购的原因	37%	63%
公司的总体目标	32%	61%
预算或谁有预算决定权	24%	33%
客户采购时间表	24%	42%
谁有采购决定权	15%	42%

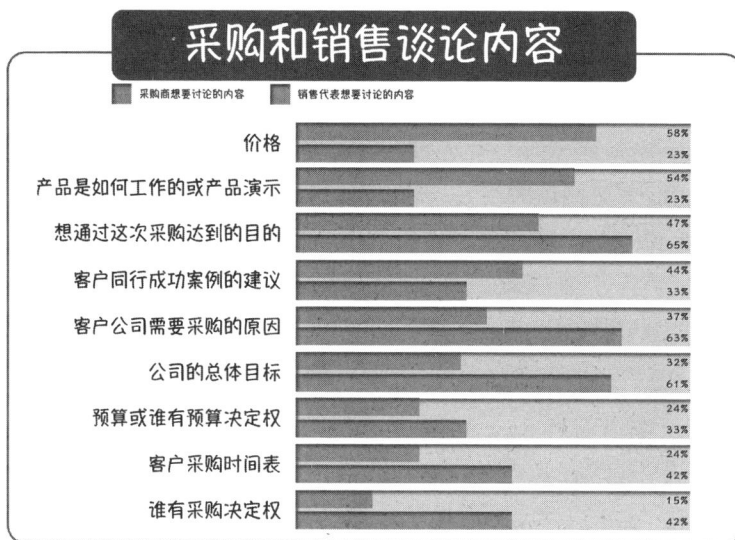

图 2-14　第一次电话中采购代表和销售代表想要谈什么

从图 2-14 可以看出你想谈的和潜在客户想谈的内容有天壤之别，因此在接听到电话之后第一件要做的事，可以直接问客户：

What would you like to cover today？

通过这句话来明确本次电话的沟通目标，也让谈话有一个良好的开端。如果一直在问你想谈而不是客户想谈的内容时，到了最后客户就会说"Okay, great. I'll check out your website and let you know if I have more questions. "，翻译过来的意思就是说"这是浪费时间。我真的不想谈你感兴趣的内容，我想谈的是这个项目里的技术难题。既然没有，我就去网站看看它能不能回答我的问题"。这样不仅错过了提供帮助的机会，还浪费了将潜在客户转化为合作客户的机会。

当问完这个问题后务必停下来听他们说，等说完再回复，而且在听的时候也要做笔记，将能够听到的单词或句子尽可能地记录下来。接着可以向打电话的人用自己的话再重复一下要点，这样既可以保证信息的准确度，也可以让客户感觉到是很认真听他们说。有些业务员会担心万一自己重复错了就很尴尬。其实这样的顾虑大可不必有，电话本身也会有干扰，听不清楚也很正常，如果听不清楚让客户再重复也方便后续跟进，万一误解了导致后续跟进错误更糟糕。

第二，谈论产品相关的问题。

图 2-14 中可以了解到，54% 的采购代表希望在第一次通话中就了解产品是如何工作的，而只有 23% 的销售代表做好这方面的准备并愿意详细说明，因为他们不知道也不想在刚开始接触的时候就谈论产品和价格。

当接到这些呼入式电话时，采购方大多数都已经做了研究，他们将选择范围缩小到几家供应商。这也是为什么会希望在第一个电话中就开始讨论产品，希望通过电话了解更多在官方网站或其他社交平台上看不到的信息。当客户问到有关产品的问题时，说明他们正在试图确认产品是否能够满足需求，同时这样的沟通也能了解他们的真实需求。

如果潜在客户在第一次电话中提出想要现场演示产品，可以有以下回答：

I wasn't prepared for that today, but I can manage. What were you hoping the product would do for you?（我今天没料到会这样，但我能应付。您希望这款产品能为您起到什么作用呢？）

No problem. Among other things, I have rich experience in knowing how our product works for companies like yours. What specific questions would you like to discuss？（没问题。此外，对于我们的产品如何为像贵公司这样的企业发挥作用，我有丰富的经验。您想讨论哪些具体问题呢？）

当客户回答后，你基本也可以了解到客户的真实需求，接下来就是确定客户是否想要购买，可以这样询问：

If our service can solve this｛PROBLEMS｝for you, would it be a big deal？（如果我们的服务能为您解决这个｛问题｝，这会是很重要的事吗？）

Do you think you will use our products if it can achieve｛FUNCTION｝for you？（如果我们的产品能为您实现｛功能｝，您觉得自己会使用吗？）

如果在沟通的过程中，发现己方的产品并不能完全解决客户眼前的问题，可以提出其他帮助来扩大对话范围：

Our product won't help you with｛PROBLEM _ A｝, but I'm wondering if you've thought about｛PROBLEM_B｝that you'll most likely encounter next？（我们的产品无法帮您解决｛问题 A｝，但我想知道，您有没有考虑过接下来您很可能会遇到的｛问题 B｝呢？）

I can't help you with that problem. Our product doesn't do that and I don't know how you'd avoid it. But there are a handful of other problems that we solve. While it might not be your highest priority, if we could help you avoid {RISK} and save {COST}, would you be interested in having that conversation at some point？（我没办法帮您解决那个问题。我们的产品做不到，而且我不知道您要怎么避免它。不过，我们能解决其他一些问题。虽然这可能不是您最优先考虑的事，但如果我们能帮您规避{风险}并节省{成本}，您有没有兴趣找个时间聊聊呢？）

第三，开展有关价格的讨论。

从图 2-14 中可以看出 58% 的采购代表想要谈价格，而只有 23% 的销售代表愿意这样做。当然这个可以理解，因为很多业务员认为在第一次电话中谈产品和价格是有风险的。第一个提出价格的人在谈判中总是失败的，当说出一个数字就会面临两个风险：一是客户认为价格不合理所以直接挂断电话；二是如果价格太低，他们就会怀疑质量和服务。

关于"报不报价"这个问题，可以给出一个巧妙处理的建议，可在网站上公布定价，有一项针对 389 家软件销售公司的研究，39% 的公司选择公开价格，如图 2-15 所示，在公司官方网站里列出服务范围和套餐价格。如果已经在公司网站或其他渠道公开了价格，那么对话可以更加直截了当：

Our pricing is on our website. Do you need help figuring out what your budget might be.（我们的价格信息在网站上。您是否需要协助确定您的预算大概是多少呢？）

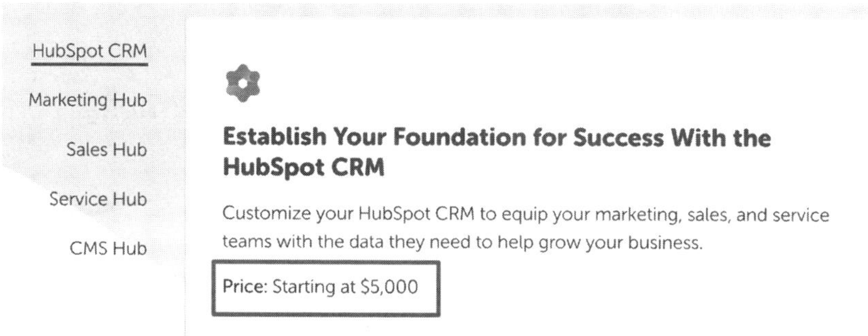

HubSpot CRM
Marketing Hub
Sales Hub
Service Hub
CMS Hub

Establish Your Foundation for Success With the HubSpot CRM

Customize your HubSpot CRM to equip your marketing, sales, and service teams with the data they need to help grow your business.

Price: Starting at $5,000

图 2-15　软件销售公司公开价格

如果并没有公开过产品或服务的报价，当潜在客户在电话里问起价格时，给出一个范围而不是提供一个具体的价格会是一个不错的选择，试着说：

It's a bit difficult to quote you a price without understanding your unique needs. However would you like me to give you a range. （在不了解您独特需求的情况下，有点难以给您报价。不过，您希望我给您一个价格区间吗？）

这种情况下，潜在客户通常会回答"是"，因为他们想知道价格，这样可以获得更多客户的需求，根据客户的回答，可以这样说：

The price for our typical client is around｛QUOTE_RANGE｝. Just based on looking at the size of your business, I'm guessing you'll fall in the｛QUOTE_RANGE｝. Does it make sense for us to talk about your needs a bit so we can narrow that down for you. （我们一般客户的价格大概在｛报价区间｝。仅从贵公司的业务规模来看，我猜您的价格会在｛报价区间｝。我们是否可以聊聊您的需求，以便为您给出更精确的价格呢？）

第四，分享成功案例。

不管是呼入电话还是呼出电话，都需要向客户传递价值从而让客户不要太关注价格成本，传递产品价值的有效方式之一就是分享成功案例，从图 2-14 可以看出，44% 的潜在客户想要在第一次通话了解到这些信息，但很可惜只有 33% 的销售代表愿意去分享这样的故事，潜在客户都想多了解一些成功的案例，而你需要学会如何告诉他们。这也是平时在跟上司、同事交流的过程中需要掌握到的知识，可以将公司的合作客户进行分类总结出不同行业不同需求的成功案例。这样在接到潜在客户的呼入电话时就可以引用这些成功案例。

第五，不要太早谈论预算、时间表和决策权等问题。

图 2-14 中的研究结果显示，在第一次与潜在客户通话时，销售人员很想讨论预算（33%）、时间表（42%）和决定权（42%）等话题。相比之下，采购代表想要讨论这三个话题的比例分别只有 24%，24% 和 15%。那是因为在第一次通话的时候大部分客户还没有决定购买。

如果在第一次电话中潜在客户已经表达了想要购买的信号，可以这样问：

How will you make a purchase decision and who will be involved? （您将如何做出购买决策，会有哪些人参与其中？

How much budget do you have set aside? （您预留了多少预算？）

When do you need this solution in place? （您什么时候需要落实这个解决方案？）

如果客户还没有发出想要购买的信号，可以关注他们的目标、面临的困难和计划，可以这样问：

If we could help you overcome this challenge like we have for companies such as {CURRENT_CLIENT_A} and {CURRENT_CLIENT_B}, would you be interested in exploring that further? （如果我们能像帮助{现有客户A}和{现有客户B}等公司那样，协助您克服这一挑战，您有兴趣进一步探讨吗？）

Would it make sense for us to schedule a longer conversation where we can discuss how we can help you achieve this goal more assuredly than your current plan can? （我们安排一次更长时间的交流，来讨论我们如何能比您目前的计划更稳妥地助您实现这一目标，您觉得这样可行吗？）

当他们的回答是肯定的时候，就赢得了一个机会。

第六，询问其他竞争对手的情况。

当潜在客户主动打电话并了解价格和产品功能等细节时不意味着他们准备购买，更不意味着准备向你购买，很有可能只是将你的产品的功能和价格与你的竞争对手进行比较。在这种情况下，最佳的做法是通过一些问题来帮助采购代表了解到他们可能还没有完全了解情况。他们可能还不清楚自己要做的是什么，也就是询问有关竞争对手的问题，这样可以判定在他们心中你们的产品是否为首选。

Do you think you'll need {PRODUCT_A}? （您会需要{产品A}吗？）

Does it make sense to spell out the pros and cons of each product, so that you can weigh them? （把每种产品的优缺点都详细说明一下，以便你权衡，这样做有意义吗？）

当提出这种类型的问题要特别小心，千万不要说竞争对手的坏话，这会让采购代表认为你对销售更感兴趣，而不是帮助他们找到最佳解决方法。当然也不要一开始就想努力证明你的提议是最好的，侧重点应该是找出他们认为自己需要什么、看重什么。

第七，没有听清楚时可以请客户重复一遍。

当确实没有听清楚客户说的需求时，或许是客户说得太快，有些术语听不懂，或者电话信号太嘈杂。这个情况很正常，跟你的英语水平高低无关，每个人都会遇到，所以不用太紧张或担忧，可以请客户再重复一遍，让他们解释得更详细些。你可以这样说：

I'm sorry, {CUSTEROM_NAME}, I'm not sure I caught that entirely. Would you mind providing me with more detail. （很抱歉，{客户姓名}，我不确定自己完全听明白了。您介意再给我提供些详细信息吗？）

I got your point but could you please send an email to me to confirm? （我明白您的意思了，但您能否给我发封邮件确认一下呢？）

不用担心客户会觉得你不够专业，相反客户是会感激这么问的，因为他们可以感受到你的认真和积极帮助他们解决问题的态度。

第八，结束前总结电话细节并确认下一步行动。

万一误会了客户的意思，后期跟进就会浪费很多时间，同时也可以让客户感受到你的真诚。

第九，感谢他们联系你。

问问还能为他们做些什么，然后祝他们一切顺利，度过美好的一天，然后再礼貌地挂断电话。

Thanks for your call today, {CUSTOMER_NAME}. I hope you have a wonderful rest of your day. （感谢您今天来电，{客户姓名}。希望您今天接下来过得愉快。）

接听完电话之后，可以将谈话内容和下一步行动的会议记录发一封邮件给客户推动合作。要时刻记得：迅速地回复，良好的电话态度，在电话中友好和有风度，快速有效地解决客户问题。这些都是专业接听客户电话的必备条件。

最后再强调接听呼入电话的四个注意事项：

（1）不要有心理包袱，认为自己英语不好就不敢接电话，其实我接触的很多老外的英语也不好，但他们却很敢说。

（2）在电话铃响第三下之前接听电话，大家都很忙的，客户打电话过来其实是为了获取信息，如果不及时回应，他们就会挂掉并且打给你的竞争对手。

（3）不要使用免提来接电话，当打电话的人听到你开着免提时，会觉得你在忙着其他事情，不能完全集中精神来沟通电话，如有必要，一定要询问他们是否可以打开免提。

（4）使用口语化术语，避免使用专业术语，让潜在客户听懂你在讲什么，这样能够保证他们可以获得有价值的答案。阿尔伯特·爱因斯坦曾经说过："如果不能简单地解释它，说明还不够理解它。"所以，在跟客户沟通之前先好好了解那些专业术语并确保你能用最朴实的话表达出来。

要点总结（见图2-16）

呼入电话要点总结

1 询问客户想要讨论什么。

2 谈论产品相关的问题。

3 开展有关价格的讨论。

4 分享成功案例。

5 不要太早谈论预算、时间表和决策权等问题。

6 询问其他竞争对手的情况。

7 没听清楚时可以请客户重复一遍。

8 结束前总结电话细节并确认下一步行动。

9 最后感谢他们联系你。

图 2-16　呼入电话要点总结

工具三　一个工具找到手机号码，开启电话成交第一步

不仅是在开拓客户的时候需要找到客户的手机号码，在后期沟通中同样需要。

我曾经接触过一个新加坡客户，是在意大利展会里认识并相互关注了社媒账号。该客户通过我的账号信息找到了我的邮箱，并发了一封图 2-17 所示的询盘邮件。来回发了五封邮件，我们了解了他们的具体需求。因此，我精心准确报价并发送过去，但未收到回复。在一周内，我连续发了几封邮件，都没有收到回复。客户仿佛消失了，我不禁怀疑："这个客户是不是因为我太想得到业绩而幻想出来的？"后来我想到去查看他的邮件签名，但很遗憾只看到了一个公司的电话号码，我也拨打了这个号码但一直没人接听。

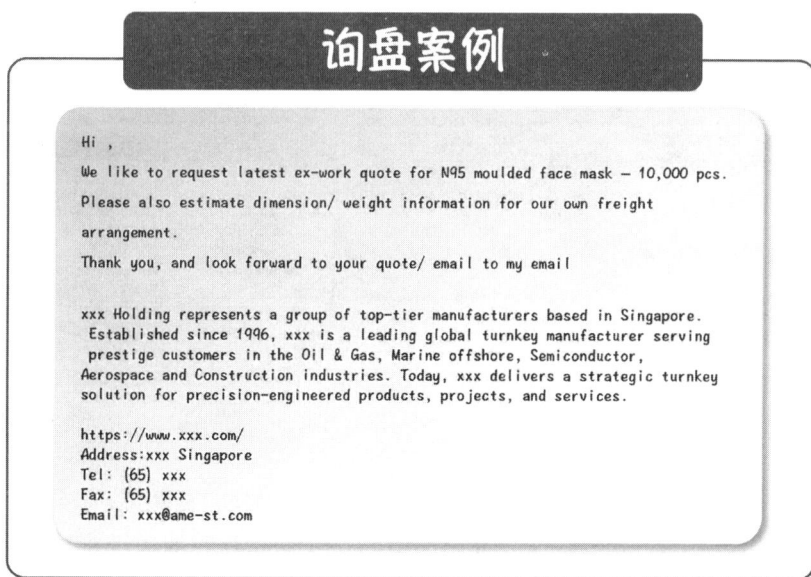

```
询盘案例

Hi ,
We like to request latest ex-work quote for N95 moulded face mask – 10,000 pcs.
Please also estimate dimension/ weight information for our own freight
arrangement.
Thank you, and look forward to your quote/ email to my email

xxx Holding represents a group of top-tier manufacturers based in Singapore.
 Established since 1996, xxx is a leading global turnkey manufacturer serving
 prestige customers in the Oil & Gas, Marine offshore, Semiconductor,
Aerospace and Construction industries. Today, xxx delivers a strategic turnkey
solution for precision-engineered products, projects, and services.

https://www.xxx.com/
Address:xxx Singapore
Tel: (65) xxx
Fax: (65) xxx
Email: xxx@ame-st.com
```

图 2-17　询盘案例

电话销售核心的一点是要找到电话号码，然而，在网上找到一个手机号码并不容易，大多数人更愿意列出他们的电子邮件地址而不是手机号码。有些情况下，只能找到公司的固话号码，如上述案例。当通过公司固话拨打时，需要先让

前台来转接,这又为电话营销增加了难度。

因此,不论是前期开拓客户还是后期维护客户,获取客户的手机号码相当重要,因为这样就与客户的距离又近了一步。当其他供应商无法联系时,你仍然可以拥有一个机会联系到他们。

那么,如何才能找到客户的手机号码?本书介绍了一个实用工具:Lusha。

Lusha 是一个强大的客户信息查找工具,可以找到客户的姓名、职位、公司、电话、邮箱地址、网站、所属行业、成立日期、年收入范围、使用的社交媒体平台等。最大的好处就是容易上手,只需要几秒钟即可获取到客户的详细联系方式,免费版本是每个月可以查询五次。即使是费用版本,价格也不算太贵,市面上有很多类似的工具,但 Lusha 算是性价比最高的了。另外,你还可以通过加入社区(Lusha community)来获得免费的搜索机会,如图 2-18 所示。

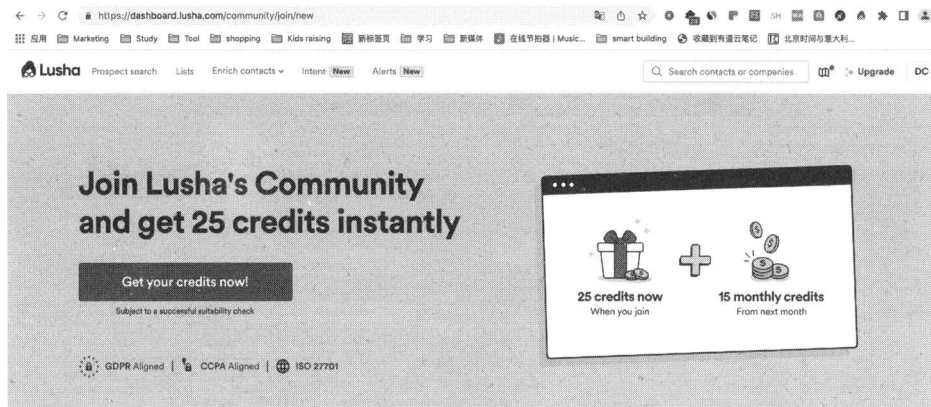

图 2-18　通过 Lusha 社区获取免费搜索的机会

如何使用 Lusha 来找到客户的电话号码呢?步骤也非常简单:

第一步点击图 2-19 中的 Lusha 界面中的 my account(我的账号)进行注册,需要注意的是,注册 Lusha 账号需要使用企业邮箱地址,并不支持私人邮箱地址,如@qq.com、@gmail.com 等。

第二步在 Chrome extension(插件)页面上输入 Lusha(工具名称)或在搜索引擎中输入 Lusha chrome extension(Lusha 插件)都可以找到插件安装页面,如图 2-20 所示。在这个图示界面中写着 added(已添加)表示已经在这个浏览器里安装了该

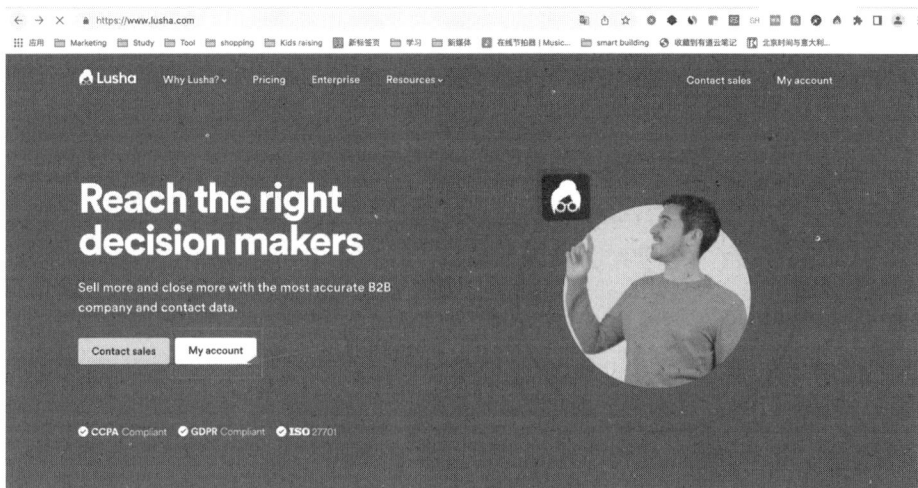

图 2-19　注册 Lusha 账号

插件。安装完成后可以在图 2-21 中浏览器右上角的工具栏里看到 Lusha 插件的图标。

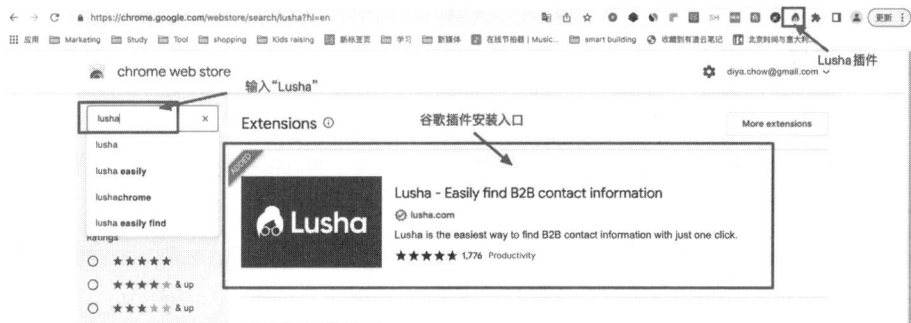

图 2-20　Lusha 插件安装步骤

　　安装完成后，就可以开始使用 Lusha 来查找客户联系方式了。Lusha 有两种方式可以找到电话号码，第一种是直接访问潜在客户的 LinkedIn（领英）主页，第二种是直接访问客户的公司官方网站。这也是 Lusha 的最大优势之一，简单、快速、精准。

　　有些电话查找工具是直接在工具官方网站上输入客户的全名来查找，图 2-21 展示了另一款电话查找工具的搜索结果，这样查出来的客户有几十、几百，甚至上万个，你很难确定哪个是你要找的客户。

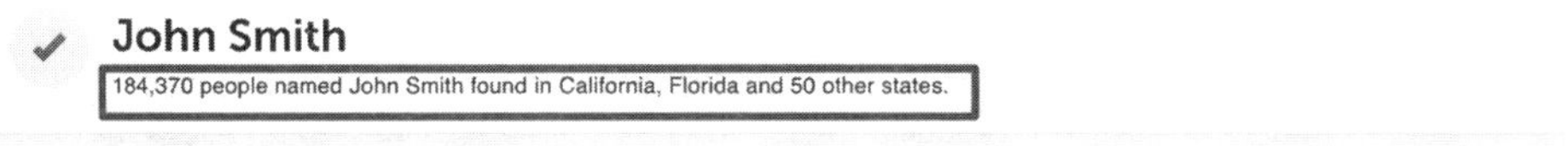

图 2-21　其他查找电话号码的工具显示结果

第一种：LinkedIn 查找法。

和浏览器插件的使用方法有所不同，在图 2-20 中所显示的"Lusha 插件"图标只是告诉你，你的谷歌浏览器已经安装了 Lusha 插件，但不是使用的入口。它的使用入口隐藏在屏幕的右侧，当你进入想要查询的联系人的 LinkedIn 个人页面后，就会在右侧看到这个隐藏的工具栏，如图 2-22 所示。

图 2-22　Lusha 隐藏工具栏位置

点击这个隐藏的工具栏后，会显示图 2-23 的结果。可以看到这个联系人的详细电话号码，不管是针对国内客户还是国外客户，这个工具都可以搜索到联系电话。这个工具能够找到几乎所有 LinkedIn 账号的联系方式。

第二种：客户网站查找法。

当在 LinkedIn 里输入图 2-17 中的案例的公司名称和客户名称后，很可惜，依然无法找到这个公司和联系人的相关资料。这可能是因为他们没有在 LinkedIn 上注册账户，在这种情况下，就无法通过 LinkedIn 查找到这个客户的联系电话了吗？答案是否定的。Lusha 的强大之处在于：当你无法在 LinkedIn 里搜索到联系人的账号时，直接打开他们的官方网址，也可以通过 Lusha 查找到联系人的手机号码。

当打开客户的公司网站时，可以看到右侧图 2-24 中的隐藏图标，点击它可以打开 Lusha 显示界面，选择第二步中的 All employees（所有员工），可以看到这家公司所有员工的联系方式，在这里，可以查找跟你联系的那个人的名字，并点击它就会出现第三步的"个人信息"界面，点击 show contacts（显示联系信息），就可以看到他的联系电话了。

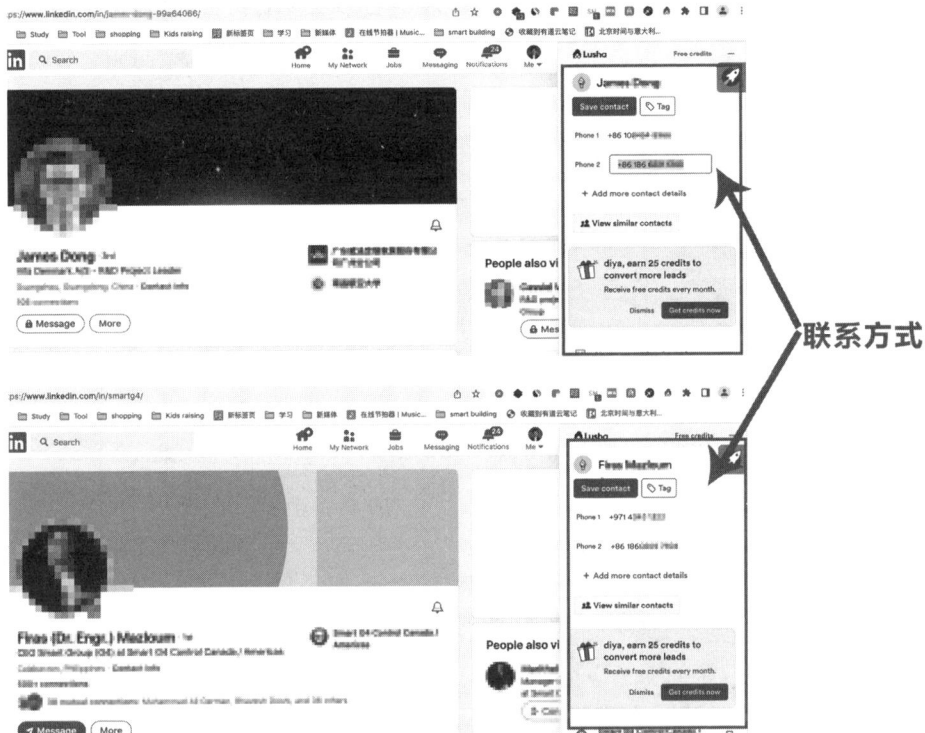

图 2-23 Lusha 查找的联系方式结果显示

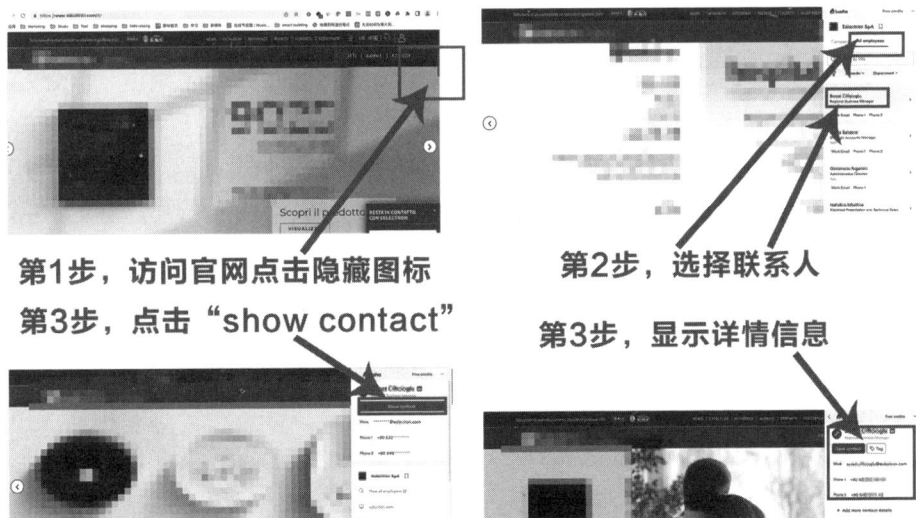

图 2-24 客户网站查找联系电话的步骤

Lusha 不仅是一个手机号码查询工具,还有更多功能有待挖掘。

当找到潜在客户的联系电话后,可以直接拿起电话拨打。拨打国际电话的一般顺序如图 2-25 所示。国际电信联盟早前已推荐 00 作为通用的国际冠码,并已被为数不少的国家所采用,中国也使用 00 作为国际冠码。然而,仍有些国家决定采用不同的国际冠码。拨出国国际冠码、拨入国国际区号、城市(州)区号等信息都可以直接在搜索引擎上查询得到。

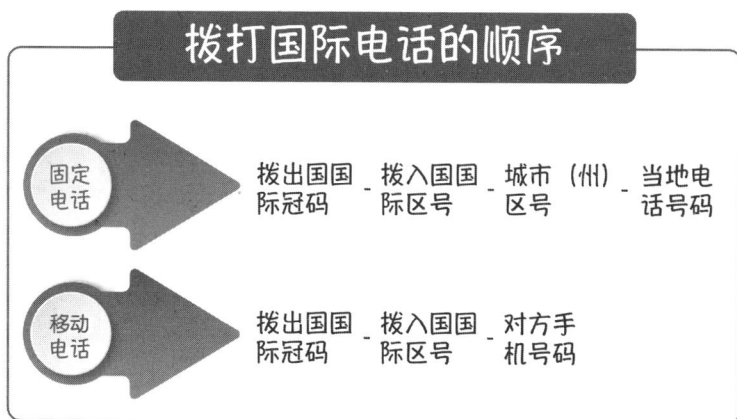

图 2-25　拨打国际电话的顺序

假设要给一个英国客户打电话,他的固定电话号码是:(0207)1234567,手机号码是 17012345678,那么拨打顺序如下:

固定电话:00(拨出国国际冠码)-44(拨入国国际区号)-207(城市/州区号)-1234567(当地电话号码)。

手机:00(拨出国国际冠码)-44(拨入国国际区号)-17012345678(对方手机号码)。

拨打国际电话的方式也有很多,可以通过固定电话、手机等方式,其中,VoIP电话是一种价格相对低廉且质量稳定的方式,可以随时随地拨打电话。VoIP(voice over internet protocol)基于 IP 的语音传输技术,能够通过互联网实现语音通话和多媒体会议,又被称为 IP 电话、互联网电话等,Skype 是一种常用的 VoIP电话工具。

Skype 既是一个即时通信软件,也是一个网络电话,最大的特点是可以拨打全球任何一部座机或手机。除此之外,Skype 还具有基础的即时通信功能,类似于 QQ、微信、WhatsApp 等即时通信软件。如果添加对方的 Skype 账号为好友，可以免费发信息、语音、进行音频和视频交流；当不知道对方的 Skype 账号，可以直接拨打对方的手机号码。可以说，Skype 是受跨境外贸人士欢迎的网络电话之一，而且可以在电脑、手机、电视、平板电脑等多种终端上使用。要下载 Skype，进入官方网站并点击图 2-26 中的 Downloads（下载）标签以访问下载页面。

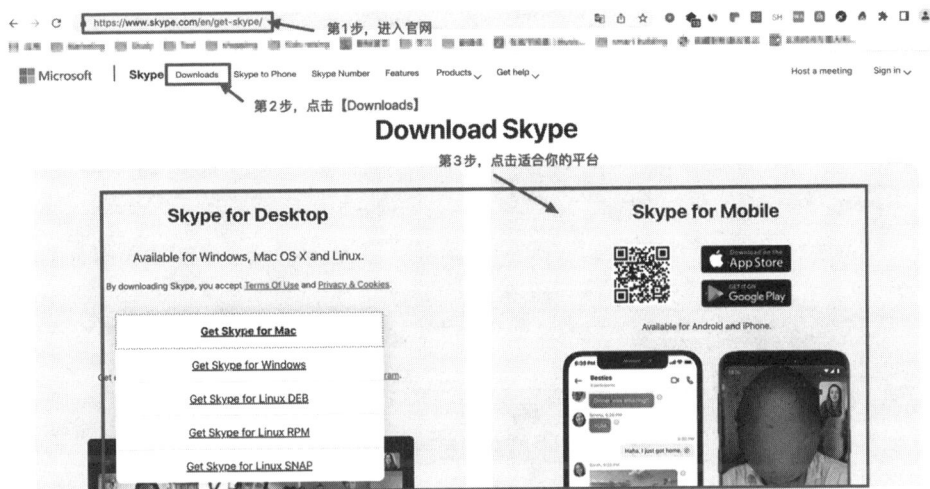

图 2-26　Skype 下载方式

根据提示进行注册，可以使用手机号码或邮箱进行注册。建议使用邮件，这样当忘记密码时，可通过电子邮件验证码进行重设。点击图 2-27 中的"打开拨号盘"的按键，就可以进入拨号盘，并像使用手机那样拨打电话号码。

在使用 Skype 打电话时，需要使用 Skype 的点数，可以按照图 2-28 的方式进行充值，用完后再充值也可以。当然，也可以在 Skype 官方网站充值点数。如果客户主要在某个国家或地区，例如美国，建议购买该国家的月卡。美国月卡可以打手机号码和座机号码，通话时间不限，非常实惠。

如果客户位于不同的国家或地区，可以选择不同的费率方式。可以在 Skype 官方网站里点击 Skype to Phone，输入任何一个国家或地区名称，例如图 2-29 中的 United States，访问该国家的费率明细页面。在这里，可以查看该国家的通话费用，并了解全球通话的收费方式，有两种选择：按月收费和按分钟收费。你根据自己的具体情况进行选择。

图 2-27　Skype 拨号盘

图 2-28　Skype 点数充值

总体来说,Lusha 是一个非常实用的客户信息查找工具,可以帮助用户寻找客户的姓名、职位、公司、电话、邮箱、网站等详细联系方式。手机号码查找是电话销售的第一步,Lusha 的使用非常方便,只需要在 LinkedIn 或客户的官方网站上嵌入浏览器插件即可查找到客户的电话号码。找到手机号码后,电话销售人员可以使用 VoIP 电话工具 Skype 进行电话销售。同时,Skype 也提供了不同的费率方式,用户可以根据自己的需要来选择。综合而言,在需要找寻客户手机号码时,Lusha 和 Skype 提供了一个完整的电话销售工具链,在销售的过程中,能极大地提升工作效率和销售质量。

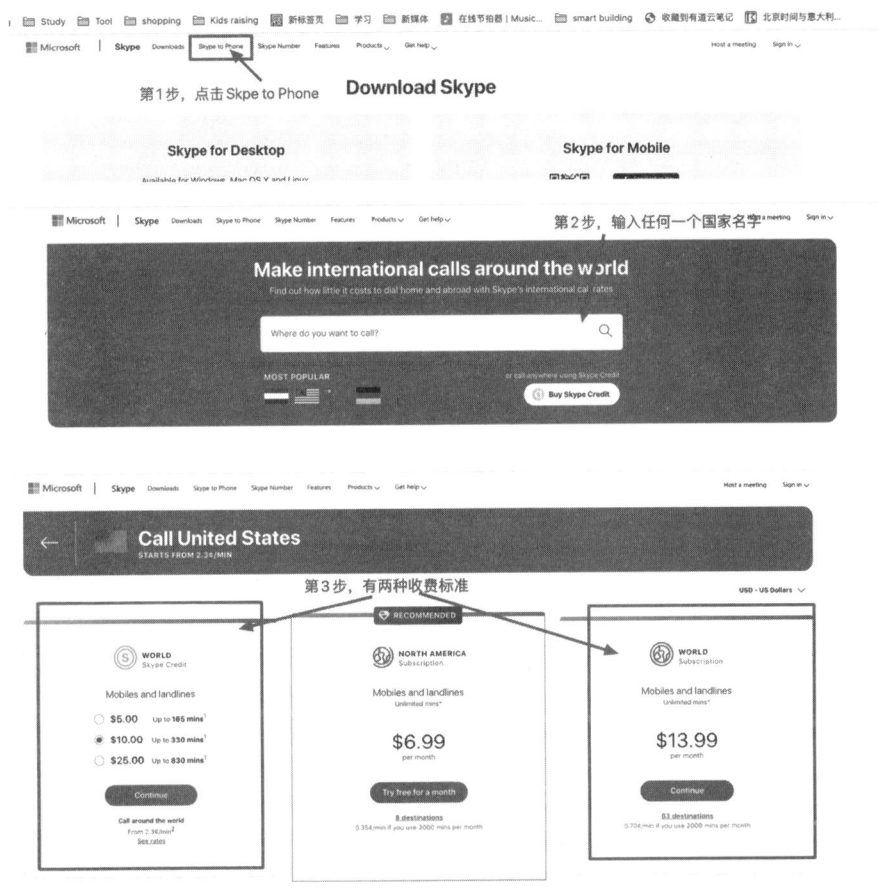

图 2-29　Skype 资费

工具四　线上会议工具，不放过每一次订单机会

我之前担任上市公司营销拓展总监的时候，经常给销售团队进行内部培训。在培训中，反复强调：跟客户成功建立联系后，尽早邀请他们参加一次线上沟通会议。这样做可以快速挖掘客户需求，同时也向客户展示公司的专业度。最为重要的是，邀请客户参加线上会议时，通常会提前告知会议参与人员身份，包括直接领导和公司领导层等，因此，客户也会考虑邀请更高级别的领导参加会议。

这样做有三个好处,可谓一举三得。

然而,很多业务员在邀请客户参加线上会议时,经常会发这样一封邮件:

Hi{CUSTOMER_NAME},

We would like to arrange a meeting to discuss with you about the detailed requirement of the project,so that we can give you a better discount for the quotation.(我们想安排一次会议,与您商讨项目的详细需求,这样我们就能在报价上给您更优惠的折扣。您在{具体时间和日期}方便吗?)

Will you be available on{TIME&DATE}?

Thanks,

Best wishes,

{YOUR_NAME}

有时客户可能会回复表示那个时间不方便,几封邮件的往返才能确定一次线上会议的时间,这种方式效率非常低,不仅不能展示专业水平,还可能让客户感到烦扰。

在本书中,推荐一款线上预约会议的工具——Calendly 使用这个工具可以高效管理线上会议,Calendly 易于使用,客户可以在你有空的时间段自行预定时间。当你登录该网站时,可以按照图 2-30 中的两种方式之一进行注册:

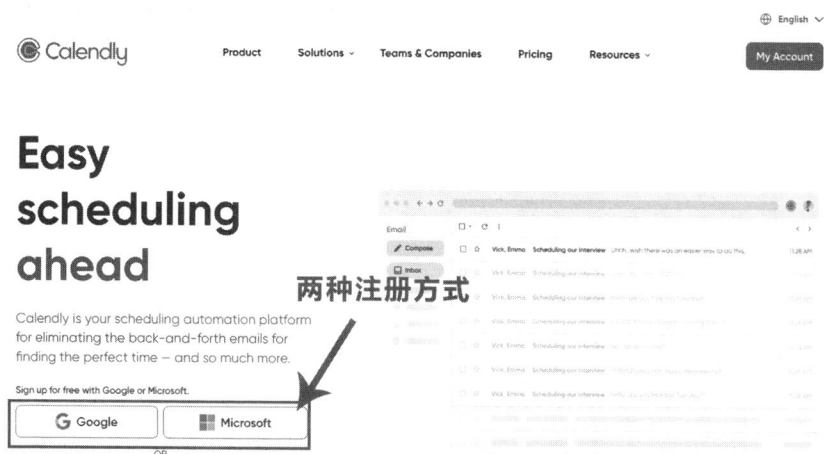

图 2-30　Calendly 注册界面

Calendly 还有插件版本,可以在应用商店中搜索,然后单击图 2-31 中的安装程序进行安装,成功后可以看到图 2-31 中的安装图标。点击该图标,进入 Calendly 会议设置界面,可以随时了解预约情况,并将链接分享给需要预约会议的客户。

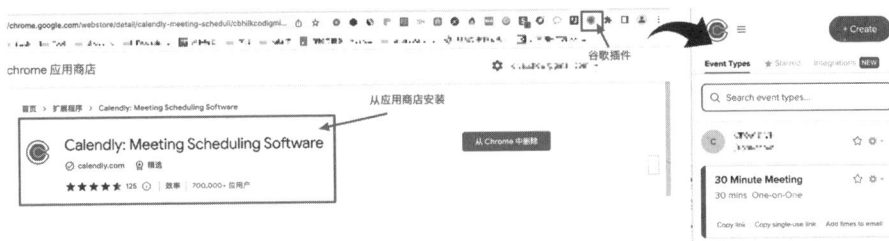

图 2-31 Calendly 插件

创建好账号后,第一步是配置基础设置。

首先,单击图 2-32 中的 Account(账户)下拉列表,然后选择 Account settings(账户设置)选项,以配置基础信息,如头像、姓名、欢迎信息、语言、国家和时区等。头像可以与其他社交媒体账户保持一致,以保持品牌一致性;在姓名后面可以加上职位或公司名称;欢迎信息最终将显示在会议预订页面顶部,确保信息丰富且足够广泛,适用于所有活动;语言选择包括英语、法语、西班牙语、德语和葡萄牙语。

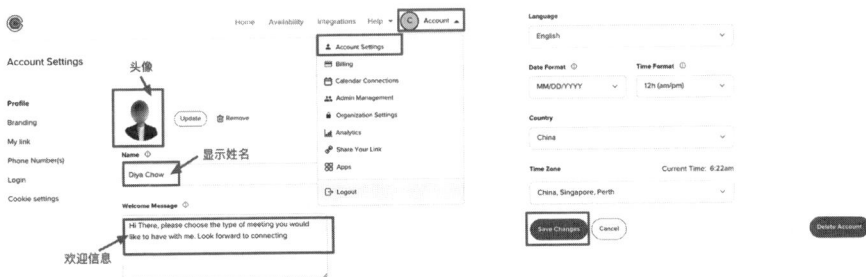

图 2-32 基础设置配置

第二步,点击图 2-33 的 My link(我的链接)以修改个人日历链接信息。

该链接将用于后续的会议预订,一旦分享了这个链接后,尽量不要更改它。如果必须要更改它,那么需要发送一个新的链接给预订者。完成修改后,请单击 Save changes(保存更改)按钮以保存修改。

Account Settings

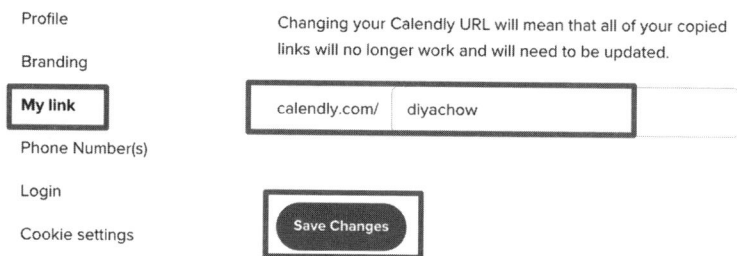

Profile

Branding

My link

Phone Number(s)

Login

Cookie settings

Changing your Calendly URL will mean that all of your copied
links will no longer work and will need to be updated.

calendly.com/   diyachow

Save Changes

图 2-33　创建会议链接

第三步，将 Calendly 链接到日历账号。

这样可以将你在其他平台已预订的所有会议都同步到 Calendly 账号里，从而显示出最合适的可预约时间，避免会议时间冲突。点击图 2-34 中的 Account（账号），然后单击 Calendar Connections（日历连接）以进入连接界面，点击 Add Calendar Account（添加日历账号）按钮连接账户，最多可以连接到六个日历账户。

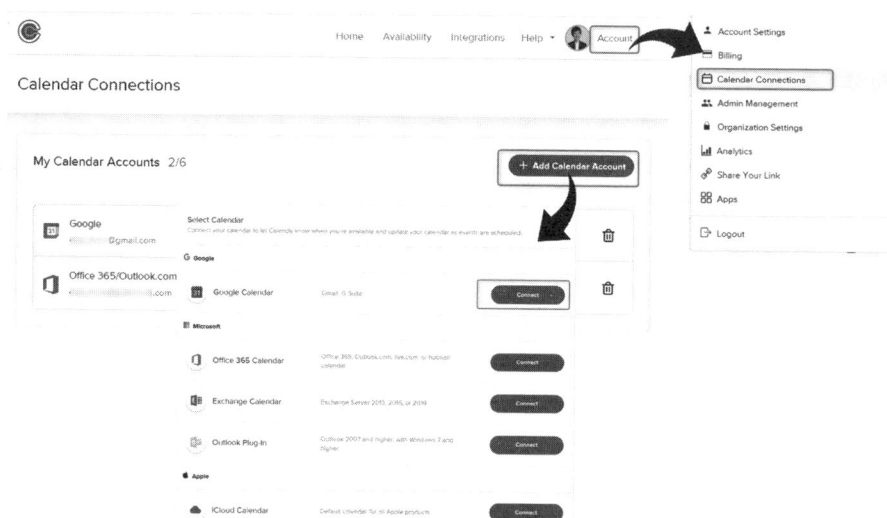

图 2-34　日历账号链接到 Calendly 的步骤

虽然可以连接多个日历，但只能将事件添加到一个日历中，可以点击 Add to Calendar（添加到日历）按钮，选择要添加到哪个日历。如果当前显示的日历账号不是想要的，可以点击旁边的 Edit（编辑）按钮进行更改。完成这些设置后，向客户发送的链接里将显示图 2-35 中的界面，在这个界面中，选择具体日期和时间来预约线上会议时间，真的是非常方便、简单、实用。

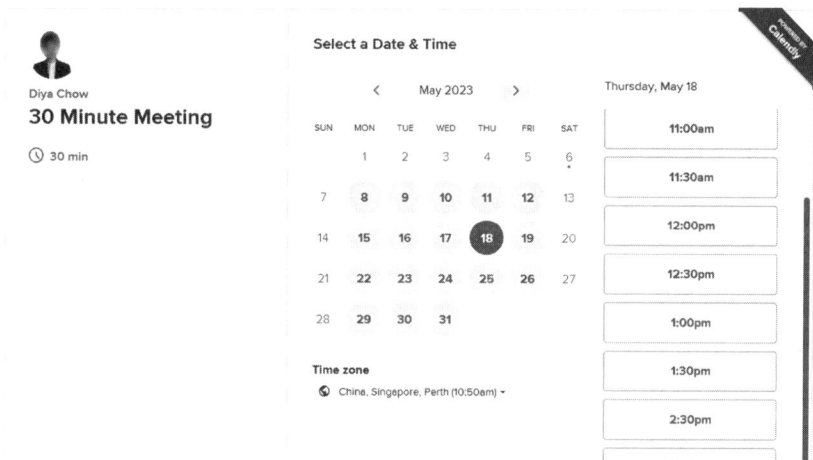

图 2-35　会议预约界面

第四步，连接到视频会议工具。

Calendly 只是一种会议预约工具，只是预约了会议时间，而不是会议工具。这意味着不能使用 Calendly 进行会议。但是，Calendly 提供了丰富的集成功能，如图 2-36 所示，选择想要集成的视频会议工具，按照提示步骤进行集成设置即可。

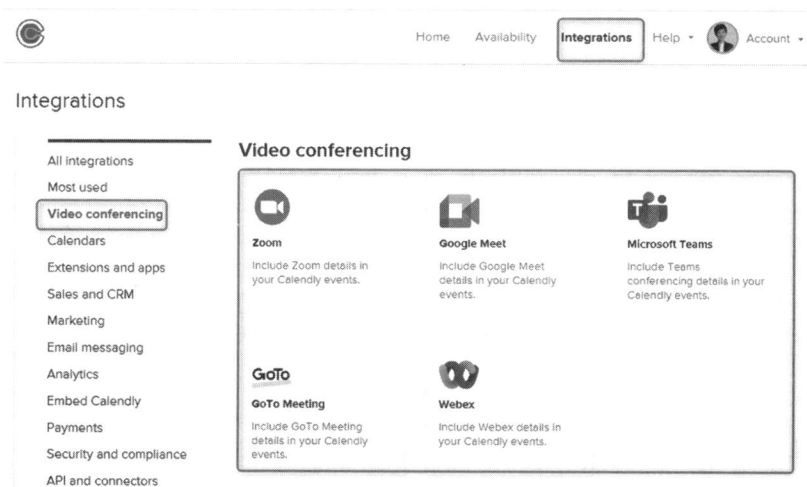

图 2-36　Calendly 视频会议集成界面

第五步,制定专属时间表。

Calendly 会从两个方面确认可预约时间:一是链接的日历账号,二是你自己设定的日程安排。选择图 2-36 上方的 Availability(可用性)标签进入自定义日程安排界面。在这里,可以根据实际情况进行设置,例如删除、添加或复制等操作。

如果每星期一很忙,公司内部已经有很多会议,可以点击星期一旁边的"删除"按键,这样星期一的时间就无法预约;如果想调整工作时间,例如上午 9:00—12:00、下午 2:00—5:00,可以点击旁边的"添加"按钮以增加多一个时间段设置;如果每天工作时间不确定,例如星期三工作半天,还可以将星期三的可预约时间调整为 9:00—12:00。这些设置都是自动保存;如果某些特定的日子有安排,例如放假日期,可选择旁边的"添加特定日期"进行设置。

图 2-37 显示的是"列表视图",如果这种视图不够直观,还可以选择旁边的"日历视图",这样会以日历形式展示,清晰易懂。点击"新的日程安排"添加一个新的安排,例如想专门为周末的时间设置一个可预约安排,则可以将名称添加为"周末安排"。

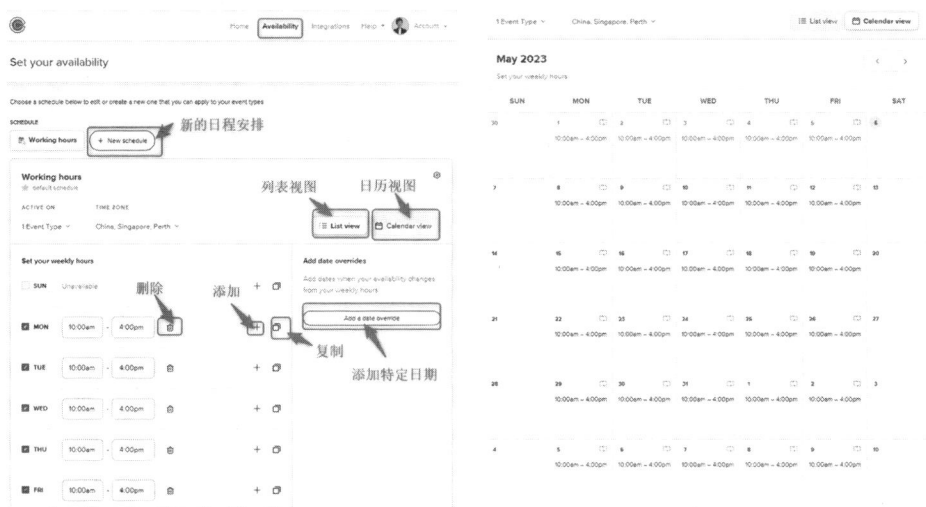

图 2-37　制订专属时间表界面

第六步,分享预约链接。

如图 2-38 所示,有三种主要的方式来分享预约链接:分享链接、添加到邮件和添加到网站。

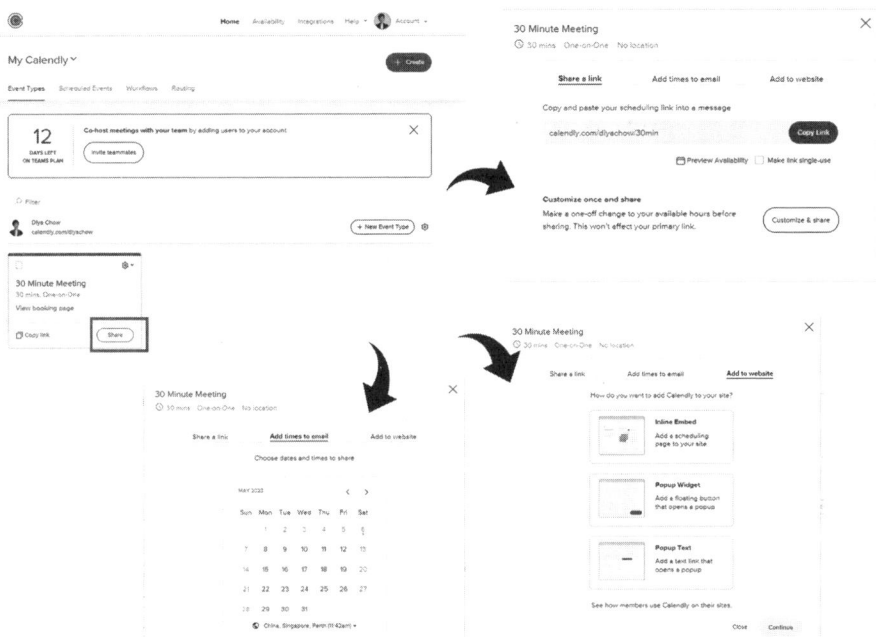

图 2-38　分享预约链接的三种方式

（1）分享链接：点击图 2-38 中的 Copy Link（复制链接）将此链接直接发送给需要预约的客户。如果只想与某个特定的客户共享链接，可以点击下方的 Make link single use（使用一次的链接）。为了防止其他人分享你的链接，从而允许一些不想见到的人预约时间，可以点击 Customize & share（定制并分享）进行设置。这样，在第一次预订之后，该链接将过期，其他人就无法再通过该链接来预订你的时间。

（2）添加到邮件：复制所选时间并将其粘贴到电子邮件中，这样邮件正文中就会显示如下信息：

30 Minute Meeting

30 mins

Time zone：China，Singapore，PerthChange

Thursday，May 18

| 10：00am | 10：30am | 1：00pm | 2：30pm | 3：30pm |

See all available times

powered by ⓒ Calendly

115

受邀者可以直接选择其中一个可用时间,或者在活动页面上看到所有可用时间。一旦预定了某个日期/时间,该日期/时间将显示为灰色,并且所有其他邀请者都无法选择该时间。

(3)添加到网页:当潜在客户、客户或其他人访问你的网站时,他们会看到日程安排页面,并能够与你无缝地安排时间。Calendly 提供了三种将日程安排页面添加到网站的方式:嵌入网站正文(直接在网站正文里加载会议安排表)、弹出窗口小部件(添加一个浮动按钮到你的网站)、弹出文本选项(生成一个可以放置在你的内容的任何地方的链接)。不同的网站可能会有不同的添加方式,具体设置方法可以参见 Calendly 帮助手册。

总体来说,线上预约会议工具 Calendly 非常实用,可以高效地管理线上会议预约,避免了烦琐的邮件往来,提高了预约成功率。通过 Calendly,用户可以配置基础设置、创建会议链接、连接日历账户、制定专属时间表、分享预约链接等,同时还提供了丰富的集成视频会议工具的功能。此外,Calendly 也提供了多种添加预约日历的方式,可以自由选择适合自己网站的添加方式。总之,如果需要高效预约线上会议、提高会议效率,Calendly 是个不错的选择。

03

第三章

WhatsApp成交：不能错过的私域流量池

本章将通过以下内容，帮助大家抓住 WhatsApp 的风口，搭建跨境私域流量池：

- 如何建立专业人设，让客户需要时记得你？

- 如何快速找到 1000+手机号码？

- 如何引导客户主动找到你并忍不住下单？

- 如何充分利用 WhatsApp 企业号提供更好的客户服务？

第一节　账号设置：专业人设，让客户需要的时候想起你

我之前所在的上市公司主要是研发和销售智能灯光控制系统，这套系统主要用的是欧洲标准协议，因此公司把目标锁定在了欧洲。通过介绍的方法找到了潜在客户的联系方式，结合水滴式邮件营销获得了不错的回复。其中一个客户是挪威本土的电气类产品零售商，有自己的工程安装团队，业务覆盖北欧市场，在英国也有合伙人。在前期沟通中，了解到他们想要拓展酒店渠道，而公司在这方面也积累了一些经验。为此，特别预定了一次线上视频会议，分享了公司在酒店行业的经验，部分演示内容如图 3-1 所示。这可以在客户面前呈现出一个

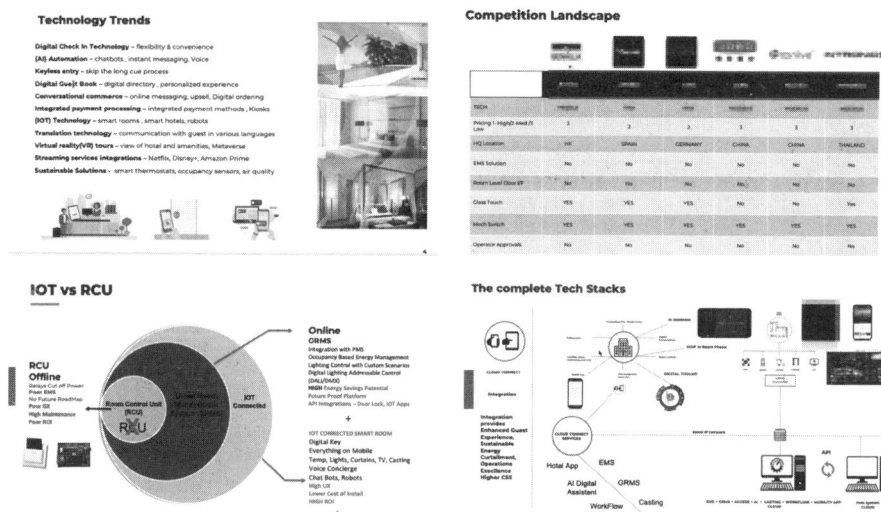

图 3-1　部分演示内容截图

行家的形象，也表明了公司对他们想要进驻的市场有一定程度的了解和把握。无论是消费者偏好、市场需求、产品研发，都已经驾轻就熟，如果不这样做的话，很难撼动原来供应商的地位。

通过这次在线会议，客户对公司印象非常好，并给了他们公司采购经理的WhatsApp联系方式。这个采购经理是从另外一家公司跳槽过来，专门负责酒店行业相关产品的采购，对于他来说选择一个合适的供应商也是好机会。接下来，主要与这位采购经理联系，但在之后的沟通中并没有直接提到合作的事情。相反，我不断使用WhatsApp分享一些关于新技术、市场趋势等领域的信息。我认为，他也可能正处于收集信息的阶段，因此，他不久应该会主动来找我沟通合作的事情。

果然过了没多久，这位采购经理主动在WhatsApp里发信息来跟我约线上会议的时间。在这次会议上，他明确表示他们最近正在考察和收集资料，经过对比分析，我们第一次会议给他们的印象太深刻了，因此他希望跟我们继续探讨后续合作的可能性。在这个会议上，他们也提出了关于技术支持和配合、产品定位、目标市场和业务规划等方面的需求。我可以看出有些数据也是基于第一次会议中所做的演示报告得出的结论，内心暗暗感觉取得了突破。

第二次会议之后，我们组建了一个WhatsApp群组。在这个群里，我分别将技术人员也拉了进来，就产品技术、测试、验厂等环节进行了交流，回复非常及时，交流也很顺畅。由于有了WhatsApp，我可以持续关注他们的销售动态并及时获得消费者对产品的使用反馈。六个月后，他们成为我们公司最大的客户。

正如本书一直在强调的：时代在变，需要改变与客户沟通的方式。无论是在国内还是国外，移动通信应用程序都成了每个人必须每天都使用的工具。在国内有微信；而在国外则有WhatsApp、Line、Viber、Skype等。

WhatsApp不仅被用于个人交流，也在商业沟通中扮演重要角色，目前，WhatsApp的用户遍布全球各地，每月活跃用户人数约为20亿，如图3-2所示。根据Statisia的数据，截至2022年4月，巴西约90%的即时通信应用程序用户使用WhatsApp。在印度和意大利，WhatsApp的即时通信和聊天应用程序用户渗透率约为97%。由于这些国家几乎普遍使用WhatsApp进行通信，所以如果你还没有将WhatsApp作为与客户的定期沟通的渠道，那么很可能会失去许多潜在客户。

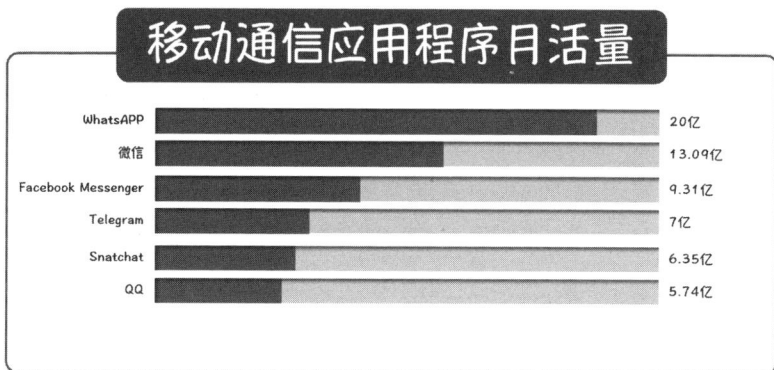

移动通信应用程序月活量

WhatsAPP	20亿
微信	13.09亿
Facebook Messenger	9.31亿
Telegram	7亿
Snatchat	6.35亿
QQ	5.74亿

图 3-2　移动通信应用程序月活跃用户人数

WhatsApp 营销已经有非常多的成功案例具体如下：

案例 1

Transgourmet 是一家供应酒店、餐厅和餐饮公司等大型客户的批发零售商，主要提供新鲜产品、杂货、冷冻产品和厨房用品等。他们的客户往往无法接受沟通的延迟，希望需求能够快速被处理。然而在传统电话营销或邮件营销中，客户通常需要等待很长时间，因此必须花费时间去搜索相关信息，例如身份证号码、发票号码、运单号、快递信息等，这会减慢服务速度。

为了解决这个问题，Transgourmet 把 WhatsApp 当作客户服务中的一个环节：客户通过 WhatsApp 提出问题，客服专员可以立即处理、查询并回复，还可以发送和接收照片、视频、语音等多媒体信息，节省大量时间。相较于电话和邮件，此方法更加亲近客户，加强了与用户之间的关系，最终提高了客户忠诚度。

Transgourmet 前经理卢卡斯·拉施克曾表示：不是他们选择了 WhatsApp，而客户选择了 WhatsApp，他们只是提供了客户想要的服务渠道。由于客户的问题都非常相似，通常都是关于产品信息、可预定时间、下单、取消订单、地址更改等方面。这些问题都很容易通过 WhatsApp 快速处理。此外，一名客户专员可以同时管理两位到三位客户，还不会降低服务质量，而电话沟通每个电话应答员一次只能服务一个客户。

案例 2

Paragon Technology and Innovation(简称 PTI)是一家印度尼西亚美妆企业，生产和销售化妆品、彩妆、护肤、抗菌面霜和美容产品。他们在 WhatsApp Business 里创建了一个店铺，并将其整合到他们的网站和其他社交媒体渠道中。在这个店铺里，顾客可以直接开始线上购物，并得到专业的一对一在线的美容咨询。美容专家会根据客户的问题和皮肤状况提供个性化建议，并推荐适合的产品，甚至帮助客户购买相关产品。

PTI 的数字创新主管希拉·菲尔多萨表示："随着人们在社交媒体或其他渠道上了解到我们的产品，他们就会进入考虑阶段，接着进入 WhatsApp 后获得即时性的服务，客户通常会更快地从考虑转变到购买我们的产品。"

数字转型高级主管泰西·法西亚·亚当表示："尽管越来越多的本土和全球美容品牌崛起，但 PTI 仍然持续扩大了市场覆盖范围。选择 WhatsApp Business 对 PTI 社交营销的增长至关重要，它已成为我们的收购和忠诚度计划的基础。"

通过这种互动，PTI 增加了市场覆盖范围，提高了客户满意度，最终实现销售额的提升：一年内通过 WhatsApp 的互动增加了 600%；客户满意度 98.9%，48 小时内解决问题比例达到 100%；通过 WhatsApp 处理的问询比以前多了 10 倍。

案例 3

WEICON 是一家德国企业，面向全球客户销售黏合剂、密封剂、喷雾剂、润滑脂等化工产品。他们在加拿大、阿联酋、土耳其、南非、新加坡、西班牙、意大利、罗马尼亚都设有分公司，销售团队的首要任务是解决如何为客户提供舒适的服务并与客户保持亲密联系。

为了能够在激烈的市场竞争中保持优势，WEICON 使用 WhatsApp 为全球客户提供更直接沟通的平台。他们通过 WhatsApp 处理各种问题，例如帮助客户寻找当地的 WEICON 经销商以及提供有竞争力的产品，甚至作为购买产品的渠道。这些问题被上传到客户端进行处理，以便所有人都可以随时随地跟踪聊天记录。

使用 WhatsApp 进行业务营销,主要有以下五大优势:

(1)速度快:没有什么渠道可以比得上 WhatsApp 的速度,消息几乎是实时送到收件人手中,而且超过 90% 的消息是在 15 分钟之内被阅读。

(2)关注高:YouGov 和 MessengerPeople 的一项研究显示,近一半的德国人会允许 WhatsApp 在锁定屏幕上向他们发送推送通知。只有 26% 的德国人允许他们的电子邮件应用程序推送消息。

(3)触达准:通过 WhatsApp 发送的信息是 100% 准确送达客户端,而邮件发送则有可能会进入垃圾邮件箱。

(4)关系好:WhatsApp 是一种私密通信工具,当你们可以在这里面交换信息时,这证明客户允许你进入他们的私信通信环境,这就容易快速建立情感纽带。

(5)方式多:所有相关的媒体和文件类型可以通过 WhatsApp 消息发送,例如语音消息、文件附件、视频和图像等,这使得用各种媒体的最佳组合在一个渠道上呈现复杂问题变得很容易。

在开始使用 WhatsApp 之前,要先配置好基础配置:头像、名称、描述,如图 3-3 所示。

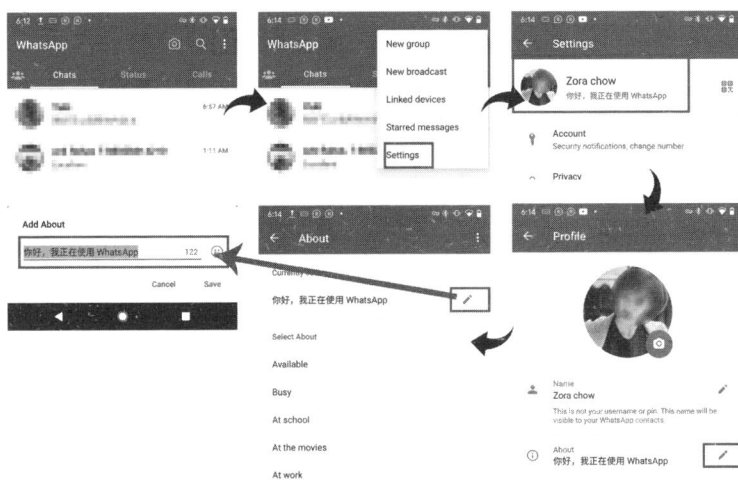

图 3-3　WhatsApp 基础设置界面

(1)头像一般可以有三种选择:个人形象照、品牌标识和产品图片。个人形象照可以让客户将自己的 WhatsApp 账号和其本身联系起来,客户更倾向于从那些他们已经认识的人中购买商品；品牌标识适用于那些集团公司，每个子公司有自己的业务和品牌名称。当然，如果你们公司只有一个品牌标识，也可以使用这个标识来当头像；另外，也可以用产品图片作为头像，例如你提供海报设计服务，可以把你过去制作的海报作为头像。除了这三种形式的头像，你也可以使用一些有趣的图形来展示幽默风趣的一面。

（2）名称可以用你自己的名字，或者品牌名称。

（3）描述主要是展现你的产品和业务。以下是一个参考模板：

We offer ｛PRODUCT/SERVICE｝，｛BIGGEST STRENGTH｝ and it can help you ｛RESULT｝。例如，我的账号是为国外客户提供国内采购服务，可以改成：I offer one-stop service to assist you find the best appropriate manufacturers in China，with 10 years purchasing experience。在这里，只需要用一句话简单明了地告诉潜在客户你的产品或服务是什么。

设置完基础配置后，可以设定不同的铃声，这实际上是提高工作效率的工具。当 WhatsApp 联系人越来越多时，他们的信息有些时候也会成为一种干扰。为了应对这个问题，可以为特定的人或群组设定不同的铃声。这样一听铃声，就知道是谁发信息。可以根据这个声音的重要程度来规划你的回复速度。设置步骤如下（见图 3-4）：

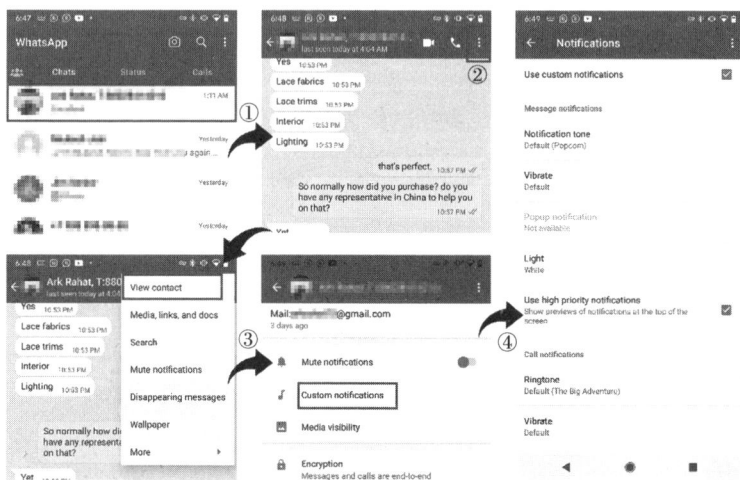

图 3-4　自定义铃声步骤

（1）选择一个想设置的联系人，点击进入聊天界面。

（2）点击右上方的三个点，进入详情界面。

（3）选择 View contact（查看联系人）然后可以看到 Custom notifications（自定义通知）选项。

（4）点击该选项，进入"自定义铃声"界面。

（5）根据你的需求进行设置。

请参考以上步骤进行设置。

要点总结（见图3-5）

图 3-5　账号设置要点总结

第二节　获取信息：四种途径，快速搭建
跨境私域流量池

社交商务分析平台 SimplicityDX 最新研究指出：不断上升的客户获取成本正在影响全球企业的电子商务盈利能力。在 2013 年，企业每获得一个新客户需要花费 9 美元，而到了 2022 年需要花费 29 美元，八年增长了 222%。

针对这一日益突出的问题，SimplicityDX 创始人兼首席战略官查尔斯·尼科尔斯给出了一个具体的建议："社交媒体是一个巨大的机会，可以通过发布种草内容来吸引关注。很明显，最佳实践是将顾客引导到品牌网站进行购买，这是大多数顾客所期望的。这将有助于品牌与顾客建立持续的关系，将一次性交易转变成为长期业务。"

通过社交媒体平台将顾客引导到品牌网站购买，实际上是将客户从公域流量引导到私域流量的其中一种途径。

那么，公域流量和私域流量分别是什么呢？

根据 MBA 智库百科的定义，公域流量也被称为平台流量，指的是不属于单一个体，而是被集体所共有的流量，主要包括以下五种类型：电商平台流量、内容聚合平台流量、社交媒体平台流量、视频内容型平台流量以及搜索平台流量。在平台初期，可能会存在一些平台红利，流量获取成本比较低，但随着平台的成熟，流量获取成本会逐渐增加，最终平台可能会变成一种需要支付费用的渠道。

而私域流量就是相对于公域流量而言的概念，简单来说，私域流量指的是可以在任何时间、以任意频次、长期地、反复地直接触达和影响用户的渠道，而无须支付费用。私域流量的本质是可以低成本甚至是免费地持续挖掘用户群

体的价值。它主要涵盖独立网站、应用程序（App）、订阅式邮箱列表、即时通信工具等。

图3-6展示了专门针对海外跨境市场的跨境公域流量和跨境私域流量分别代指的工具。

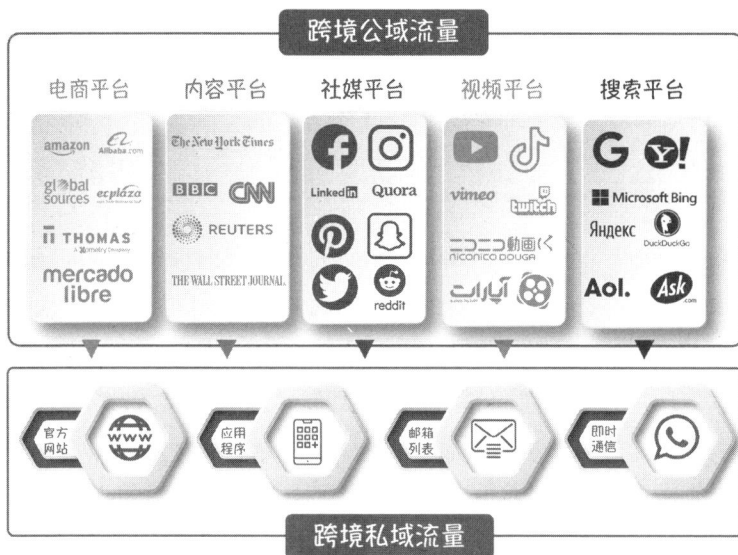

图3-6　跨境公域流量和跨境私域流量工具

搭建跨境私域流量池最大的好处是降低获客成本，前文提到客户获取成本不断上升且不可逆，因为竞争对手越来越多，甚至来自不同品类的产品都可能成为竞争对手的例子比比皆是。这种"跨界打劫"的案例数不胜数。在这种情况下，私域流量的好处在于，一旦客户进入私域流量，即使最初没有成交，也可以无限次地免费与他们接触。

其中，WhatsApp是常用的跨境私域流量的载体，可以将其理解为海外版的微信。想要成功搭建私域流量，首先要具备流量基础。很多咨询者来问我为什么他们在WhatsApp上做不好，我会询问他们在WhatsApp上有多少潜在客户，他们回答几十或几百个。实际上，如果你的流量非常有限，即使在WhatsApp上运营得再好，也只能接触到这几十到上百人，而且成交本身就有一定的概率。图3-7展示了不同流量在经过销售漏斗的层层过滤后，最终能够成交的人数差异很大。

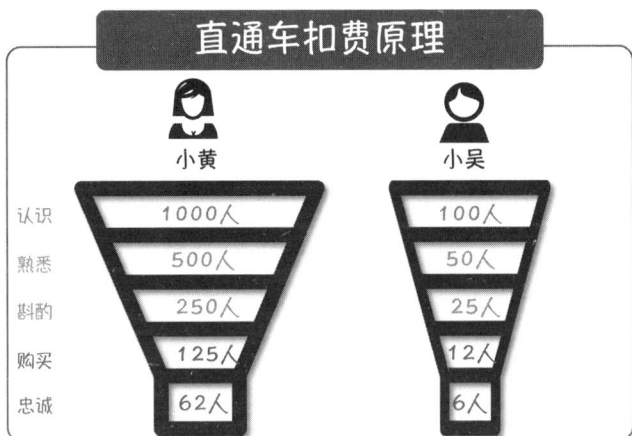

直通车扣费原理

	小黄	小吴
认识	1000人	100人
熟悉	500人	50人
斟酌	250人	25人
购买	125人	12人
忠诚	62人	6人

图 3-7 小黄和小吴的 WhatsApp 人数对比

比如小黄有 1 000 个 WhatsApp 联系人，而小吴只有 100 个。假设每个阶段的成交率都为 50%，经过五层的过滤后，能够和小黄完成合同的人数为 62 人，而小黄只有 6 人。原因很简单：接触的人越多，订单就可能越多。

那么这些流量来自哪里？根据图 3-6 所示流量来源于公域，先有公域再有私域，这也是许多人在进行 WhatsApp 营销时的最大误区。因此，在配置好账号的基础设置之后，第一步是要从公域流量中获取第一批种子用户。然而，没有人会直接将 WhatsApp 账号分享给你，因此需要提供一些有价值的东西来交换，例如优惠券、免费培训、免费电子书等。以下分享六种途径：

第一种：主动添加。

WhatsApp 和微信一样，都是通过手机号码注册的。可以通过 Lusha 找到潜在客户的手机号码，然后将其添加到 WhatsApp 账号上，与微信不同的是，WhatsApp 的添加不需要对方同意。在添加对方微信账号时，需要对方同意后才算添加成功，而 WhatsApp 的添加方式是：只要找到的手机号码开通了 WhatsApp 账号，添加之后就可以直接给对方发送信息，无须经过对方的同意。

虽然在添加 WhatsApp 账号时不需要对方同意，但可以通过回复率来衡量添加成功率：你发了什么信息后，客户回复得比较多。经过长时间测试，想要提高回复率，必须在问候信息中引起对方的好奇心，例如使用类似 "Hi，Grad to meet you at ｛EXHIBITION_NAME｝. How is your business going?" 的措辞。这种措辞采

127

用了一种激发好奇心态的方式,如果你们之前没有见过面或者你们见过面但对方没有印象,他们就会想"我们什么时候见过面";如果你们见过面并且对方记得你,那他们自然也会回复你了。

可以参考以下用语,请记得一定要激发对方的好奇心:

I need your opinion on this {TOPIC}. Think it's okay for {MATTER}?(关于这个{主题},我需要听听您的看法。您觉得{事情}这样可以吗?)

URGENT, {INVITATION_MESSAGE/DISCOUNT_INFO}(紧急,{邀请信息/折扣信息})

QUICK, {INVITATION_MESSAGE}(快,{邀请信息}

ALERT, {PROBLEM}(注意,{问题})

What do you think of {TOPIC}? Let us discuss later.(您对 {主题} 有什么看法?我们稍后讨论。)

第二种:被动添加。

社交媒体平台属于五大公域平台之一,当在这些平台做广告投放或在发布的运营内容时,可以将联系方式改成你的 WhatsApp 账号。这样,WhatsApp 号码可以变成一个可点击的链接,链接格式为 http://wa. me. {WhatsAppnumber}。需要注意的是,你的 WhatsApp 号码一定要加上手机所在国的国际区号,例如在中国国际区号是 86,当潜在用户访问这个链接时,就会出现图 3-8 的结果,对方就可以直接添加你的 WhatsApp 账号。

图 3-8　添加 WhatsApp 账号的方法

第三种：直接询问。

在给客户发邮件的时候可以直接询问对方是否有 WhatsApp 账号，并且告诉他们为什么想添加他们的 WhatsApp 账号以及添加之后的好处，具体这样讲：

May I have your WhatsApp account so that I can send you a WhatsApp message when the samples are ready? Furthermore, I will keep you updated with additional information, including new products and discounts in the future. (我可以要一下您的 WhatsApp 账号吗？这样样品准备好的时候，我就能给您发消息了。另外，以后我也会向您同步更多信息，包括新品和折扣。)

Thanks for your email. We will have some promotion activities next month, would you like to know as soon as we publish them? Please add my WhatsApp account to get it：{ACCOUNT_NUMBER}（感谢您的邮件。我们下个月会有一些促销活动，活动一发布您就想了解吗？请添加我的 WhatsApp 账号获取信息：{账号}）

We willbe sharing our latest products on our WhatsApp status. Would you like to be know more about that?（我们会在 WhatsApp 状态中分享最新产品。您想了解更多吗？）

当客户同意添加你的 WhatsApp 账号后，确保提醒他们在手机通讯录上保存你的号码，如果没有保存号码，就无法看到你的 WhatsApp 状态。可以这样进行提醒：

We sincerely appreciate you adding our WhatsApp account! To ensure that you receive our messages in future communications, kindly save our number to your phone's contacts. By doing so, you can stay informed instantly about the latest product information and updates on our services. (我们衷心感谢您添加我们的 WhatsApp 账号！为确保在今后的沟通中您能顺利接收我们的消息，烦请将我们的号码保存至您手机的联系人中。这样一来，您就能即时了解最新的产品信息以及我们服务的更新动态。)

这样可以提醒客户保存你的号码，提高沟通的效率，并且让客户确信他们可以及时获取你的最新信息。

第四种：群组添加。

和微信一样，WhatsApp 也有群组，在这里推荐一个非常好用的查找群组的工具:Find WhatsApp Link-Group Invite Link,可以去 Chrome Web Store 搜索这个工具,然后将其安装到插件中,如图 3-9 所示。

图 3-9　找群工具安装方式

除了这四种添加 WhatsApp 账号的途径,还可以在图 3-6 中所列出的跨境私域流量平台中发布相关引流内容,并留下 WhatsApp 账号。这样,潜在客户感兴趣或者需要采购产品时,就可以联系到。

对于刚添加的潜在客户,在完成破冰后最好先发送专业的问候信息。这样做是有原因的,可以想象一下这两种场景:有两个供应商添加了你的 WhatsApp 账号,其中一个供应商叫小黄,他会发送一条热情的欢迎信息,告诉你他们公司是做什么的,如果需要帮助就联系他们,或许还会邀请你在社媒上关注他;而另一个供应商小吴就不会立即联系你,而是在几周后给你发送促销信息,宣传他们的新产品。那当你想要购买的时候,你会想要向谁咨询?而你会将哪一个信息标记为垃圾信息?我会记得小黄的温馨提示,而会将小吴列入垃圾信息。

这就是破冰后发送问候信息的必要性。什么是问候信息?问候信息是又叫欢迎信息,是正式地介绍你和你的公司的一种信息。当客户回复的时候,可以在回复信息中发送问候信息。这样,客户可以尽快认识你和你的公司,并且你们之间的联系也可以在问候信息的建立下进一步扩展。这就像你走进一家餐厅,听到"欢迎光临,有什么可以帮您吗"时的感受,即使那一刻不需要帮忙,至少会感受到被重视。当然,在发送问候信息的同时,也要注意避免发生垃圾信息,以免影响客户的反馈和回复,具体案例如下:

案例 1

Hello，{CUSTOMER_NAME}，nice to talk to you on the {PHONE/BY EMAIL/VIA WhatsApp} today. My name is {YOUR_NAME} and our company {COMPANY_NAME} is specializing in {BUSINESS_SCOPE}. We're glad that you are interested in becoming out partner in {COUNTRY}, and we're committed to serving you even better going forwards.

Would you be kind enough to save our phone number? This will enable you to explore a wider range of our new products in the future.

Have a good day.

{YOUR_NAME}

案例 2

Hi {CUSTOMER_NAME}，

Welcome！

We are glad you chose {COMPANY_NAME} for {BUSINESS_SCOPE}.

Our website：{www. ××××. com}

××××××：{http：//××××××. com/××××}

Feel free to contact me if you have {PROBLEM}.

{YOUR_NAME}

案例 3

Hello {CUSTOMER_NAME}！

Welcome to {COMPANY_NAME}. We are glad you chose us to {BUSINESS_SCOPE}.

If you need to know {PRODUCTS/SERVICE}, here's our website：{WEBSITE_LINK}.

Let's connect on TikTok for some fun：{TikTok_LINK}.

{YOUR_NAME}

案列 1~案例 3 的中文解释如下：

案例 1

您好，{客户姓名}，很高兴今天通过{电话/邮件/WhatsApp}与您交流。我是{你的名字}，我们公司{公司名称}专注于{业务范围}。我们很高兴您有兴趣成为我们在{国家}的合作伙伴，并且未来我们会致力于为您提供更优质的服务。

您能否帮忙保存一下我们的电话号码呢？这样未来您就能了解到更多我们的新产品。

祝您度过愉快的一天。

{你的名字}

案例 2

嗨，{客户姓名}，

欢迎！

我们很高兴您选择{公司名称}开展{业务范围}相关业务。

我们的网站：{www.××××.com}

Instagram：{http://instagram.com/××××}

如果您遇到{问题}，随时联系我。

{你的名字}

案例 3

您好，{客户姓名}！

欢迎来到{公司名称}。很高兴您选择我们来进行{业务范围}相关事务。

如果您想了解{产品/服务}，这是我们的网站：{网站链接}。

让我们在 TikTok 上互动起来吧：{TikTok 链接}

{你的名字}

要点总结（见图3-10）

图 3-10　获取信息要点总结

第三节　成交策略:激活客户,迅速找到你
并忍不住下单

在 WhatsApp 里有四种方式可以促进成交,让客户忍不住下单,每一种方式都有其优劣势,可以先了解清楚后再来规划营销策略:

方式1　一对一私信

这是 WhatsApp 成交最常用的方式,这种方式的好处是:直接联系,及时回应客户的咨询并得到反馈,如图 3-11 所示。需要注意的是,在 WhatsApp 上给客户回复信息和通过邮件向客户写信是有本质的区别的:电子邮件是一种更正式的与客户沟通的方式,邮件内容可能会比较长,语言也会更加专业和正式。在 WhatsApp 里通常是一种非正式的沟通方式,可以用更短的信息,还可以用一些表情符号来表达你的情绪和感受。

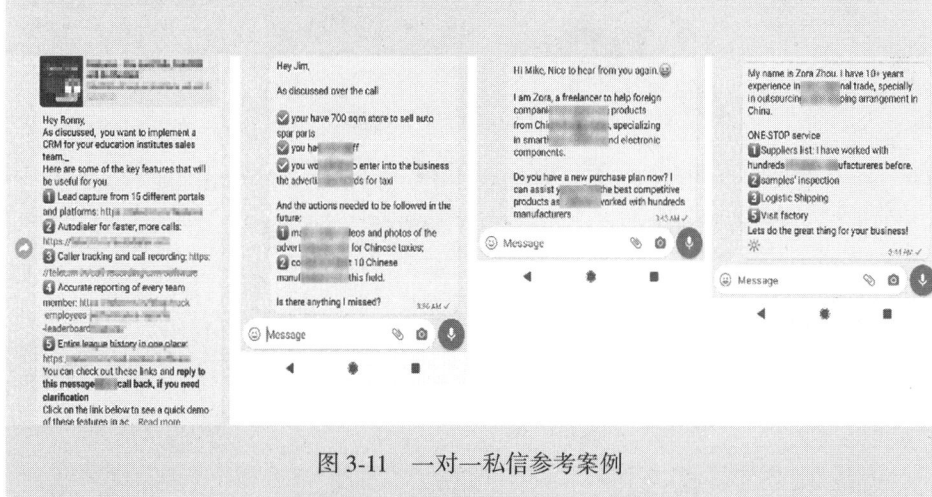

图 3-11　一对一私信参考案例

方式 2　广播信息

这是比较适合前期业务推广的方式，因为可以批量发送一个消息给多个联系人，而他们却不察觉到你是在批量发送，以为是一对一私信发送，这样可以省开发时间。广播信息一次最多可以发送 256 个联系人。接收 WhatsAapp 广播信息的前提是客户将发送人号码保存到通讯录中，这也是建议客户在破冰后将你的号码保存到通迅录的原因。通过广播信息，可以向客户分享最新的产品消息、行业趋势或库存情况等资讯。

在发送广播信息之前，需要对联系人进行分类，这样可以根据不同的类型来撰写针对性的用语。这样会让你的广播信息过于普遍或私密，通常可以将联系人分为以下四类：

（1）未合作客户；

（2）合作过一次的客户；

（3）多次合作的客户；

（4）曾经合作过的客户。

确认好分类之后，可以按图 3-12 展示的步骤创建广播信息：

第一步，打开 WhatsApp 软件，点击右上方的菜单图标，打开后可以看到菜单功能。

第二步，点击 New broadcast（新广播）功能，开始创建新的广播列表。

第三步，可以看到所有联系人列表，在想要的联系人的名字上点击，他们的头像和名字就会出现在屏幕上方，当选择该联系人时，在其头像下方会出现绿色的打钩图标。当选择后想要添加的联系人之后，点击右下方的绿色图标，新的广播列表就创建成功，如图 3-17 所示。

在这里，可以看到新的广播列表默认保存为 5 recipients，并且还可以看到这个广播列表上联系人的数量。当有很多广播列表时，也希望更改名称来区分不同的广播列表。按照图 3-17 中的步骤修改广播列表的名称，名称不能超过 100 个英文字符，如果想向广播列表添加更多联系人，点击 Add recipient（添加联系人），最多可以添加 256 个联系人。

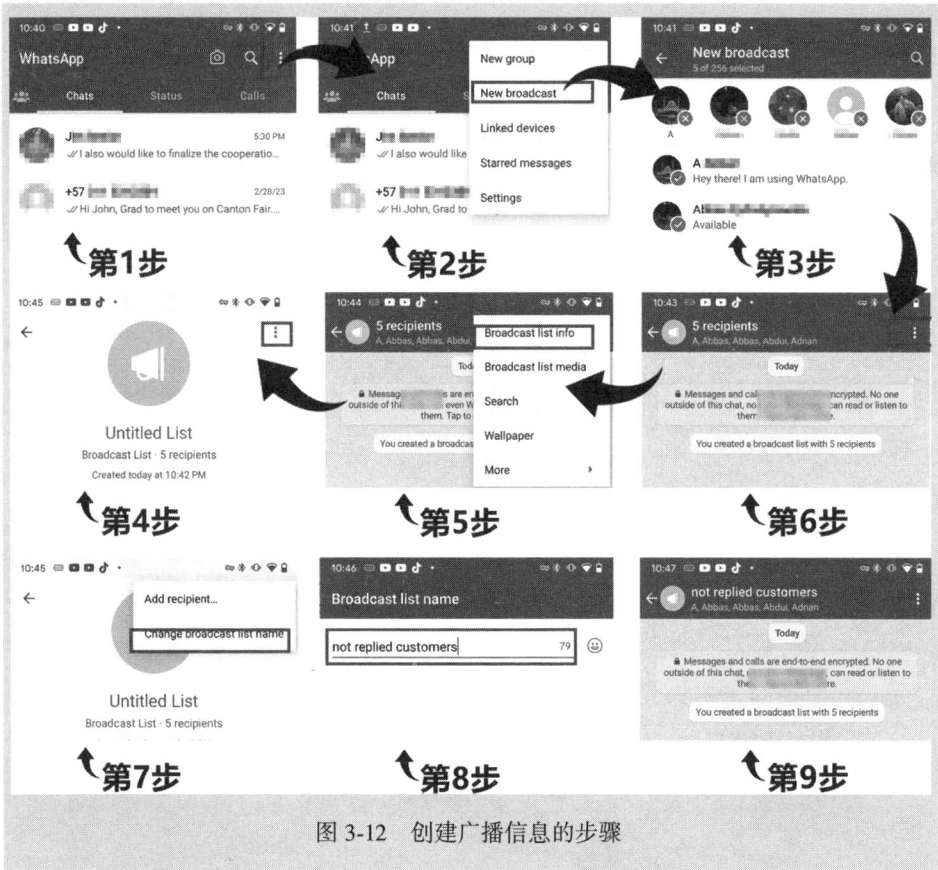

图 3-12　创建广播信息的步骤

针对不同类型的客户,可以发送不同的广播信息。

第一类,未合作客户。

他们对产品和服务可能不太熟悉,也不知道你能为他们带来什么价值,因此,可以通过广播发送一些优惠信息、产品信息、趋势分享等,以鼓励他们从你这里下样品采购订单:

Greetings！we are happy to announce FREE SHIPPING for all first orders until ｛DATE｝. What better way to get initiated into our fold of happy customers！(您好！我们很高兴地宣布,在｛日期｝前,所有首次下单均享受免费配送服务。还有什么比这更好的方式,能让您加入我们的开心客户大家庭呢!)

Hey, this might be the golden deal that you were waiting for！｛NUMBER｝% Off on all First orders. Buy NOW and join our fold of happy customers！(嘿,这可能就是

您一直在等待的超值优惠！所有首次订单均享{×}折优惠。现在就下单，加入我们开心客户的行列吧！）

第二类，合作过一次的客户。

希望这些客户能够继续下更多的订单，他们选择合作可能是基于产品的质量，也有可能是其他无法控制的因素。然而，仍然可以努力去争取他们的忠诚度。在广播中传递的信息应该表达你能够提供的价值，并巧妙地暗示有其他更好的产品：

Hello there! Thank you for the first purchase you made! We're sure you're going to like our new range of products. As an added bonus, there's a fantastic {NUMBER}% discount available too! Let me know if you have any inquiry. （您好！感谢您的首次购买！我们相信您一定会喜欢我们的全新系列产品。另外，还有特别的{×}%折扣优惠哦！如果您有任何疑问，请告诉我。）

Hi! How are you enjoying {PRODUCT} that you bought from us? If you liked it, check out our new collection of {SIMILAR_PRODUCTS} which we believe you will adore. Thank you for cooperating with us! （嗨！您对从我们这儿购买的{产品}还满意吗？要是您喜欢，不妨看看我们新推出的{类似产品}系列，相信您会爱不释手。感谢您与我们合作！）

第三类，多次合作的客户。

发送广播时需要记住他们对你的信任、需求和期望：

Thank You for being a loyal customer! As a token of our appreciation, we are pleased to offer you an exclusive 25% discount on any product of your choice. （感谢您一直以来的忠诚支持！为表感激，您可在任意挑选的产品上享受专属的七五折优惠。）

Thank You for being a true and loyal customer! Your satisfaction is of utmost importance to us, and we genuinely value your experience with our products and services. Would you like to give us feedback on our product and/or services? （感谢您成为我们忠实可靠的顾客！您的满意度对我们至关重要，我们真心珍视您使用我们产品和服务的体验。您愿意就我们的产品和/或服务给我们一些反馈吗？）

Hey! Thank you for being a loyal customer. We extend a warm invitation to join our exclusive loyalty program, granting you access to special deals and early access to new products. Welcome to the Family! (嗨! 感谢您的一路相伴。我们诚挚邀请您加入我们的专属会员计划,您将享有特别优惠,还能抢先体验新产品。欢迎加入我们这个大家庭!)

第四类,曾经合作过的客户。

虽然这些客户不再跟你合作,但仍然可以持续向他们提供新的产品信息:

Hey! Remember the last purchase you made from us and how much you loved it? We've been missing you, so we have a delightful {NUMBER}% Off on your next purchase along with free shipping! (嘿! 还记得上次在我们这儿购物的愉快体验吗? 我们一直惦记着您呢,所以这次为您准备了惊喜:下次购物可享{×}%的折扣,还包邮哦!)

Greetings! The team here at {COMPANY_NAME} sincerely misses you. We wholeheartedly invite you to return to us, and as a token of our appreciation, we offer you a {NUMBER}% discount on your next purchase. Additionally, we'll cover the shipping charges for you. With love, {COMPANY_NAME}. (您好! {公司名称}全体成员真诚地想念您。我们衷心邀请您再次光顾,为表谢意,下次购物您可享受{×}%的折扣,而且运费我们来承担。爱您的{公司名称}。)

也可以通过市场活动重新吸引这些客户,唤醒他们的记忆:

Hey there, We missed you. You purchased {PRODUCT_NAME} {NUMBER} years ago. We have a great news about {TOPIC} to share with you. We are inviting you to check them out {NEWS_LINK}! Love {YOUR_NAME}. (嘿,我们很想念你。你在{×}年前购买过{产品名称}。我们有一则关于{主题}的好消息要与你分享。邀请你点击{新闻链接}了解详情! 爱你的{你的名字}。)

Hey! Remember the {PRODUCT} that you bought from us. We here at {COMPANY_NAME} miss you dearly. Return to us for an exclusive {NUMBER}% off on any purchase you make! Use code {CODE} to avail this exceptional offer. Thank you! (嘿! 还记得你从我们这儿购买的{产品}吗? {公司名称}的我们十分想念你。回到我们这儿购物吧,任意消费都能享受专属的{×}折优惠! 使用优惠码{代

码}即可享受这一超值优惠。感谢你!)

如果你的产品需要提供售后服务,也可以利用这些机会来争取新的合作机会:

Hey! We hope you have received a satisfactory reply from our support team. If you have any more questions or concerns, please feel free to reach out to us. And while you are here, don't forget to check out our Black Friday collection with up to {NUMBER}% Off! (嘿!希望您已从我们的客服团队获得满意的答复。如果您还有任何疑问或担忧,请随时联系我们。既然您在这儿,别忘了看看我们的黑色星期五系列商品,最高可享{×}折优惠!)

Hey! Sorry for the discomfort caused by the delay of {PRODUCT}! Our team is trying to resolve the issue and we'll be in touch with you shortly. We hope the product will reach you safely. Don't forget to check our new collection of {PRODUCT_TYPE}, which is selling like hotcakes at the moment! (嘿!很抱歉,{产品}延迟给您带来了不便。我们的团队正在努力解决这个问题,很快会与您联系。希望产品能安全送达您手中。别忘了看看我们新推出的{产品类型}系列,目前十分畅销!)

当发完上述内容后还可以通过广播发送一条跟进信息,以确保他们阅读了第一个消息:

Looks like you missed our message, but we won't let you miss this incredible deal; Grab a {NUMBER}% off on all our products now! (看起来你错过了我们之前的消息,但这次绝不让你错过这惊人优惠:现在我们所有产品都能享受{×}折优惠!)

方式3　WhatsApp 状态

类似于微信的朋友圈,可以用来发布产品广告。当客户看到感兴趣的内容时,他们可能会主动私信你了解更多信息。WhatsApp 状态可以分享照片、视频、文字,但这些信息都会在 24 小时之后消失。

如果你经常在状态里发布产品或促销信息,你的 WhatsApp 联系人可能会觉得很烦,并选择屏蔽掉你的状态,因此,除了产品或促销广告的信息,还可以发布有用的资讯或有趣的内容,可以参考图3-13的三明治模型。该模型包含三层:面包、肉+果酱、面包。面包指的是有趣的内容、视频、表情包、有价值的内容,例如新闻等;中间层的肉和果酱指的是产品或服务的信息、广告等。人们喜欢有趣的信息,当他们阅读这些有趣的信息时,也会接触到你的产品广告。

图3-13　三明治状态发布模型

在发布状态时,有以下三个要注意的地方:

(1)如果很多产品图片,可以将它们制作成一个视频,这样就不会让联系人觉得你一直在发图片。

(2)发送状态的时间间隔不要太频繁,当发一个状态后,至少在30分钟之后再发第二个,如果这两个状态讲的是同一件事,可以一起发。这一点很重要,因为你在WhatsApp上发布的状态会出现在联系人的时间轴上,如果你每隔30分钟发布一次,那就意味着你每30分钟都会在顶部出现。

(3)没有所谓的最佳发布时间,但晚上发布可能会获得更多的关注度。

方式4　WhatsApp 群组

类似于微信群,可以用这些群组进行客户调研,并分享产品信息。图3-14展示了创建WhatsApp群组的步骤:

(1)在WhatsApp主界面点击右上方的三个点,选择New group(创建新群组)进入选人界面。

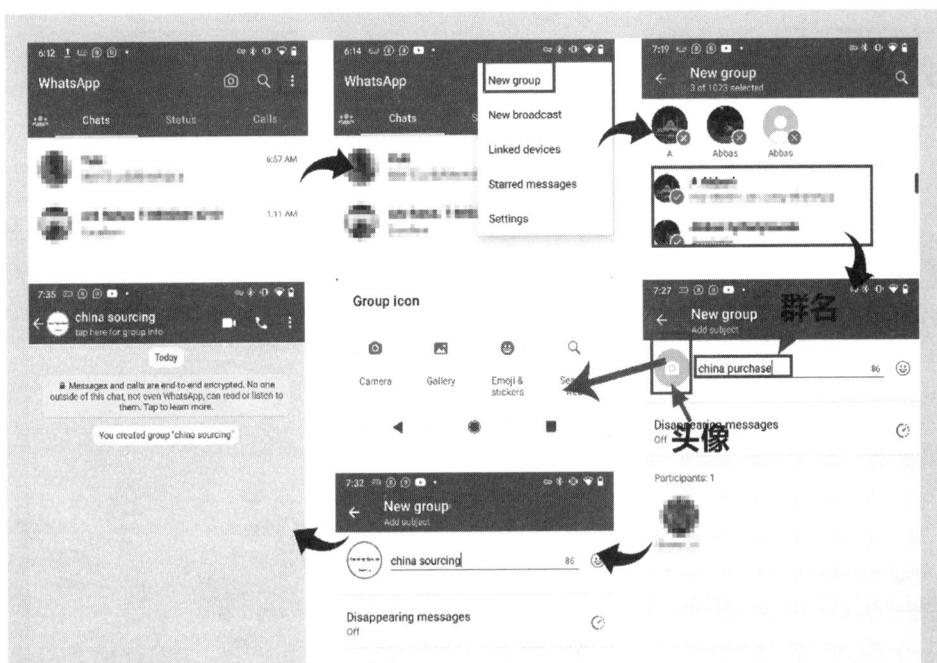

图 3-14　创建 WhatsApp 群组的步骤

（2）在选人界面中选择那些你想要邀请进群的人，最多可以选择 1 023 个。

（3）点击下一步进入修改界面，可以设定群组的名称，最好与业务相关，例如 China sourcing（中国采购）。

（4）可以选择一个图片作为群组的头像，虽然这不是必选项，但建议选择与业务相关的图片，可以选择公司品牌标志，或是销售的产品和服务的图片。如果你们是一家生产和销售电脑配件的公司，可以选择放置一张鼠标的图片，或是整个产品线的图片，如鼠标、鼠标垫、充电线等。这样可以清晰地告诉群员这个群组的定位和内容。

完成上述步骤后，就成功创建了一个 WhatsApp 群组。

创建完群组后，还可以通过图 3-15 的步骤添加新的联系人进群。在群组界面中，点击群图标，然后选择 Add（添加）下方的 Invite via link（通过链接邀请）选项。接着点击 Copy link（复制链接），可以将复制的链接分享到其他社交平台，以吸引更多的人加入群组。

图 3-15　WhatsApp 群组邀请新的联系人进群

需要注意的是,如果有很多不适合的人加入群组,还可以通过点击"Reset link(重置链接)"按钮来生成一个新的链接,旧的链接就会过期。

在创建群组之前,应该向 WhatsApp 联系人发送一条信息,询问他们是否有兴趣加入这个群组,在得到对方的允许后再邀请他们加入。

如果一些群友在你的群组里发布了一些不必要的信息,激怒了其他人,这种体验将会很糟糕。群成员可能会将这种不好的体验归咎于你和你的产品。因此,在运营群组期间,可以将群组设置为"群禁言模式",只有管理员才能向群组发送消息。

禁言整个群组可能会限制群成员之间的交流和互动。在设置群禁言模式之前,请确保权衡利弊,并与群成员进行沟通,以确保他们理解和接受这样的设置。

如果创建群组的目标只是想要发布一个一天的促销活动,可以根据图 3-16 展示的步骤设置在活动结束后清除群消息:点击 Disappearing messages(消除消息)进入清除界面,然后根据实际的活动天数进行设置。

需要注意的是,每个群组最多可以添加 256 个人,WhatsApp 群组相当于创建了一个社区,社区中的每个人都可以看到群组中发布的信息,因此,在建立群组时,应时刻牢记这个群组的目的是帮助大家解决问题,而不仅仅是销售产品。

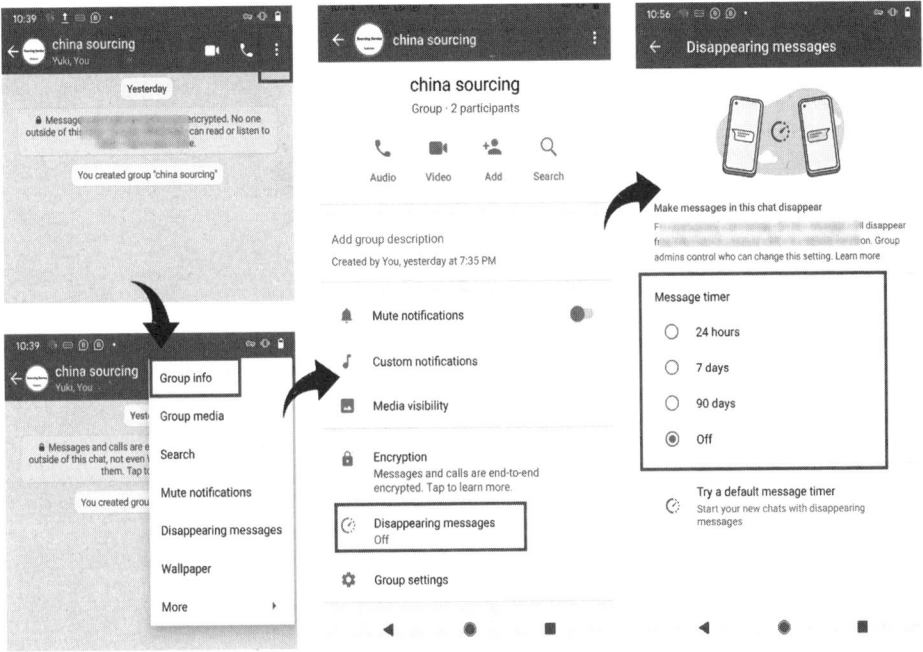

图 3-16　群消息清除步骤

　　另外，WhatsApp 每年都会推出新的功能，这些功能都可以单一或组合来使用。根据最新的 WhatsApp 版本进行操作，因为 WhatsApp 的功能和界面会随着应用程序的更新而有所变化。建议使用最新版本的 WhatsApp，并参考官方文档或指南以获取准确和最新的信息。

要点总结（见图3-17）

成交策略要点总结

1 一对一私信

2 广播信息

    未合作客户

    合作过一次的客户

    多次合作的客户

    曾经合作过的客户

3 WhatsApp状态

    面包

    肉+果酱

    面包

4 WhatsApp群组

    群名

    头像

    群禁言设置

    消除消息设置

图 3-17　成交策略要点总结

第四节　企业服务号:三个功能, 可以更好服务用户

WhatsApp 也有专门针对企业服务的工具,叫作 WhatsApp Business,可以理解为企业服务号,表 3-1 展示了 WhatsApp 和 WhatsApp Business 的区别。

表 3-1　WhatsApp 和 WhatsApp Business 的区别

个人信息	WhatsApp	WhatsApp Business
	√	×
基础设置	昵称	昵称
	头像	头像
	个人描述	企业描述
	联系电话	联系电话
		业务类别
		办公时间
		邮箱地址
		网站
需要认证账号吗?	×	√
标签	×	√
自动回复	×	√
预设回复信息	×	√
建立产品目录	×	√
免费使用吗?	√	√
适用场合	个人交流	企业交流,还可以安装插件增加更多个性化功能

145

通过上表可以看出,WhatsApp Business 可以通过自动化、分类并快速回复信息,与客户的互动变得更加容易。

方式 1　商业描述

当客户打开 WhatsApp Business 账号后,可以从中了解业务范围,一个强有力的商业描述可以增加客户联系的概率。清晰的商业描述应该遵循以下两个原则:

(1)清晰传递你的业务信息。商业描述的首要目标是向客户展示你是谁,以及他们可能从业务中获得什么样的价值。

(2)以号召行动结束。在简短介绍后,可以邀请客户联系你,客户已经在 WhatsApp 上保存了你的号码,还可以给他们一些推动力,激发他们主动和你联系的欲望。

可以根据图 3-18 的步骤来设置商业描述:进入 WhatsApp Business 主界面,点击左上方的"店铺图标",然后选择 Business Profile(商业档案)。接着,点击"修改图标"按钮进入修改界面,编辑后点击 Save,商业描述就会显现在商业档案中。

图 3-18　商业描述设置步骤

参考范例

We offer{PRODUCTS/SERVICE} for {CUSTOMERS_TYPE}. Visit our store on weekdays from {TIME} and find your best fit.(我们为{客户类型}提供{产品/服务}。工作日{时间}起光临我们的店铺,寻找最适合您的商品。)

We offer {PRODUCTS} according to the latest trends. Send us a message to make a shopping appointment right away. (我们根据最新潮流提供{产品}。马上给我们发消息预约购物吧。)

We deliver {PRODUCTS} from your favorite locals. Pick your products and choose your delivery day. Contact us, and we'll get back to you within 24 hours. (我们配送您喜爱的本地商家的{产品}。挑选您的商品,选择配送日期。联系我们,我们会在 24 小时内回复您。)

如果该账号提供售后服务,可以参考以下描述案例:

We offer {PRODUCTS}. Let's get to work. Reach out for questions on delivery, service, or returns. (我们提供{产品}。让我们开始行动吧。若对配送、服务或退货有疑问,欢迎联系我们。)

We offer high-quality {PRODUCTS} for the {CUSTOMERS_TYPE}. Please contact us for questions on maintenance. (我们为{客户类型}提供高品质的{产品}。若有产品维护方面的疑问,请联系我们。)

We deliver {PRODUCTS}. Text us to get more information on your new orders. (我们配送{产品}。如需了解新订单的更多信息,请给我们发短信。)

如果该账号用于销售产品,可以参考以下描述案例:

We deliver the best quality {PRODUCTS}. Reach out for more information on products and prices. (我们提供品质上乘的{产品}。如需了解更多产品及价格信息,欢迎联系我们。)

We offer personalized {PRODUCTS} for {CUSTOMERS_TYPE}. Contact us to discuss the options and to place an order. (我们为{客户类型}提供个性化的{产品}。请联系我们,商讨产品选项并下单。)

We deliver a special {PRODUCTS} for {CUSTOMERS_TYPE}. You pick, we deliver. Message us for prices and different boxes. (我们为{客户类型}提供特色{产品}。您挑选,我们配送。如需了解价格及不同套餐信息,请给我们留言。)

商业描述可以根据实际场景进行修改,例如,在特定的节日时,你可以展示你们的繁忙程度,促使客户尽快下单。可以这样编写商业描述:

We offer worldwide delivery of a wide range of gifts, including flowers and chocolates. During this busy time of year, we'll make every effort to respond to your inquiries within 24 hours. Happy Valentine's Day! (我们提供全球范围内多种礼品的配送服务,包括鲜花和巧克力。在每年的这个繁忙时期,我们会尽一切努力在 24 小时内回复您的咨询。情人节快乐!)

We offer a wide variety of {PRODUCTS_CATEGORY} products, including both big brands and small suppliers. Get your gift on time and order today! Delivery time might be longer due to Christmas. (我们提供各种各样的{产品类别}产品,既有大品牌的,也有小供应商的。今天就下单,让您准时收到礼物! 由于圣诞节的缘故,配送时间可能会延长。)

方式 2 欢迎语设置。

当潜在客户添加账号后给你发信息,但你刚好不在线,可能就无法及时回复。为了降低响应时间改善客户体验,通过引导客户获取正确的信息来提高客户满意度,可以在 WhatsApp Business 中设置欢迎语自动回复。此外,还可以避免客户在工作时间之外给你留言或收集有价值的线索。

具体的操作方式可按照图 3-19 的步骤:点击右上角的三个点进入设置界面,选择 Business tools(商务工具),然后选择 Greeting message(欢迎语信息)进行设置。在设置欢迎语时,还可以通过 Recipients(收件人)选项选择发送欢迎语的对象。

有效的欢迎语应该是什么样的?

(1)设定一个明确的期望,就是当客户发送信息时,可以告诉客户何时会回复。下面来看这两个回复:"We'll get back to you ASAP. "和"We'll get back to you within 24 hours. "。第一句话就是一个模糊的承诺,没有设置具体的期望,ASAP 这样的词可能指一分钟,也可以是十个小时。第二句话就设定了明确的期望,也可以让你的团队能够超额完成,如果你在十个小时内回复,就可以超出客户的期望。

(2)尽可能做到透明,如果你是真的忙,就直接告诉客户这个时候你很忙,不要不好意思。

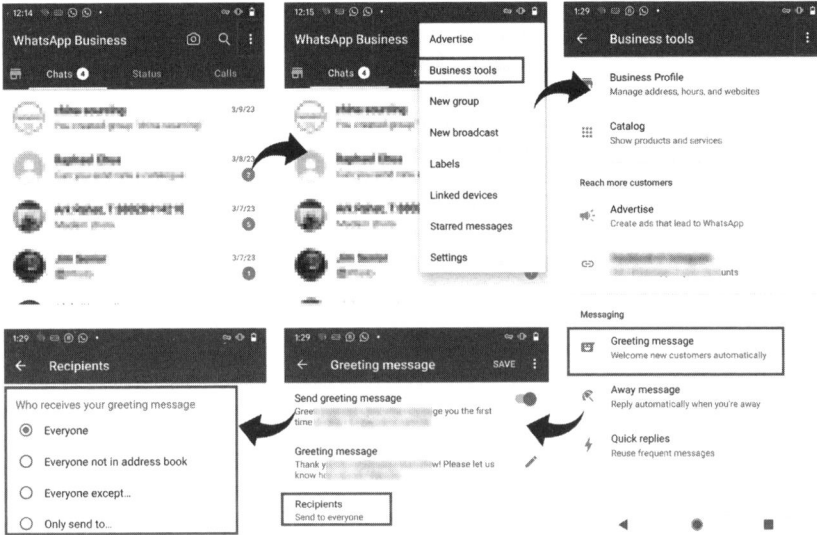

图 3-19　欢迎语自动回复设置步骤

（3）有人情味，要让对方感觉你是一个人，而不是一台机器。

参考范例

Thank you for your message! We will get back to you within 24 hours. Kind regards, the {COMPANY_NAME} Team. （感谢您的留言！我们会在 24 小时内给您回复。祝好，{公司名称}团队。）

Hiya! Welcome to {COMPANY_NAME}. We will get back to you within {NUMBER} hours. In the meantime, you can check out our help center. We have put a lot of effort into it, so the answer to your question may already be in there! （嗨！欢迎来到{公司名称}。我们会在{×}小时内给您回复。在此期间，您可以查看我们的帮助中心。我们在这上面花了很多心思，说不定您问题的答案已经在里面了呢！）

Hello there! Good to see you. Did you already know we currently offer a {NUMBER}% discount on all of our products? The code is {CODE_NUMBER}. Don't tell anybody. （您好！很高兴见到您。您知道吗，我们目前所有产品都有{×}%的折扣哦。优惠码是{编码数字}。别告诉别人哦。）

Hey there! Sorry, we are currently not able to respond to your message. Please leave your name and email address, and we will get back to you within 24 hours. Team {COMPANY_NAME}. (嘿! 很抱歉,我们目前无法回复您的消息。请留下您的姓名和电子邮箱地址,我们会在 24 小时内给您回复。{公司名称}团队。)

Hi, thanks for your message! Our support agents will check your message and make sure it is forwarded to the best-fit person. We will respond to you within 24 hours. In the meantime, you may find helpful answers to frequently asked questions in our help center here: {WEBSITE_LINK}. (嗨,感谢您的留言! 我们的客服人员会查看您的消息,并确保将其转交给最适合处理的人员。我们会在 24 小时内回复您。同时,您可能会在我们的帮助中心找到常见问题的有用答案,链接在此:{网站链接}。)

方式3 设置自动回复。

无论你工作多么繁忙,都没有办法及时回应每一条消息。你需要休息,也需要时间去做其他事务,自动回复便可以填补这些空白时间。当客户联系时,告诉他们你不在,并提供相应的解决方案,这比不回复更加人性化。

设计自动回复时,需要掌握以下六个要点:提前做好计划;反复检查拼写和语法错误;采用友好、专业的语气,写出容易让人理解的内容;明确日期,避免使用会产生误解的表达方式,例如使用"10 月 8 日",而不是用"10/8";告知对方大家何时可以获得亲自回复;最后,清楚地提供紧急情况下的联系电话或邮箱。

那么,在 WhatsApp Business 里如何启用这个功能呢? 请按照图 3-20 的步骤操作:首先点击 WhatsApp Business 主界面右上方的三个点进入设置界面,选择 Settings(设置)选项,然后点击 Business tools(商务工具),接着可以看到 Away message(离开信息)选项,点击进入修改界面。

在该界面中,可以在 Send away message(发送离开信息)处设置自动回复的内容,同时,还可以点击 Schedule(日程表)选项来设置想要发送自动回复的具体时间:

◇　Always send,只要有人给你发信息,就会自动回复。

◇　Custom schedule,选择在特定的时间发送自动信息。

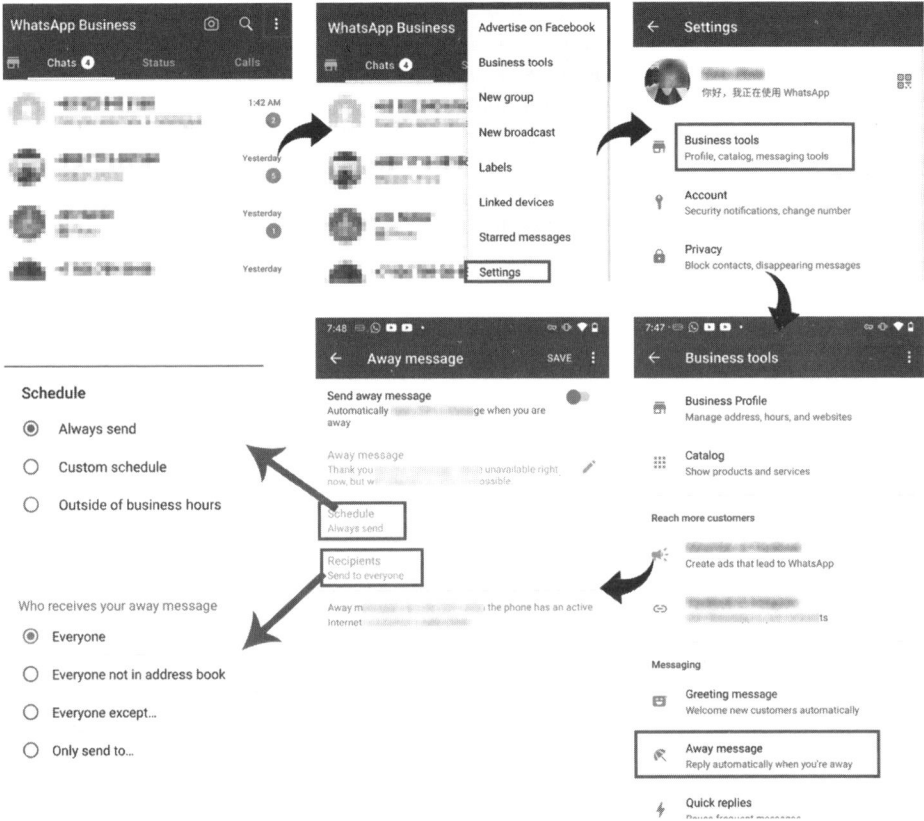

图 3-20 自动回复设置步骤

◇ Outside of business hours，就是在上班时间之外发送自动回复，在此之前你需要先设置上班时间。

还可以通过 Recipients（收件人）选项选择想要发送自动回复的对象：

◇ Everyone，指的是 WhatsApp Business 里的所有联系人都会收到自动回复。

◇ Everyone not in address book，指的是不在联系人列表中的人。

◇ Everyone except...指的是除了指定的人之外，其他人都会收到自动回复。

◇ Only send to...指的是只发送给某些特定的人群。

以下分享不同场景下应该设置哪些自动回复的内容：

场景1

收到客户的询盘信息时可以这样回复：

Thanks for reaching out to {COMPANY_NAME}. Our support agents will check your message and respond to you within {24/48} hours. If you need any urgent assistance, please reach out to us via our live chat on the website {LINK} or call us on {PHONE_NUMBER}. (感谢您联系{公司名称}。我们的客服人员会查看您的消息，并在{24/48}小时内回复您。如果您需要紧急协助，请通过网站{链接}上的在线聊天功能联系我们，或拨打我们的电话{电话号码}。)

Sorry to keep you waiting but we are very busy at the moment. We'll get back to you in the next few hours. If you are in a hurry, please call us on {PHONE_NUMBER}. (很抱歉让您久等了，我们目前非常忙碌。我们会在接下来的几个小时内回复您。如果您赶时间，请拨打我们的电话{电话号码}。)

Chat with you soon, Thanks for writing to us. Please expect some delay in response as we are a little occupied at the moment. But have no worry, we'll get back to you as soon as possible. Thanks for your patience and understanding. (期待很快与您交流。感谢您给我们来信。由于我们目前有点忙，回复可能会稍有延迟。但请放心，我们会尽快回复您。感谢您的耐心与理解。)

场景2

外出或休假时可以这样设置自动回复：

Hello! Please note that we will be closed for {HOLIDAY_NAME} until {DATE}. We'll get back to you once we open again. In the mean time you could also reach out to our team by emailing us at {EMAIL_ADDRESS} or call us on {PHONE_NUMBER}. Have a great holiday, Happy {HOLIDAY_NAME}! (您好！请注意，因{节假日名称}，我们将停业至{日期}。重新营业后，我们会回复您。在此期间，您也可以通过发送电子邮件至{邮箱地址}或拨打{电话号码}联系我们的团队。祝您度过一个愉快的假期，{节假日名称}快乐！)

Thanks for reaching out. We are a bit busy this time of year but don't worry. We'll get back to you within {NUMBER} days.（感谢您的联系。每年这个时候我们都有点忙，但别担心。我们会在{X}天内回复您。）

Have a great {HOLIDAY_NAME}. Wishing you a very happy holiday season. We've got your message. Someone from the team will be in touch with you shortly. If you want quicker assistance, please contact us directly at {PHONE_NUMBER}.（{节假日名称}快乐。祝您节日期间心情愉悦。我们已收到您的消息。团队成员很快会与您联系。如果您希望得到更快速的帮助，请直接拨打{电话号码}与我们联系。）

场景 3

非营业时间可以这样设置：

Thanks for reaching out to {COMPANY_NAME}! We'd love to help, but we're currently closed. Our team will get back to you when we reopen at {OPENING_TIME}. In the meantime, did you know we have a Help Center at {WEBSITE_FAQ_PAGE_LINK}? It's an excellent resource where you'll likely find the answer you're seeking without needing direct assistance from our agents.（感谢您联系{公司名称}！我们很乐意帮忙，但我们目前已歇业。我们的团队会在{营业时间}重新营业时回复您。在此期间，您知道吗，我们在{网站常见问题页面链接}设有帮助中心。这是一个很棒的资源平台，您很可能无须我们客服人员的直接协助，就能找到您正在寻找的答案。）

We are currently closed from {CLOSING_TIME_AND_OPENING_TIME}, but we'll get back to you at {TIME}. Meanwhile, hope you can find answers to your questions here {WEBSITE_FAQ_PAGE_LINK}.（我们目前从{歇业时间及营业时间}歇业，但我们会在{时间}回复您。同时，希望您能在{网站常见问题页面链接}找到问题的答案。）

Hi！Thanks for contacting {COMPANY_NAME}. This is our off business hours. We will get back to you as soon as we reopen at {OPENING_HOUR}. Alternately, please check out the website for more information {WEBSITE_LINK}. (您好！感谢您联系{公司名称}。现在是非营业时间。我们会在{开门时间}重新营业后尽快回复您。另外，您也可以查看网站{网站链接}获取更多信息。)

场景 4

特殊情况时也可以设置不同的回复语：

Thank you for getting in touch with {COMPANY_NAME}. We are currently experiencing challenges with our supply chain, which may result in delays in delivering your order. Our team is working on it to sort this out as soon as possible. We will keep you informed as soon as it's resolved. If you have any other concerns or questions, please let us know. We'll get back to you by {DATE}. Thank you for your understanding and patience. (感谢您与{公司名称}联系。我们目前供应链遇到了一些问题，这可能会导致您的订单交付延迟。我们的团队正在努力尽快解决这个问题。问题一解决，我们就会立即通知您。如果您还有其他担忧或疑问，请告知我们。我们会在{日期}前给您回复。感谢您的理解与耐心等待。)

Thank you for reaching out to {COMPANY_NAME}. We regret to inform you that our servers are currently experiencing technical difficulties and will remain offline until {TIME}. As a result, you may temporarily be unable to access the website. We'll keep you updated on the progress of resolving this issue. If you have any other questions, please feel free to write to us. Our dedicated representative will respond to you within 12 hours. Kind regards. (感谢您联系{公司名称}。很遗憾地通知您，我们的服务器目前出现技术故障，将持续离线至{时间}。因此，您可能暂时无法访问网站。我们会随时向您通报问题解决的进展。如果您有任何其他问题，欢迎给我们写信。我们的专职客服人员会在 12 小时内回复您。祝好。)

方式 4　创建商店和目录。

可以将产品图片和服务图片做成目录的形式，并与客户分享，这样客户就能清楚地了解到报价、图片和描述。

要如何添加目录呢？可以按照（见图 3-21）步骤操作：首先进入 WhatsApp Business 主界面，之后点击右上方的三个点，进入设置界面，选择 Business tools（商务工具），然后点击 Catalog（产品目录），选择 Add new item（添加新项目）进入目录创建界面。在这里，可以选择产品目录，并编辑产品的名称、描述、价格、网址等信息，添加完成后，点击右上角的 Save（保存）按钮进行保存。保存后，你就可以在目录页面看到上传的产品列表。

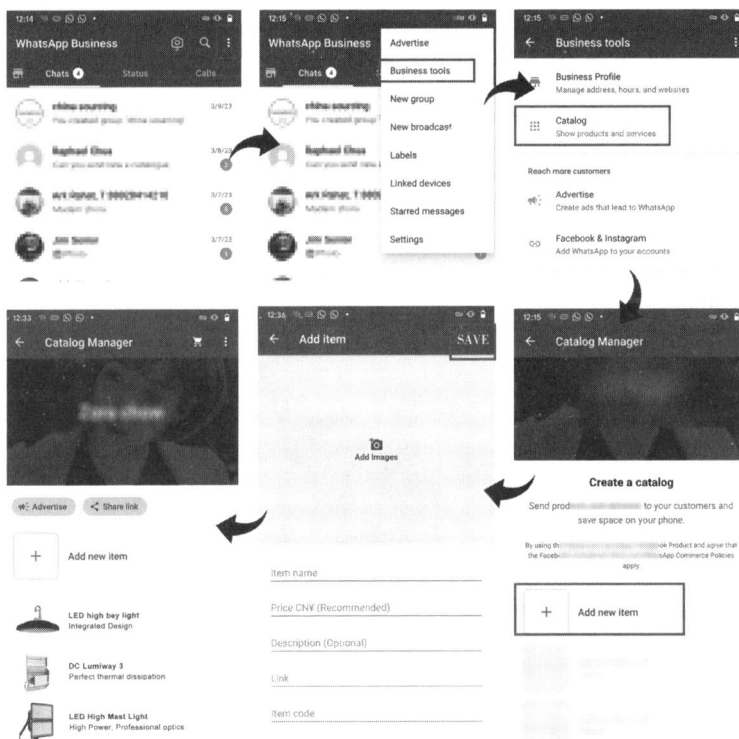

图 3-21　目录创建步骤

创建目录后就可以直接点击对话框里的"附件"图标，然后选择 Catalogue（产品目录）并发送给对方，对方就会收到你创建的产品目录链接，如图 3-22 所示。

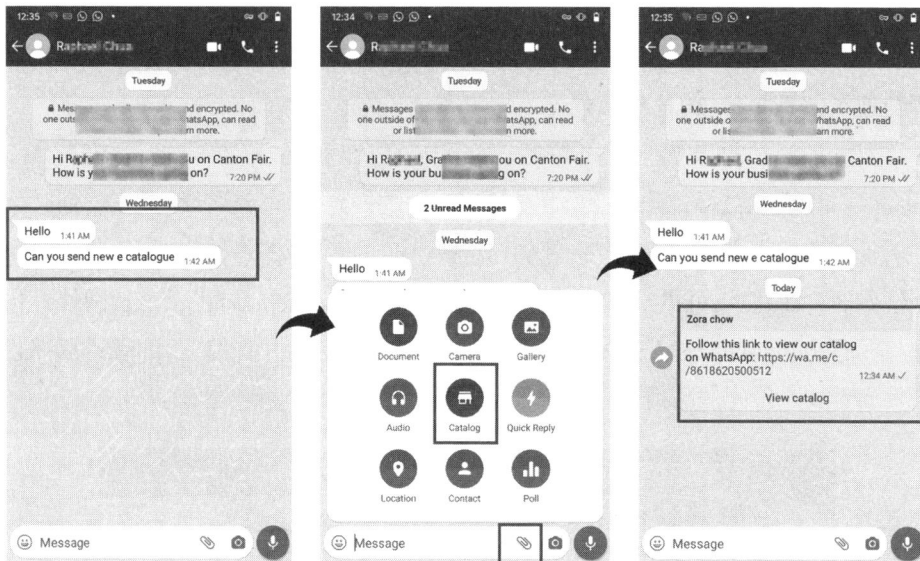

图 3-22　发送产品目录步骤

行动建议（见图3-23）

企业服务号行动清单

1　商业描述
2　欢迎语设置
3　设置自动回复
　　收到客户询盘信息
　　外出或休假时
　　非营业时间
　　特殊活动时
4　创建商店和目录

	WhatsApp	WhatsApp Business
个人信息	√ 昵称头像个人描述联系电话	× 昵称头像企业描述联系电话业务类别办公时间邮箱地址网站
基础设置		
需要认证账号吗?	×	√
标签	×	√
自动回复	×	√
预设回复信息	×	√
建立产品目录	×	√
免费使用吗?	√	√
适用场合	个人交流	企业交流, 还可以安装插件增加更多个性化功能

图 3-23　企业服务号行动清单

第四章

04

客户分级：个性化服务，稳定订单来源

本章将帮助大家为客户提供个性化服务，确保稳定订单来源：

如何进行背景调查，把客户牢牢抓在手中？

如何快速找出创造 80%业绩的那 20%的客户？

如何有效管理好 A 级客户，成为销售冠军？

如何进行客户分类管理，激发客户的升级欲望？

第一节 分级前提:做好背景调查, 把客户牢牢抓住

小明已经在公司工作了整整一个月,他写了将近 1 000 封开发信,终于收到一封客户询盘,内容如图 4-1 所示。小明立即把公司介绍、产品报价等信息发送给了客户。然而,一个月过去了,客户还没有回复,在这期间,除了每天发一条"How is everything going on."的信息,小明不知道还可以发什么内容。相信这是许多业务员在开发客户的时候都会遇到的问题。那么,小明应该继续纯粹地跟进呢? 还是放弃这个询盘呢?

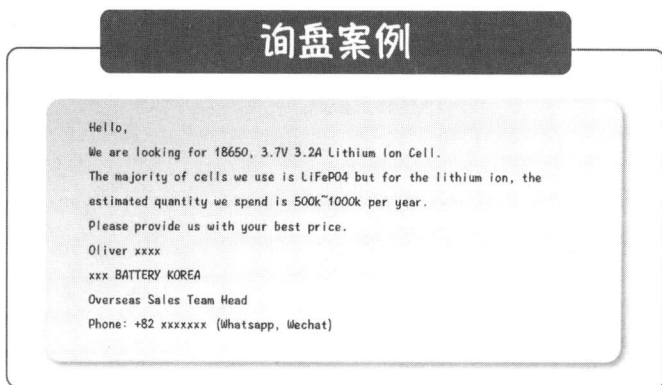

询盘案例

Hello,

We are looking for 18650, 3.7V 3.2A Lithium Ion Cell.

The majority of cells we use is LiFePO4 but for the lithium ion, the estimated quantity we spend is 500k~1000k per year.

Please provide us with your best price.

Oliver xxxx

xxx BATTERY KOREA

Overseas Sales Team Head

Phone: +82 xxxxxxx (Whatsapp, Wechat)

图 4-1 客户询盘案例

实际上,这两种方法都不是最优解。首先可以利用询盘中已知的信息进行客户背景调查,然后再根据调查结果制定跟进策略。背景调查能够评判客户价值,制定后期跟进策略,并了解客户,以便在谈判时能够直击要点,抓住先机。即使现在无法成交,至少也能留下良好印象,等待后续的合作机会。没有调查的跟

进是无效跟进！当你比别人多思考一点、多付出一些努力时，就能影响订单的最终归属。

那么，背景调查应该查什么？

表 4-1 列出了常用的背景调查信息，可以根据产品和行业的具体情况进行调整和优化。要完善这个表中的信息，需要在与客户进行跟进沟通的过程中逐步收集和整理，如果不去整理，将永远无法对客户形成全面认知。

表 4-1 客户信息收集表

分　类	细　则	客户 1	客户 2
静态信息	公司名称		
	公司地址		
	网站地址		
	公司电话		
	传真号码		
	主营产品		
	创办时间		
	部门架构		
	员工人数		
	业务性质		
	公司文化		
	发展历程		
	公司社交媒体账号		
	供应链位置		
	联系人信息		
	联系人电话		
	联系人职位		
	联系人社交媒体账号		
	联系人 WhatsApp 账号		
	联系人邮箱地址		
动态信息	网站语言版本		
	是否有线上商城		
	网站版权主体		

续上表

分　类	细　则	客户 1	客户 2
动态信息	网站使用条款		
	网站访问数量		
	年采购量		
	年采购次数		
	采购品类		
	采购价格		
	采购频率		
	采购时间		
	供应链网		
	销售动态		
	决策关系网		
	联系人爱好		
	联系人生活方式		
	客户满意度		
	对产品/服务的偏好		

　　为了更好地理解如何进行背景调查,下面将以图 4-1 中的真实的询盘为案例,使用图 4-2 中的六种方法逐步完善上表中需要调查的内容。

图 4-2　背景调查分析的六种方法

方法 1 企业官网。

企业官方网站可以查找图 4-3 所示的信息，将这些信息收集后整理到表 4-1 中。通过客户的公司官方网站，最主要的是判断公司的经营业务和询盘内容是否相匹配。有些客户公司可能有很多产业，不只是询盘咨询的那个板块。

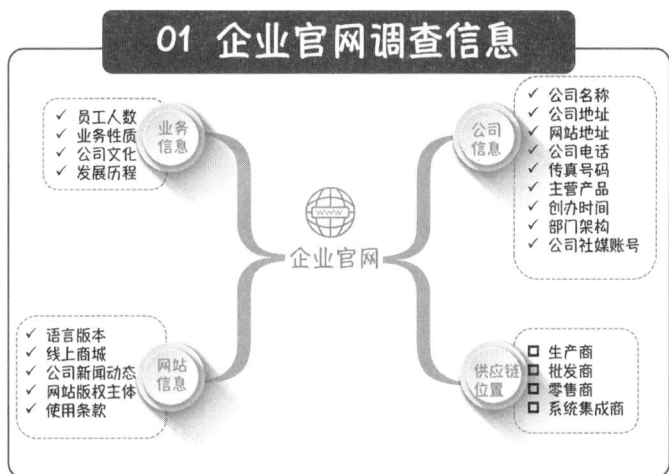

图 4-3 企业官方网站调查信息

回归到本书的案例，登录客户公司网站后可以看到图 4-4 的部分信息，在首页里的一句话 Energy Storage Solutions（储能解决方案）显示了这家公司的定位，通过公司介绍可以了解到这是一家生产制造商。如果合作，很有可能是做品牌代工合作；还可以查找到客户生产和销售的产品，与自己公司的产品进行对比，寻找营销切入点；公司联系方式中包含了详细的地址、电话、邮箱等，可以查看这里显示的收件人和询盘时的联系人是否一致；在官方网站上，只要多看几页，就可以找到这家公司 CEO 的姓名，如果能够联系到他，合作的可能性就非常大。

这家公司的官方网站上没有找到版权主体声明，但不能忽略这一点，因为有时会在这里显示不一样的公司名字，如果名称不一样，很有可能这个才是母公司，而与你联系的那个是子公司，在这种情况下，也可以去挖掘母公司的情况，并找到母公司的联系人。

另外，有些网站会将使用条款/免责声明罗列出来，英文为 terms 或 conditions，在这里很有可能显示真正的公司主体或母集团的信息。

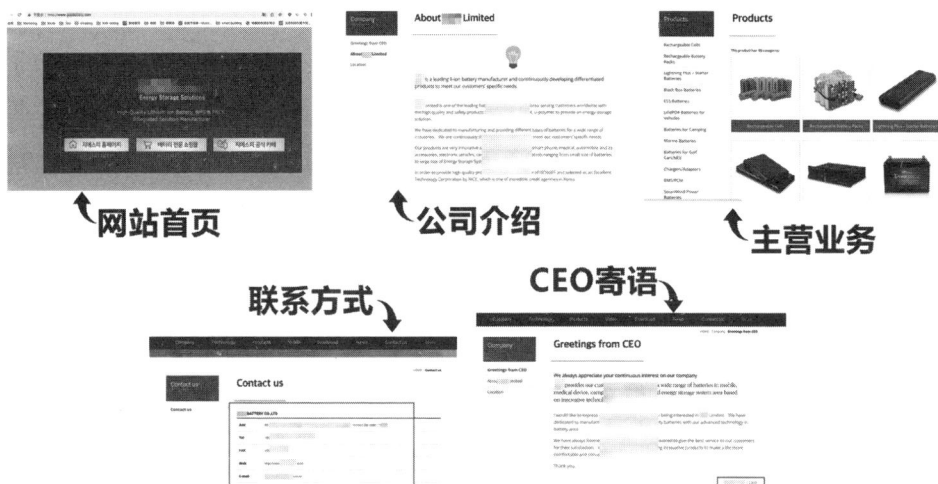

图 4-4　案例公司网站部分信息截图

最后来总结一下：企业官方网站要看什么？

（1）公司信息：包括公司历史、企业文化、发展历史、宣传口号、经营哲学、市场占有率等；你还可以了解到是否有集团公司、子公司，有的公司还会给出办公环境、员工照片、组织架构等信息。

（2）业务信息：可以判断是否潜在客户，如果所做业务毫无关联，就没必要把时间花在这个客户上。

（3）供应链位置：从公司官方网站，你基本可以判断出这个客户所处的供应链位置：生产商、批发商、零售商、网店等。

（4）网站信息：例如是否有其他语言版本？是否有线上商城？公司新闻动态、公司社交媒体账号、网站版权主体、使用条款/免责声明等。

公司官方网站是一个包含了非常多有价值的基本信息的地方，如果不仔细阅读客户的公司网站，就等于将机会拱手让给了竞争对手。

方法 2　谷歌搜索。

搜索真的是一个宝，使用不同的关键词并多翻阅几页，一般浏览前三页，并点击每一个链接以查看更多有价值的内容。搜索的核心理念多搜、巧搜，以寻找与特定企业相关的更多有用信息。因此，搜索得越多，搜索结果就越精准，帮助就越大。图 4-5 里展示了一些常用的搜索组合：

图 4-5　常用搜索组合

通过两种组合，即"搜索公司名字"和"公司名字+创始人名字"找到的部分信息，通过这些信息，可以了解到该公司也在一些韩国的 B2B 平台上销售产品。如果有意进入韩国市场，平台也是可以考虑的。此外，还找到了 CEO 的照片和他参加过的一些活动。将能够想到的所有关键词组合起来，多一些发散型思维，这样就可以找到更多客户信息。

方法 3　谷歌地图。

主要是帮助你了解公司规模、工厂实景、所处地段、周边产业以及历史变迁。只需在其搜索中直接输入公司名字并点击进去，就可以看到相关信息。通过滚动鼠标滑轮，可以无限放大以查看实景。另外，通过点击左下角的卫星图标，可以看到工厂的全貌，还可以获取周围环境的信息以及所在位置的历史变迁情况。

方法 4　网站分析。

可以从侧面了解客户的实力，通过不同的网站分析工具，可以获取不同的信息：

（1）Wappalyzer 可以挖掘网站使用的技术和联系方式。

（2）Whois 可以了解网站的所有权情况。

（3）Archive 可以分析网站的历史变迁。

163

（4）Scamadviser 可以对网站性能进行评分。

（5）Similarweb 是用于网站排名和竞争性数据分析的工具。

通过这五个工具，可以对本案例中的网站进行分析，得出图 4-6 的结果：

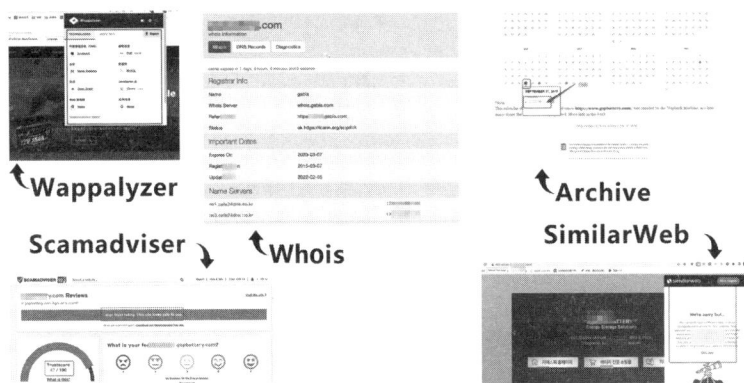

图 4-6　五个网站分析工具部分结果截图

（1）通过 Wappalyzer 可以了解到网站所采用的程序，使用的营销插件，以判断客户或者竞争对手的营销专业性和预算规模。从图 4-6 可以看出，本案例中的网站基础设施非常简单，基本没有进行任何营销活动。

（2）Whois 可以分析客户域名的历史变迁情况，同时还能查询域名注册人的联系电话、地址、邮箱、域名、年限等信息，从而判断对方公司成立时间等。从图 4-6 可以得知该域名于 2015 年购买的，有效期是 2023 年，说明了这家公司老板有意从事长期经营。此外，通过 Whois 还可以获取网站联系人的姓名，并进一步查询该联系人名下注册的域名，从中了解客户拥有的多个域名、这些域名是否有网站以及网站内容。如果发现这些网站都在销售同一个产品，说明我们只是客户的备选供应商。此时，可以用海关数据查出客户的其他供应商。

（3）Archive 可以分析域名首页的历史快照，判断客户公司网站的最早上线时间、更新频率，以了解客户何时从事某个行业、是否一直从事某个行业，以及是否曾经转行等情况。点击进去后，可以看到该公司 2017 年 9 月 27 日的网站首页快照，这可以视为第一代网页。当时主要还是韩版，没有英文版，最初就包含了社交媒体的账号链接，这表明其相当重视社交媒体。继续往下拉，还可以了解到最初合作的公司包括三星、LG 这些大型企业，由此可以推算，可能该公司的创始人就是从这些公司出来创业的。这个可以在后续交流的过程中进一步了解更多内幕。

（4）在 Scamadviser 里输入想要调查的公司网址，会得出一个参考分数，提示被查询网址的可信度。

（5）Similarweb 是一款非常强大的网站排名和竞争性数据分析的免费网络平台，用户只需要输入信息，就可以评估网站的流行程度，并分析域名的整体流量情况，从而判断对方的主要市场，流量来源以及使用的关键词等。根据图 4-6 的数据，可以得知该客户网页的访问量较少，因此没有显示数据，这也意味着这家公司的规模并不大。

方法5　社交平台。

当了解完公司的基本情况后，接下来就是调查人员的情况。可以通过社交平台来搜索组织架构和人际关系网等信息，在这些社交平台中，LinkedIn 是最常用的，因为它是全球专业人士的平台，几乎所有的决策者都在这里。当然，可以查看其他社交媒体，因为不应忽略任何可能性。

在本案例中，该公司在 LinkedIn 里没有任何信息。这也告诉我们，并非每种方法都能找到相关信息，但必须尝试每一种方法，因为获得的信息越多，与该公司后续合作的可能性就越大。

方法6　海关数据。

通过海关数据，可以了解到企业的年采购量、采购品类、采购价格、采购频率、采购时间、年采购次数以及上下游关系等信息。在本案例中，用前面介绍的查询方式，但很遗憾并没有找到相关数据。有些人可能在没有数据的情况下就会放弃，这里采取额外的步骤，即搜索该企业所生产和销售的产品，例如"电池"。通过海天平台中的很多买家数据，可以进一步了解买家的采购价格、频率等信息。这些数据和信息可以作为与客户后续沟通的切入点。举例来说，可以向客户提及："ABC 客户（客户的竞争对手）在中国采购了×××产品，采购量是多少。我了解过这个产品在贵国也有市场，也问一下，贵公司在这方面有没有采购计划呢？"不管客户回答有或没有，这已经为你们打开了沟通的一扇窗。

不管是新客户还是老客户，进行背景调查都是一个不可或缺的步骤，因为客户分级的前提是数据，只有拥有可比较的数据才能将客户进行有效分级。

行动建议（见图4-7）

背景调查行动清单

分类	细则	客户1	客户2
静态信息	公司名称		
	公司地址		
	网站地址		
	公司电话		
	传真号码		
	主营产品		
	创办时间		
	部门架构		
	员工人数		
	业务性质		
	公司文化		
	发展历程		
	公司社交媒体账号		
	供应链位置		
	联系人信息		
	联系人电话		
	联系人职位		
	联系人社交媒体账号		
	联系人WhatsApp账号		
	联系人邮箱地址		
动态信息	网站语言版本		
	是否有线上商城		
	网站版权主体		
	网站使用条款		
	网站访问数量		
	年采购量		
	年采购次数		
	采购品类		
	采购价格		
	采购频率		
	采购时间		
	供应链网		
	销售动态		
	决策关系网		
	联系人爱好		
	联系人生活方式		
	客户满意度		
	对产品/服务的偏好		

背景调查查找清单

☐ 企业官网　　☐ 谷歌搜索　　☐ 谷歌地图

☐ 网站分析　　☐ 社交平台　　☐ 海关数据

图 4-7　背景调查行动清单

第二节　分级模型：九个维度，找出 20%的 重要客户

　　我之前在一家公司里担任市场拓展总监，团队里有一个资深业务员叫小郭，她在公司工作了五年，主要负责欧洲国家的业务。当时公司有近 50 名业务员，她的业绩基本都是名列前茅。她之所以能取得如此成绩，是因为采取了以下的做法：尽管公司有订单跟进系统，她还会自己准备一个 Excel 表格，将客户的每一笔订单都录入其中。她每个月都会分析客户的业绩情况，经过一年的分析，发现英国客户贡献了 80%的业绩。因此，在第二年，她将自己的服务重心转移到英国客户，公司也为她配备了一个项目专员来协助她管理项目。公司规定每一个项目都必须分配给一个项目专员，这样，项目的跟进提成就会计到该项目专员的名下。她的做法是，只要是英国客户的项目，她会在系统里分配给项目专员，但实际上，基本都是自己跟进这些项目。尽管如此，跟进提成仍然会计入项目专员的名下。换句话说，她负责跟进但没有获得提成，之所以愿意这样操作，因为自己跟进这些重要客户后，除了订单数量逐渐增多外，客户满意度也非常高，因此，这些重要客户还会不断向她推荐更多的客户。这样一来，基本不需要主动开拓客户了，这些老客户介绍的新客户的订单都接不完。

　　在与她的日常沟通中，总结出了她成功的原因：掌握了分级模型，找到了最有价值的客户，并为他们制定了个性化的跟进策略。这个模型就是意大利经济学家维尔弗雷多·帕累托在 1906 年提出的著名 80/20 法则，又称为帕累托二八法则，如图 4-8 所示。该法则指出，20%的人口掌握了 80%的财富，事情的主要结果只取决于一小部分因素。这个法则经常被应用到不同的领域，经过大量的试验和验证，证明基本是正确的。在客户管理中，应用这个法则也非常适合，即20%的客户决定了你一年的业绩。

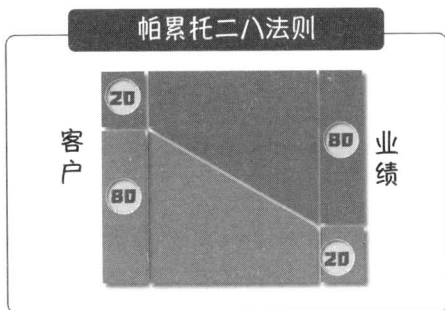

图 4-8　帕累托二八法则

　　客户分级是基于客户对业绩的价值贡献,对现在客户及潜在客户进行分级区分的客户管理方法。可以帮助你确定谁是最有价值的客户,从而像小郭一样专注于为顶级客户提供服务。如果一个重要客户现在购买的数量比以前少了,很可能是因为竞争对手以更优惠的价格提供产品和服务,最终导致业务合同逐渐终止,而这可能是一个没有意识到的缓慢过程。

　　现实中可用的资源是有限的,因此把所有资源分配给同一个客户是无法实现的,也是资源的浪费,平均分配的做法也会让大客户感到被忽视,从而失去忠诚度并转向竞争对手。

　　除了维护好现有客户提高满意度之外,客户分级还能够识别有潜力的客户,对于业务员来说,维护老客户只是其中一个重点,新客户开发也是持续进行的。许多业务员开发新客户的方式都是广泛撒网,但这会导致反馈率特别低,从而影响开发的信心。因此,应该对潜在客户进行分级识别,以找到最有可能成交的目标客户,并有针对性地开发和联系,以尽可能少地投入开发出更多的新客户。

　　对于每一个业务员来说,需要对哪些客户进行分级呢?主要有两种类型的客户,现有客户和潜在客户。现有客户指的是已经下过订单的客户,包括样品订单;潜在客户指的是正在联系但尚未下过采购订单的客户,以及在过去两年内没有下过订单的曾经有购买行为的客户。很多业务员在做客户分级时会忽略第二种客户,这样很容易会错失一些机会,毕竟开拓新客户和维护老客户同等重要。

　　为什么要对客户进行分级?因为资源有限,需要将有限的资源用在刀刃上。

　　可以根据客户创造的利润和价值的大小塑造一个"客户金字塔",这是美国著名营销学家们提出的客户管理模型。位于金字塔顶端的是创造最大利润和价值的关键客户，位于底部的是贡献较小利润和价值的客户，这样可以分为三级，A级关键客户、B级普遍客户、C级小客户，如图4-9所示，这套模型也被称为ABC客户模型，不管业绩大小和客户数量如何，都可以通过这个模型来设计有效的方法，提高服务质量并增加业务，将前20%的重要客户和后80%的客户分开，专注于能够带来最佳结果的客户群体。

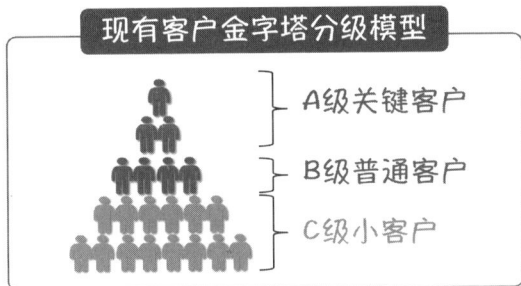

图4-9　现有客户金字塔分级模型

（1）A级关键客户处于客户金字塔的顶端，可以说是最有价值的客户，虽然人数最少，通常占客户总数的20%，但他们贡献了总业绩的80%。这些客户不仅在业绩上表现出色，而且是忠诚度最高的客户。他们经常主动介绍新的客户资源，且复购率很高。因此，应该将重点放在维护这些客户上。

（2）B级普通客户位于客户金字塔的中部，约占客户总数的30%，尽管他们的业绩只占15%，远不及A级客户那么大，但由于数量较大，也是未来重点挖掘有潜力的客户的地方，通过开发和培养这些客户，可以将他们发展成为关键客户。

（3）C级小客户处于客户金字塔底端，约占客户总数的50%，业绩约占5%。这些客户可能仅仅跟你合作过一次，也可能对价格非常敏感，甚至有些客户曾经有过不愉快的合作经历。

为什么这个模型很重要？因为它可以找到最重要的客户群体，然后为这些群体提供最好的服务，从而提升业绩。如何利用金字塔模型对客户进行细分呢？下面分享五个步骤：

第一步，确定衡量指标。

对于跨境B2B业务来说，通常可以考虑以下九个指标：

（1）累计采购金额：是指在合作期间内多次采购金额之和。

（2）累计采购次数：是指在合作期间内一共采购了多少次。

（3）年采购次数：是指最近一年采购了多少次。

（4）年采购额：是指过去一年里采购金额之和。

（5）年采购频率：是指平均每年采购的次数，相比于 B2C 业务，B2B 业务的采购频次会更低一些，少次多量，一般按年来算，计算年采购频率的公式如图 4-10 所示。例如，已经和客户 X 合作了两年，在这两年期间总共采购了 4 次，根据公式推算 4/2＝2，即年采购频率为两次。

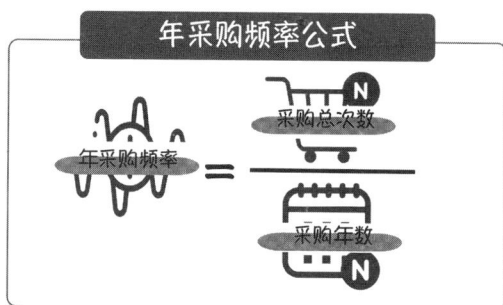

图 4-10　年采购频率公式

（6）最近采购时间：是指离统计时间最近的一次采购，这个指标可以衡量客户的活跃程度。

（7）年需求额：指的是这个客户对同款产品或相关产品的采购需求的金额，例如，客户×是做户外用品经销商，合作了两年，采购了 150 万美元的太阳眼镜的产品，但其对于太阳眼镜的总采购量是 800 万美元。除了太阳眼镜，还会采购太阳帽、背包、睡袋、防风衣裤等产品，这些产品的年采购量约为 4 000 万美元。通过这个指标，可以了解到客户的潜在购买力。

（8）转介绍客户次数：是指在合作期间内介绍了多少个客户跟你合作，这是忠诚度和满意度的重要指标。

（9）支持成本：虽然与销售业务没有直接关系，但对品牌在当地推广影响很大，例如，这个客户是否参加展会推广你的品牌、是否会投放广告预算等，有些支持成本是无法用具体金额来衡量，例如，定期分享当地竞争对手的价格、优势等，帮助你更好地了解这个市场，生产出更适合当地市场的产品。

第二步，收集信息。

将上述九个指标收集的信息整理到表 4-2 中：

表 4-2 客户分级衡量指标信息收集表

客户名称	累计采购金额	累计采购次数	年采购次数	年采购频率	年采购金额	最近一次采购时间	年需求金额	转介绍客户次数	支持成本
CUSTOMER 1	US$161 320.00	10	5	5	US$80 660.00	2022/12/1	US$4 000 000	1	无
CUSTOMER 2	US$112 320.00	8	3	3	US$42 120.00	2023/3/5	US$300 000	2	无
CUSTOMER 3	US$53 325.00	8	1	4	US$26 662.50	2022/2/19	US$1 000 000	0	无
CUSTOMER 4	US$41 223.00	5	1	5	US$41 223.00	2023/4/5	US$800 000	0	无
CUSTOMER 5	US$369 876.00	20	10	6	US$110 962.80	2023/1/10	US$900 000	3	无
CUSTOMER 6	US$1 569 901.00	30	18	9	US$470 970.30	2022/5/9	US$5 000 000	4	无
CUSTOMER 7	US$169 992.00	15	9	8	US$90 662.40	2022/5/18	US$10 000 000	0	无
CUSTOMER 8	US$15 004.00	2	0	1	US$7 502.00	2021/12/11	US$1 000 000	0	无
总金额	US$2 492 961.00	98	47	41	US$870 763.00				

第三步,分析结果。

在统计所有数据后,按照之前提到的80%、15%和5%的比例计算出每一个级别的金额,以累计采购金额为例,计算结果见表4-3。

表4-3 累计采购金额汇总表

总金额	US$2 492 961.00
80%	US$1 994 368.80
15%	US$373 944.15
5%	US$124 648.05

然后根据收入高低对客户进行排序,并从高到低累计收入,直到这些客户的业绩收入达到总收入的80%,这些客户可以被评为3分。然后继续累计收入,直到达到总收入的15%,这些客户可以被评为2分。剩下的客户可以评为1分。根据此方法,可以得出表4-4的结果。

表4-4 累计采购金额分级表

客户名称	累计采购金额	级 别
CUSTOMER 6	US$1 569 901.00	A 级客户
CUSTOMER 5	US$369 876.00	
CUSTOMER 7	US$169 992.00	B 级客户
CUSTOMER 1	US$161 320.00	
CUSTOMER 2	US$112 320.00	C 级客户
CUSTOMER 3	US$53 325.00	
CUSTOMER 4	US$41 223.00	
CUSTOMER 8	US$15 004.00	

按照同样的方式,可以计算出按其他分类也可以得出的 A 级、B 级和 C 级客户,最后,根据实际情况对客户进行分类。例如,客户有两个 A 的分数,被归为 A 级。

在对客户进行分级后,需要明确一点:模型分析不是静态的,ABC 级会随着时间而变化。需要定期更新数据和评级,每次级别调整后,应该做出适当的反应。假设客户甲已经从 A 级降到 B 级,如果其购买行为仍然保持不变,那么不必担心，这反而是一个好消息，因为是被其他客户挤出了 A 级客户系列；但如果购买量下降，就有必要找出原因。

此外，这九个维度可以根据行业性质和客户购买的频率进行调整，并不是总需要基于全年的数据进行分析。如果客户是每周购买一次，那么可以根据一个季度的数据进行分析。

行动建议（见图4-11）

分级模型行动清单

1 累计采购金额
2 累计采购次数
3 年采购次数
4 年采购额
5 年采购频率
6 最近采购时间
7 年需求额
8 转介绍客户次数
9 支持成本

客户分级

A
B
C

图 4-11 分级模型行动清单

第三节 分级管理：管理好 A 级客户，
你就能成为销售冠军

　　花点时间研究一下细分，如果你能找到最好和最差的客户，那就值得花时间了。

　　　　　　　　——爱尔兰科克大学数学名誉教授　德斯蒙德·麦克海尔

　　小悦刚刚接手公司的阿里巴巴国际站店铺，这个店铺主要是销售太阳眼镜。通过店铺后台数据了解到过去合作过的客户有 100 多个。小悦根据分级模型的方法筛选出了 A、B、C 三个级别的客户，下一步就要针对不同级别客户制定维护管理策略：区别对待提供不同价值的客户，将跟进重点放在为店铺提供 80% 利润的 A 级关键客户上，针对这批客户提供最优质的服务，提高满意度和忠诚度，同时还要合理分配客户管理资源，努力提升各级客户在客户金字塔中的级别，例如，将 B 级客户提升到 A 级，将 C 级客户提升到 B 级，并适当放弃劣势客户。

　　这就是客户分级管理：根据客户所带来的利润和价值对客户进行分级，然后为不同级别的客户设计不同的管理策略，最终目的是提高业绩。

　　只有做了客户分级后，才有可能会注意到哪些 B 级客户有更高的购买潜力，于是将更多的时间和资源分给这些客户。同时，也意识到将大量的时间和精力用到 C 级客户那里效果相对较低，因此需要重新分配精力以提高 B 级客户的业绩。

　　那么，对不同级别的客户，应该如何进行管理呢？本书重点讲解的是 A 级客户，因为这批客户最重要。

　　A 级客户。

　　A 级关键客户创造了近 80% 的业绩，这部分客户的维护成功与否对最终业绩起到决定性作用，是业绩能否达成目标的关键因素。然后，那些对价格敏感度低并愿意积极进行产品推荐的优质客户也是竞争对手争抢的对象。他们可能会以更有利的条件吸引这部分优质客户，因此应该将关键客户的维护视为一场持久战，并持续努力提升和 A 级客户的良好关系。同时，也必须意识到这些关键客户和你之间的关系是动态的。由于产品契合度或他们公司未来发展的原因，他们可能会流失。同样，目前的 B 级客户也有可能发展成为 A 级客户，如图 4-12 所示。

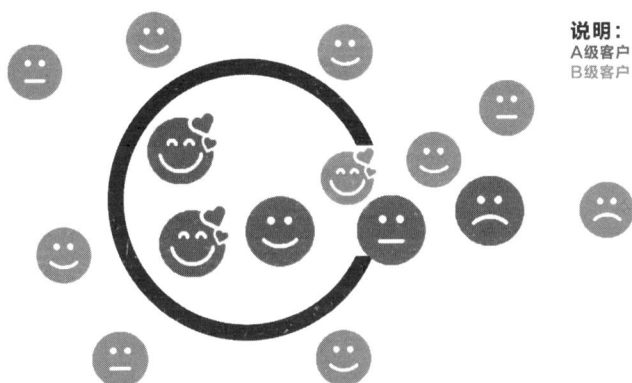

图 4-12　AB 级客户是动态发展的

既然唯一不变的是变化，需要关注关键客户的动向并快速做出反应，不仅要尽力避免现有关键客户的流失，还要积极维护新成长的 A 级客户。既然这 20% 的关键客户能够带来 80% 的业绩，也应该将 80% 的时间和精力投到这部分客户上。下面介绍三个参考思路：

（1）建立专门服务团队。

无论是大公司还是中小型企业，完成一个订单不可能只靠一个人，通常会涉及销售、技术、跟单等不同职能的岗位，图 4-13 展示了专门服务团队所涵盖的职能岗位。因此，可以为关键客户安排专门的服务团队，以长期关注、沟通和提供服务。为 A 级客户建立一个专门的关键客户服务团队，可以使整个服务能够规范化、标准化和稳定化。

我曾在一家向海外设计公司和团队提供建筑效果图和建筑动画设计和制作服务的公司工作过，在整个服务过程中涉及三个不同职能的小组：销售小组负责

图 4-13　专门服务团队涵盖的岗位职能

前期项目需求分析、价格谈判、订单签订、确保客户及时付款和维护合同关系;项目跟进小组负责项目执行过程中的跟进、反馈和资料翻译;设计师小组负责了解客户需求后设计和制作出客户满意的效果图和动画。他们会从不同小组里筛选出业务能力强的组员组成大客户专属服务团队,这样每次这些大客户都会自动分配给同一批跟进专员和设计师,从而确保为这些客户提供优质服务和高质量作品。

在建立专门的服务团队时,除了根据表 4-2 进行数据收集外,还应综合考虑平时与客户沟通过程中对他们的了解,包括兴趣爱好、工作方式、沟通态度、生活动态等。

(2)创建优质合作环境。

既然这些关键客户对业绩贡献最大,对服务也会有更高的要求,如果只是安心享受他们带来的利润,却无法提供更优的商务合作环境,就有可能导致客户产生不满情绪并出现流失现象。很多人错误地认为客户停止合作是因为价格或产品的原因,但事实上并不是这样。欧洲 B2B 客户关系管理软件供应商 SuperOffice 的一项被广泛引用的研究报告准确地揭示客户离开的原因——68%的客户离开的原因是认为不关心他们,客户希望被当作个体对待,他们希望你感受到他们的生意对你很重要,你也很关心他们,如图 4-14 所示。

由此可见,创建一个优质的商务合作环境至关重要,可以采取以下方式:

①可以选择直接的价格优惠作为奖励。

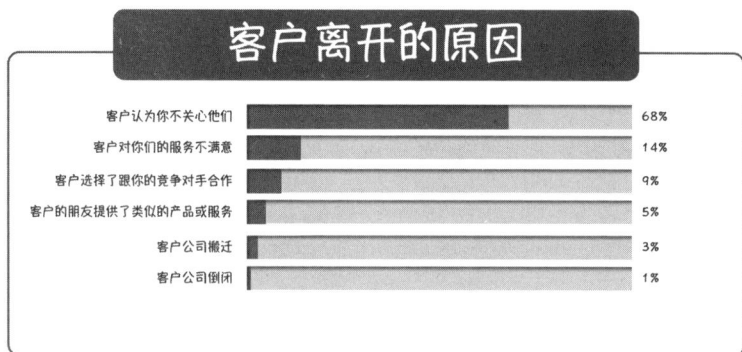

图 4-14 客户离开的原因

②可以设计在年底达成目标提供一定的返点政策作为激励。

③可以让关键客户享受更长账期、订单优先安排等特殊服务，可以参考银行、航空公司、酒店等为贵宾提供的服务，这些特殊服务都会使客户产生一种优越感。

④可以根据客户的市场或项目需求提供个性化定制服务，每个客户和市场的需求都是独一无二的。例如，在面向中东的关键客户时，遵循从右到左的阅读习惯，以及包含象征财富的元素等，这些都是可以向中东关键客户提供的个性化定制服务的例子。

⑤每个月至少与关键客户安排一次视频交流会，可以邀请公司高层参与，让关键客户感受到你们公司的重视和认可。在这个会议上，可以听取关键客户对企业生产研发、设计、生产、包装、服务、推广、营销等环节的建议，同时也可以向关键客户介绍下一阶段公司的发展计划和产品研发计划，这样既可以让关键客户感受到你的重视和认可，也可以帮助企业和关键客户建立长期稳定的合作关系。

⑥可以通过社交媒体平台跟客户进行互动，也可以在社交平台上建立与目标客户相类似的群组，并邀请客户加入，通过这些社交媒体平台，可以随时了解关键客户的意见、问题和反馈。

⑦每年还可以安排至少一次出国拜访。

（3）创建多种合作关系。

跟客户的合作关系可以有很多种，除了常规的买卖关系，还可以互相整合资源,创建更多的合作关系。

例如,小艾在一家生产和销售新能源电源的上市公司里担任高级业务员,他在公司里已经工作了五年多的时间,每个季度都是销售冠军。有趣的是,他并没有主动开拓新客户,很多新客户都是老客户或相关同行介绍过来的。为什么老客户或相关同行会愿意给他介绍新客户呢? 主要原因是他也会给他们介绍客户。他会定期梳理手头上的客户资源和供应商资源,在跟进客户的过程中,会与客户沟通他们的需求。如果恰好也有这些资源,就会主动向客户介绍。无论最终是否合作成功,客户都会记住他的这种推荐,并愿意以同样的方式介绍新客户给他作为回报。

在我之前的公司,客户需要向他们的客户分享全球最新的成功案例和最前沿的技术,这也是作为厂家比较有优势的地方,因为客户遍布全球,有些国家的需求会比较先进,而且公司的产品也是自主研发和生产,技术团队也要定期学习最新的技术,这样的话就会将这些成功案例和前沿技术定期分享给关键客户,一方面展示己方的实力,另一方面可以加深与客户的合作关系。

每个行业和企业都会有其特殊性和优势,以上两个案例仅供拓展思路参考。

(4)加强正面情感交流。

根据美国小企业管理局的说法:"创造强烈的情感——无论是积极的还是消极的——都有助于在你的客户和你的企业之间建立联系。"因此,情绪是大多数购买决策背后的驱动力。著名的客户体验智囊团特姆金集团曾经做过一项研究,对象是来自20个不同行业的104 572个消费者,从而得出客户的五种情绪和忠诚度之间的关系。

从图4-15中可以看出,与感到"愤怒"的顾客相比,感到"崇拜"的客户:

①推荐该公司的可能性是愤怒客户的17倍;

②尝试新产品的可能性是愤怒客户的9倍;

③如果公司犯了错误,原谅公司的可能性是愤怒客户的8倍;

④相信这家公司的可能性是愤怒客户的10倍。

因此,经常向关键客户进行意见征询有益于保持密切的情感交流,从而真正了解他们的购买需求和情感需求。当客户提出关于产品、价格、物流或服务等投诉或怨言时,需要及时提供应急解决方案。

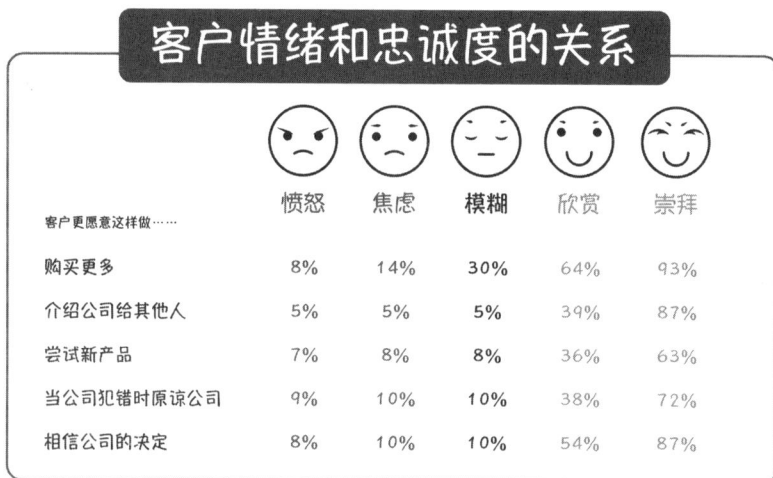

客户情绪和忠诚度的关系

客户更愿意这样做……	愤怒	焦虑	模糊	欣赏	崇拜
购买更多	8%	14%	30%	64%	93%
介绍公司给其他人	5%	5%	5%	39%	87%
尝试新产品	7%	8%	8%	36%	63%
当公司犯错时原谅公司	9%	10%	10%	38%	72%
相信公司的决定	8%	10%	10%	54%	87%

图 4-15　客户情绪和忠诚度的关系

B 级客户。

B 级普通客户虽然在购买力和忠诚度上远不如 A 级关键客户，但由于其数量较大且对产品比较认可，如果给予足够的重视，他们有可能会逐渐发展成为关键客户，从而带来可观的业绩。对于 B 级普通客户，采取的策略应侧重于挖掘具有潜力的客户，并减少对那些没有升级空间的普通客户的投入。

（1）挖掘有潜力的客户（见图 4-16）

说明：
A 级客户
B 级客户
C 级客户

图 4-16　挖掘有升级潜力的客户

当分析客户时,可以根据以下两种情况来确定这些客户是否有升级潜力:

①在收集表中有一个指标是"年需求额",某些客户对同类产品的年需求额远大于他们目前采购的金额;

②某些客户在行业里排名靠前,而他们采购的产品是公司主推的新产品,采购量目前较小是因为市场渗透率还不够高,然而,这些客户拥有强大的分销团队和市场推广能力;可以向这些客户展示 A 级关键客户所享有的特权,激发他们成为关键客户的愿意;此外,还可以推广其他畅销市场,鼓励他们购买更多种类的产品或服务,从而增加采购量。

(2)减少无潜力客户投入。

通过客户信息收集,如果发现某个客户自身的营业额比较小,而且80%以上的采购额都来自你们这里,那可以采取"维护"策略,提供常规服务即可。

C 级客户。

相比于 A 级和 B 级客户,C 级小客户购买量较少,忠诚度也较低,购买之前还需要大量的沟通和谈判,对于付款要求也比较苛刻。虽然目前他们创造的业绩不大,但其中可能存在一些潜力股,针对 C 级客户的管理策略有以下三个建议:

(1)挖掘可晋升客户。

核心是挖掘可晋升到 B 级甚至是 A 级的小客户,这个方法跟 B 级普通客户的第一点建议是一样的。

(2)无潜力客户维护口碑。

对没有升级潜力的小客户,要注意维持良好的口碑,不要忽视客户而引发不满。可以每半年跟这群客户进行一次视频会议,倾听他们的意见。

(3)定期发送产品信息。

对于那些曾有过优质交易但最近未下单的客户,定期发送产品信息并了解其流失原因,了解他们是否对产品、物流和服务有进一步的需求,并针对性地提供所需的服务。

总之,针对不同级别的客户采取不同的管理策略,可以激发关键客户为了享受已获得的福利而努力保持自己在金字塔顶端的位置,同时也激发 C 级客户、B 级客户晋升的动力。

行动建议（见图4-17）

分级管理行动清单

A

建立专门
服务团队

创建优质
合作环境

创建多种
合作关系

加强正面
情感交流

挖掘有潜
B 力的客户

减少无潜力
客户投入

挖掘可晋
C 升客户

无潜力客户
维护口碑

定期发送
产品信息

图 4-17 分级管理行动清单

第四节　分类管理：七种客户类型，
激发升级欲望

不管跨境业务如何发展变化，无论从事 B2B 还是 B2C 业务，与客户进行沟通时都是与一个独立的个体进行交流，即使是同一家公司内同一个职能下的不同个体，每个客户都是独一无二的。"金字塔分级模型"将客户分成不同的群体，并根据不同群体需求及特征制定个性化的服务策略，而客户分类管理则是根据客户个体的性别特征、生活习惯、决策行为等进行分类制定差异化的跟进策略。欧洲最具国际性的商业杂志之一 *European Business*（《欧洲商业》）将客户分为图 4-18 中的七种类型。

图 4-18　七种客户类型

第一种，万事通型。

这种类型的客户自认为比你更了解事情，他们以自我为中心、过于自信。他们几乎不会等你说完一句话就直接打断，提出反对意见或纠正。他们常常会说

"这个我知道""我都懂"，而且为了证明比你更了解某些事情，他们总是会努力证明自己是对的，尽管有时他们并非真正了解那些事情，而且你知道他们信奉的那个事情就是错误的。

面对万事通型客户，可以尝试以下方法：

（1）不要认为他们在攻击你或不尊重你，实际上他们只是通过"攻击你"来表现自我感觉良好，这种行为不仅针对你，也针对其他人。即使他们真的在攻击你，也不要试图"赢得"这场战争，因为当你有这种赢的心态时，你已经输了。

（2）如果他们谈论的和你们正在讨论的产品或服务无关，那就让他们继续说下去，不需要刻意去纠正客户，即使明知道他们讲的那个事实是错误的。但如果他们所说的事情与产品或服务直接相关，必须"纠正"他们。例如，在讨论产品参数，客户说某个项目需要 1 000 瓦的产品，并提到产品最多只有 800 瓦，但你知道产品实际上是 1 500 瓦，可以直接告诉他们：

That's odd, because I was looking at the manual, and if I recall correctly the power rating is simply around 1 500 watts.

千万不要直接这样回复：

You are wrong. It's 1 500 watts.

因为他们对"你错了"这种表达方式特别敏感，很容易激起他们的胜负欲。

（3）他们之所以表现得这么强势，无非是渴望得到认可。只要不是讨论产品的不足，可以给予他们更多的肯定，可以这样说：

Wow, you sound really knowledgeable about {PRODUCTS/SERVICE}. Do you have an {RELATED_MAJOR} background?

（4）在与客户沟通时保持开放的心态，如果对你们讨论的那个话题不确定，不需要为你的"无知"而感到歉意，可以直接说：

You know, I hadn't heard that. Let me check.

（5）一定要保持冷静，同意客户所说的每一句话，可以把相反的论点作为他们观点的延伸，从另一个角度来帮助证明他们是对的。

第二种，优柔寡断型。

并不是每个人都喜欢做决定，有些人总是显得犹豫不决，通常他们会说"我不知道""我拿不定主意"。销售人员都知道，优柔寡断型客户很难对付，赢得他

们的支持需要大量的耐心来帮助他们做出决定,下面分享一些技巧,帮助你成功地与优柔寡断型客户打交道:

(1)利用开放性问题来明确客户的主要目标,比如"What was your main motivation for calling""Which features are important to you""What is it that you are looking for"等,这些问题鼓励客户提供详细的答案。另外,尽量不要连续提出一大堆问题,可以事先告诉客户有几个问题要问他们:

In order for me to be of value and help you, there are approximately four or five inquiries I'd like to ask. (为了能切实帮到您、发挥作用,我大概有四五个问题想问。)

这样的说法会让客户感到比较舒适,而不像是他们正在接受审问。

(2)使用积极的引导性问题来提出建议。举个例子,当通过开放性问题了解到客户的主要目标是交期期限,因为之前的合作伙伴无法按期交货,所以他们想找一家能够及时交货的供应商合作。这时可以这样提出建议:

Excellent. Option A includes next-day delivery. Is that what you're looking for? (很好。选项 A 包含次日达服务。这是您想要的吗?)

这样很容易引导客户回答"是"。

(3)要让客户了解到你已经注意到他们的问题,并且正努力解决这些问题,可以用以下两种表达方式:

I recently spoke with a customer who had exactly the same concerns as you do. We decided to go with {OPTION} because {REASONS}. (我最近和一位客户沟通,他的顾虑和您的完全一样。我们决定选择{选项},因为{原因}。)

I personally love this product because {REASONS}. (我个人很喜欢这款产品,因为{原因}。)

第一种表达方式表明你在处理这类问题时经验丰富,第二种方式可以展示你的专业度并重申产品的优点。在沟通过程中要努力让客户放心,使用同理心的陈述是最好的做法,可以这样说:

I can certainly see why this is tricky for you, {CUSTOMER_NAME}. Let's work together to find the right solution. ({客户姓名},我完全理解您为什么觉得这有难度。让我们一起想办法找到合适的解决方案。)

I understand that this is an important decision. Fortunately, you've called the right place, we can {SOLUTION}.（我明白这是个重要的决定。幸运的是，您找对地方了，我们可以{解决方案}。）

（4）不要给他们太多选择，因为优柔寡断型客户会感到困扰，但可以事先准备不同的方案，以备万一客户想要其他的产品或服务。

第三种，守财奴型。

守财奴型客户是价格谈判专家，他们会直接地告诉你"另一个供应商发过的报价比你的便宜 50 美元"，与这类客户打交道时，不应直接谈论价格，以下是一些处理策略：

（1）试着去确定客户的需求，并了解如何在不牺牲底线的情况下满足他们的需求，要记住，并非每个客户都有足够的资金购买产品或服务，因此不要因为试图取悦每个客户而感到压力，尽最大努力去满足他们的需求。如果确实无法提供他们想要的产品，可以考虑将他们推荐给可能更好满足他们需求的竞争对手，因为合作不仅是买卖，还包括提供服务。

（2）实际上，当客户把所有注意力都放在价格上时，这本身可能是一个错误，可以用一些只看价格而导致失败的案例来提醒他们"便宜没好货"。

（3）强调价值优于价格，从长远的角度向他们解释产品和服务带来更多的利益，多次强调尽管花费更多，但获得的价值更高。

（4）坦诚面对成本，有些客户不跟我们合作，并不是因为他们没钱，而是认为我们赚了很多钱。这是我的客户分享的一个真实的案例，为了能够更好地讲清这个故事，暂且称呼我的客户为 A，而他的客户则称为 B。B 想在家里安装智能影音系统，A 安装好系统后发现还差四根影音线，于是从市场上购买了这四根线，向 B 收取了 2 800 元，即每根线 700 元。第二天，B 打电话给 A 一直抱怨："我在网上查到这根线只卖 400 元，你竟然收了 700 元，纯赚 300 元。"A 就很不客气地把成本算给他："来回打车费 100 元、安装工人半天的工资 2 000 元，我自己的工资还未计算，这四根线只赚了 800 元，很多吗？"最后 B 也不好意思再为难 A了。明确告诉客户你能够做什么和不能做什么，并将成本情况告诉他们，也是一种很好的策略。

第四种，爱抱怨型。

他们总是喜欢找些事情来抱怨，要么价格太高，要么款式选择太少，要么质

量差,要么服务态度差,要让这种类型的客户满意的可能性很小。没人喜欢跟这样的客户打交道,如果你遇到了,可以尝试以下方法:

(1)把自己的情绪放到一边,当客户开始抱怨时,尽量保持冷静,避免与其正面冲突,让客户说出真正想要的是什么,尽量满足他们的需求。如果无法满足,只能放弃。请相信其他竞争对手也无法让他们满意,他们只能在不满意中找出那个相对不那么糟糕的供应商合作,应该尽力成为那个"相对不那么糟糕的供应商"。之前也遇到过一些非常喜欢抱怨的客户,虽然他们曾尝试去找其他竞争对手合作,但经过了几个项目后他们又找回来。最终,他们会发现这就是那个让他们相对没那么不满意的供应商。

(2)不要去挑战他们的抱怨,可能很想告诉他们"你错了",然而这并不能消除客户的抱怨,反而容易激发他们更加不满的情绪,可以先感谢他们愿意分享他们的抱怨或担忧:

I sincerely appreciate you taking the time to discuss your concerns with me and I want to make sure I understand exactly what you are saying. (我由衷感谢您抽出时间与我探讨您所担忧的问题,我想确保自己准确理解您所说的内容。)

这样的开场白能让他们明白你真的想听他们说什么。

(3)给予积极的回应并提供解决方案,持续跟进后续的发展,确认提供的解决方案是否真的帮助他们解决了问题,并告诉他们在这过程中有什么问题都可以沟通。同时,持续关注后续的发展,确保问题得到彻底解决。

请注意,尽管这些方法可以提高与这类客户打交道的效果,但有些客户可能永远无法满足。在这种情况下,需要根据具体情况决定是否继续与他们合作。

第五种,不耐烦型。

五年前,我通过代购从日本买一把安全座椅,等了两个月才收到。现在,通过淘宝从日本购买,只需要一周就可以收到安全座椅,但还是觉得不够快。我已经没有耐心再购买那些不能及时回复信息的品牌或平台的产品了,越来越多的客户表现出"不耐烦"的情绪。根据 Zendesk 的研究,65%的消费者希望现在的客户服务比五年前更快。同样,弗雷斯特研究公司报告称,53%的美国成年人如果无法快速找到问题的答案,可能会放弃在线购物。

不耐烦的客户越来越多,他们可能经常处于压力之下,手机总是握在手里或放在耳边，根本没时间听解说，他们希望问题能立即得到解决，如果不能，会很生气。但是，不耐烦的客户也有可能会因祸得福，这是因为他们会直接表达需要解决的问题，提供了解决问题的机会。相比之下，那些从来没有提过遇到问题的客户不会给你任何帮助他们的机会。他们就会消失，再也不会出现。

当与不耐烦的客户合作时，尽量使用让他们的期望得到回复的方式进行沟通，不要让打电话的人通过邮件联系，也不要让在社交媒体平台联系的客户拨打你的电话，除非使用电话能更清晰地解释问题。可以通过电话解释清楚，再通过电子邮件来解决剩下的问题。如果问题无法立即解决，可以尽力解释为什么事情没有像他们希望的那样迅速发展，并设定阶段性的完成目标。

第六种，很多问题型。

很多问题型客户想要了解每个细节，总是会提出很多问题，然而，问这么多问题并不意味着对产品感兴趣。他们只是想在向其他人购买之前得到一些免费的建议。

我也遇到过这样的客户，对公司的动态非常关注，比如公司举办的线上技术培训，他积极参加并在培训中主动提出疑问，与技术团队互动交流。当面临实际项目，也会让公司提供一份解决方案，当他在使用其他品牌产品时出现问题，也会打电话询问产品会不会出现这样的问题。然而，每当我问他是否有合作项目时，他总是找各种理由推托，一直表示会合作，但从未提供任何实际项目。最终，我彻底放弃他了。实际上，并非每个客户都会与己方合作，因此更要珍惜那些一直给订单的客户。

第七种，唠叨型。

话匣子喜欢告诉你关于他们的一切，而且很多时候跟产品没有关系。这可能出于两个原因：一是他们觉得自己说了许多话，但是都没有人能够理解，特别是抱怨你们的产品时；二是他们本身就是健谈的人。大多数的情况是第一个原因，因此，可以试着采取以下措施：

（1）当听到客户不停抱怨时，可以这样说：

From what I'm hearing, I acknowledge that I haven't been able to give you the support that you are seeking. Let's start again and work together to come up with a solution.

通过先陈述客户抱怨的内容，让他感觉到你理解他的话，接着再去寻找解决方案。

（2）理解他的情绪，并积极给予回应，可以这样说：

I understand why you might be feeling {NEGATIVE_EMOTION}, as this situation can be challenging. However, I firmly believe that by working together, we can overcome it. (我理解您为什么会有{负面情绪}，因为这种情况确实颇具挑战。不过，我坚信只要我们携手合作，就能克服它。)

If I were in your place, I'd feel {NEGATIVE_EMOTION} too. But we can sort this out. (要是我处在您的位置，我也会有{负面情绪}。但我们可以解决这个问题。)

I know this is an {NEGATIVE_EMOTION} situation for you. Let's see how I can help. (我知道这对您来说是个让人{负面情绪}的状况。来看看我能帮上什么忙。)

通过这些表达，有助于建立与客户之间的融洽关系，让客户感到有人愿意倾听他们的抱怨。

行动建议（见图4-19）

图 4-19　分类管理行动清单

05

第五章

满意度：加紧修炼内功，度过外贸寒冬

本章将通过以下内容,帮助大家提高客户满意度,度过业绩寒冬:

- 如何判断客户满意度在哪一个级别?

- 哪些因素对客户满意度产生影响?

- 如何提升客户满意度?

- 了解导致客户反感的七种特质吗?

第一节　满意度级别：天天跟客户聊天，满意度就高吗

除非你能够达到100%的客户满意度，否则你必须不断改进。

——丽思·卡尔顿酒店

对于跨境外贸从业者而言，客户满意度非常重要。因为它反映出产品或服务是否符合客户群体的需要，高满意度会带来更高的客户留存率和更强的品牌声誉。同时，了解低客户满意度同样重要，因为这些信息可以提示客户的痛点，并为改进产品、服务和整体客户体验提供数据支撑：

（1）客户满意度可以提高客户忠诚度。众所周知，一个不开心的顾客更有可能告诉别人自己的负面经历，由于社交媒体的广泛使用，现在比过往任何时候都更容易传播负面消息。例如，一位客户在社媒上发了一个关于在你公司的糟糕体验的帖子，那他的社媒账号上的好友也会同步看到。有相同经历的好友，就更有可能转发到他们的社媒账号上并引发更多人的关注。

（2）客户满意度有助于反映你的工作绩效。例如是否能够清晰理解客户的需求并提出相应的方案、当客户发现问题时响应速度是否及时、当了解到客户的问题后是否有足够的能力解决这些问题等。

（3）客户满意度有助于提升客户复购率。一个满意的客户就是一个忠诚的客户，美国客户关系管理服务商 Salesforce 的报告也同意这一个观点：94%的客户表示优质的客户服务是他们再次购买的主要因素，而82%的客户会因为好的客户服务而向别人推荐你的品牌。

什么是客户满意度？

客户满意度衡量公司的产品、服务和整体客户体验满足客户期望的程度，可

以通过客户购买产品后的感受和购买产品前的期望来反映你的业务状况,参考图 5-1 中的公式。

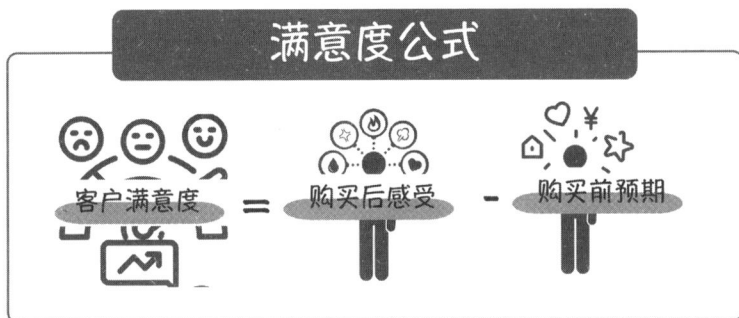

图 5-1　满意度公式

其中,"购买产品前预期",指的是在和你商谈过程中,向客户展示产品、服务后,客户会产生一个预期的想法,例如产品功能、特性、材质以及沟通过程中的舒适度等。他们认为支付了费用后就可以购买到特定的产品或服务体验。"购买后感受"指的是客户在签署合同、收到货物后的整个过程中,对产品功能、特性、材质、服务等环节体验到的实际感受和判断。

如果"购买后感受"低于"购买前预期",客户就会产生不满意,这并不一定是价格方面的问题,有可能是沟通的及时性、发货的准时性等问题;如果"购买后感受"和"购买前预期"差不多,客户的期望得到验证,客户就会感到满意;如果"购买后感受"超出"购买前预期",客户不仅会满意,还会产生惊喜和兴奋的感受,觉得自己做出的选择非常正确。

从图 5-1 中可以了解到,让客户满意的关键是要了解他购买产品之前会期望什么以及哪些事情对他来说特别重要。例如,客户希望在截止日期之前收到货物,也愿意支付更高费用来保证交期,如果最终不能按时交货,客户就会感到非常不满意。因此,作为一个业务员,深入了解客户的期望和需要非常重要,必须通过满足客户的期待、迎合客户的需求从而达成合同的签订。

在与客户谈判过程中,客户会放弃某些东西以获得你的产品和服务,这些东西除了金钱之外,还有搜索时间,选择了你的产品等于放弃了其他产品,和你沟通整个过程中舒适程度等。为了提高客户满意度,就必须将精力放在满足不同需求上,从产品到服务,从互动再到体验。

客户满意度主要有以下六大特征：

（1）主观性强：客户满意度是一种强烈的主观感知活动，因此，客户在表达满意度时，常常伴有"情绪词"出现，如图 5-2 所示，这些心理活动主要受主观因素的影响，如社会地位、文化背景、教育经历、需求动机、家庭环境等。

图 5-2　客户满意度表达方式

（2）客观存在：客户满意度是一种客观存在的现象，不以人的意志为转移，即使交易还没开始，客户在接收到企业的产品手册、宣传标语时，就已经产生了客户满意度，不管你是否关注、是否调查，客户的评论就已经存在了。不是说你不去关注，客户就不会有满意度，这是一种掩耳盗铃自欺欺人的观念。

（3）相互比较：图 5-1 中的表达公式是一种纵向比较的结果，就是客户购买产品前的预期和购买产品后的使用感受的比较，还有一种比较是横向比较，即竞争对手之间的比较。正如前面分享的案例，客户有时只是在选择那个"没那么不满意的供应商"罢了。

（4）难以量化：由于客户满意度是一种主观性强的自我感知和情感判断，每个人对"好"和"坏"的定义和标准是不同的，这造成了满意度的模糊性，难以量化。尽管许多企业喜欢使用"满意度调查问卷"（见图 5-3）来收集客户打分，但这个标准很难确定。客户 A 打"9 分"，客户 B 打"8 分"，这两个评价满意度真的只相差 1 分吗？这样的评价是主观的，很难确定。

（5）涉及面广：跟客户沟通的整个过程都有可能导致客户不满意，不仅是产品或价格，还包括宣传资料、推广物料、响应时间、沟通态度、物流速度、付款方式

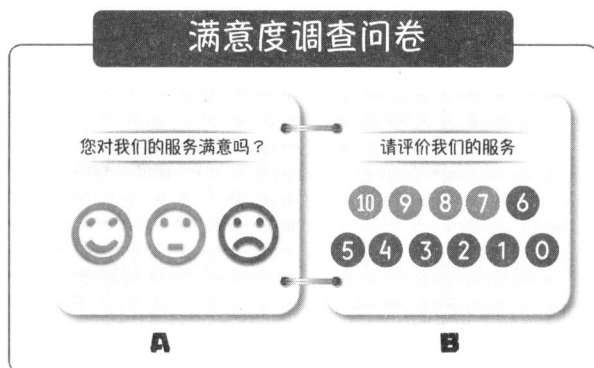

图 5-3 满意度调查问卷的两个案例

等,就是说在与客户交互的任何环节都有可能引起客户的不满意。

(6)动态变化:当客户完成了图 5-3 的调查表后,他们的满意度就已经确定了吗?并非如此,随着时间的推移、技术的进步、竞争对手的提升、双方人员的更换等,客户的需求和期望也会相应提高,从而导致满意度也发生变化,甚至会从原来的满意转为不满意,也可能因为某一次贴心的举动,从原来的不满意转为满意。

客户满意度的四个级别:

客户满意度有四个级别(见图 5-4),都是基于满足客户期望的程度,达到的级别越高,建立客户忠诚度的机会就越多,业绩也会相应提升。

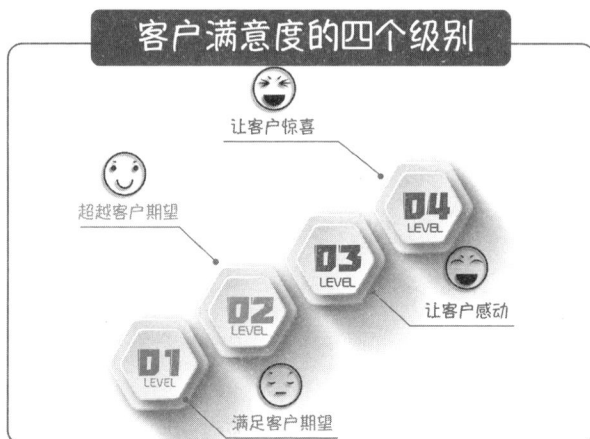

图 5-4 客户满意度的四个级别

第一个级别满足客户的期望：要想取得良好的业绩，最基本的要求是满足客户的期望。在这个级别上，客户对你可能暂时满意，没有怨恨，但也不会表现出忠诚。然而，不要因为客户处于这个阶段，就认为无须付出努力。如果竞争对手采取了比仅满足客户期望更重要的行动，将失去留住客户的机会，他们很快就会成为你的流失客户。

第二个级别超越客户期望：这个级别的客户满意度更高，可以通过提供惊喜来实现，例如，提供快速友好的沟通服务、定期组织反馈会议、及时发现问题并提供适当的解决方案等，这将使你比竞争对手更具优势。

第三个级别让客户感动：当你的客户达到这个级别时，你们已经建立了良好的互动模式，客户跟你沟通是愉快的，因为不仅满足或超越了他们的基本需求，还在情感上打动了他们，这也是客户开始表达忠诚的阶段。一旦客户享受了这种体验，竞争对手就很难将他们挖走。

第四个级别让客户惊喜：这是客户满意度的最高阶段，要求不仅要满足和超越客户的期望，还要经常给客户带来惊喜，如果你的客户都处于这个级别，你将成为常年的销售冠军。

案例

小蓝是一家生产和销售汽车配件的企业的一名跨境外贸业务员，她的日常工作包括在电脑前面找客户信息、发送开发信、回复邮件、进行合作谈判等。在与一个来自英国的客户的谈判过程中，她深刻体会到任何一个环节都可能引发客户的不满意，但也有可能就是简单的举动挽回了即将要失去的客户。

小蓝通过竞争对手的网站联系到了这个英国客户，非常幸运的是，她只写了一封开发信就收到了客户的回复，表达了对产品的兴趣，并希望尽快收到一个样品进行测试。在邮件中，英国客户还介绍了他们的公司：该公司成立了二十多年，在英国有一个非常大的仓库，主要业务是进口汽车零部件，例如发动机、变速箱等，目前经营着五个汽车维修中心。这样的客户显示是非常有潜力的目标客户。小蓝兴奋不已，当天就回复了邮件，询问客户需要哪种样品。然而，几天过去了，她仍然没有收到回复。

大约三个月后，这个客户终于回信了，重新提起了样品的事情，并解释了之前没有联系的原因——联系人生病住院了一段时间。收到邮件后，小蓝立即主动通过 WhatsApp 拨打给英国客户，首先询问了他的身体情况，并嘱咐他好好休息和保重身体，随后，她再次确认了样品的细节。

WhatsApp 沟通后，小蓝将报价连同产品图片一起发送给了客户，客户问及如果合作后能否退还样品费用。小蓝告知客户，可以，但公司规定运费需要由客户承担。客户对此表示同意，一切顺利进行。样品制作完成后，寄送到了英国。然而，客户收到样品后发现它已经受损，开始抱怨样品没做好就快递给他。尽管在发货前，小蓝确实拍摄了样品装箱的照片，证明样品在发货前是完好无损的，但客户仍不满意，反复强调已经支付了样品费和运费，现在样品已经受损了，无法进行检测。最后，公司免费重新寄送了新样品给他，他才算勉强满意。不久之后，样品测试完，客户下了第一个订单，虽然数量不多，但付款非常爽快，因为认为质量和做工都很不错。由此，英国客户和小蓝的合作持续了一年多。

之后，小蓝的公司研发出了一款新产品，这个英国客户也希望购买进行测试。由于这款新产品比较大，仅运费就要 1 000 多美元。小蓝提出收到运费后安排寄送样品，但英国客户却表示："都是老客户了，都已经合作了一年多，运费我们会支付，你先赶紧寄过来吧。"尽管如此，小蓝仍然坚持公司的原则，即样品运费由客户承担，先收取运费后才能寄送。双方在这个问题上僵持了几天，后来客户非常生气地回复说："这个样品不要了，感觉到你对我不信任。我已经找了其他供应商合作了。"随后，小蓝多次联系了客户，但客户都没有回复。尽管如此，她并没有放弃，每逢英国的重要节假日都会发一封问候的邮件，并在有新产品时通知他。

半年后，这个英国客户再次回复小蓝，表示对另一款新产品感兴趣。这一次，英国客户没有像之前那样在运费上纠缠太多，而是主动先支付了运费。在后续的沟通过程中，小蓝了解到这个英国客户确实曾经与其他供应商合作过一两款产品，但由于各种原因未能成功，最终又找回了小蓝并继续合作。

在跟客户沟通的过程中,每个环节都有可能让客户不满意,自己能做的是坚守每一位客户,以一种不问前程、始终努力的态度对待,因为不知道阳光会从哪里照射出来。

要点总结（见图5-5）

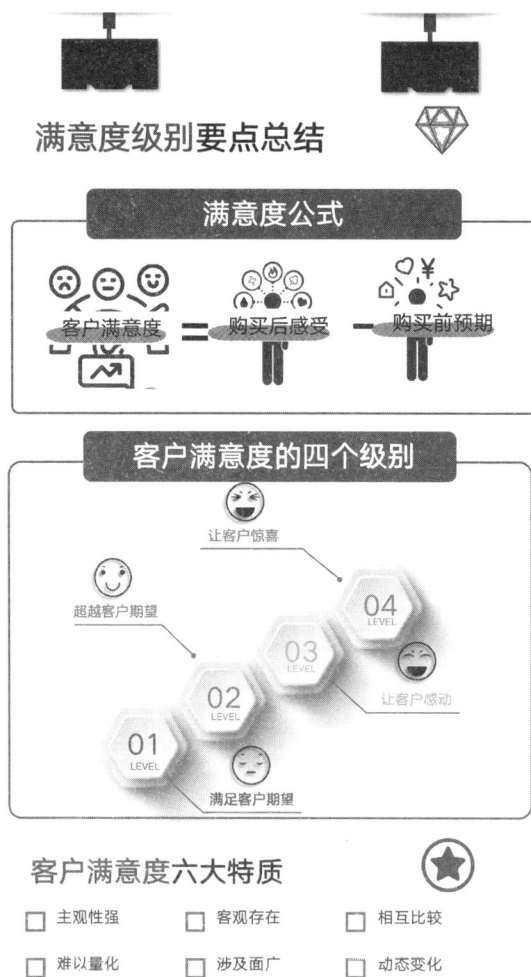

满意度级别**要点总结**

满意度公式

客户满意度 ＝ 购买后感受 － 购买前预期

客户满意度的四个级别

让客户惊喜

超越客户期望

04 LEVEL

03 LEVEL

让客户感动

02 LEVEL

01 LEVEL

满足客户期望

客户满意度六大特质

☐ 主观性强　☐ 客观存在　☐ 相互比较

☐ 难以量化　☐ 涉及面广　☐ 动态变化

图 5-5　满意度级别要点总结

第二节　影响因素：找到问题所在，
不再当糊涂业务员

　　跨境电子商务是一种复杂的商业模式，买方和卖方在语言、文化、习俗等方面有巨大的差异，有时由于不经意的疏忽，可能会失去潜在的客户。还记得有一年我到欧洲出差时，与客户一起用餐。当我习惯性地用手呼唤服务员点餐时，他们没有回应我。后来，我的老板告诉我，这个动作实际上有贬低的意思。正是因为这个经历，以后与客户接触时，我尽量使用口头语言来表达，减少肢体动作的示意。

　　而且，与国内客户相比，跨境客户的接触频率有限，很难了解到客户的不满情绪。如果客户将他的不满情绪告诉别人，例如同事或同行等，会造成更严重的影响。而这种影响在你察觉之前已经发生了。此外，除了传统的影响因素，一些互联网特有的要素也会影响客户满意度。在跨境行业中，影响客户满意度因素有以下四种类型：

　　因素一，公司网站。

　　公司网站是推进跨境业务的必要渠道，跨境业务带着天然的互联网属性，客户无法通过触摸实物来感知产品的材料、工艺、质感等特性，很多客户都是通过谷歌搜索到你的广告信息，然后点击链接进入公司网站，希望通过网站获取有用、准确的信息，以帮助他们做出决策。因此，你们公司网站的加载速度、页面设计友好度、服务器稳定性、产品介绍的专业性、网站信息的质量等都会影响客户的满意度。

　　（1）网站加载速度：你可能听过一句老话："耐心是一种美德。"但当遇到页面加载缓慢时，这种"美德"就消失了。根据 Portent 研究发现，82% 的 B2B 网站在 5 s 内加载完毕,然而加载时间为 1 s 的网站转化率比加载时间为 5 s 的网站高 3 倍,比加载时间为 10 s 的网站高 5 倍,如图 5-6 所示。这也是为什么很多跨境企业选择使用境外的网站服务器的原因。

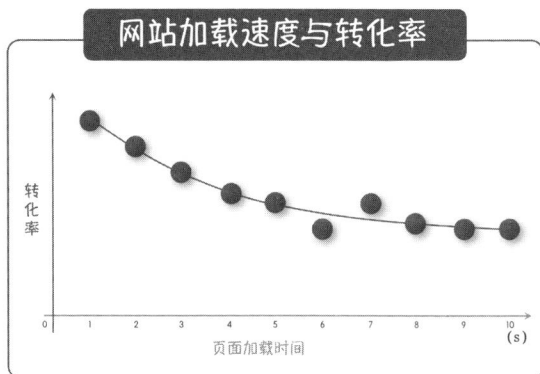

图 5-6　网站加载速度与转化率

（2）页面设计友好度:这里的页面不仅指电脑端,还包括手机端,根据 Socpub 研究数据显示,57% 的客户不会向其他人推荐手机网站设计糟糕的企业。页面设计友好度包括导航栏的清晰度、设计的美感、分类检索的便捷性和联系方式的易用性等方面。人们都喜欢美丽的事物,因此兼容美感和创意性的网页设计可以激发客户的积极形象和正面评价。如果网站使用了过小的字体和暗淡的颜色,客户可能会将这种风格与你企业联系起来。

（3）产品介绍专业度。产品是客户在整个采购过程中最关注的环节,因为采购产品是合作的最终目的。在目前导致客户不满意的所有因素中,产品质量是最重要的原因之一。如果产品质量不符合客户的要求,即使其他方面的服务做得再好,客户也不会满意。因此,网站中产品介绍的专业度包括产品实物与图片是否相符、产品参数说明和功能介绍是否清晰易懂,以及是否提供必需的认证信息等。

因素二,跨境电子商务平台。

有些品牌会选择利用跨境电子商务平台进行交易,如阿里巴巴国际站、亚马逊、速卖通等,客户对这些平台的满意度直接影响他们的满意度。这些平台在操作过程中的便利性、界面设计的友好性、搜索的便利性、服务器的稳定性等方面都会影响客户的满意度。

（1）操作过程中的便捷性：包括网页加载速度、导航清晰度和联系方式的易用性等。这些平台通常都有许多商家，客户要在最短的时间内从海量信息中找到所需商品并联系相关负责人。如果操作不便利，就会影响客户的购买体验，从而影响客户的满意度。

（2）分类检索的便利性：指平台对商家和产品的分类情况，详细清晰的分类目录可以帮助客户更轻松地找到所需商品。跨境电商平台上的产品数量非常庞大，如图 5-7 所示，在阿里巴巴国际站搜索 laptop（便携式电脑）就有 100 页的搜索结果，每页有 48 个产品，至少有 4 800 个产品，这还没有考虑相关的长尾关键词。

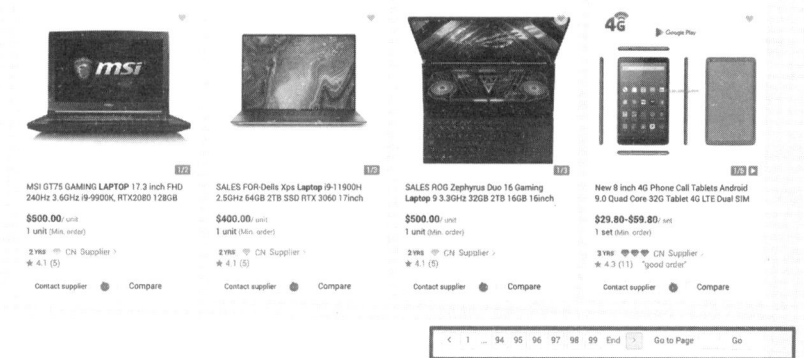

图 5-7　阿里巴巴国际站搜索量

（3）网站服务器的稳定性：这些跨境电商平台的访问数量是极为庞大的，图 5-8 中显示 SimilarWeb 对阿里巴巴国际站、亚马逊、虾皮等三大跨境电商平台的月访问量数据，这些数据都是千万级别的。如果平台不够稳定，大量客户进行搜索和浏览操作时，就会造成服务器过载，影响客户的浏览和交易，客户可能会将他们对平台的不满情绪转嫁到销售的产品上。

因素三，客户沟通。

在 YouGov 对全球 7 000 多名消费者进行的一项调查中，有 56% 的客户表示，如果他们在与某家公司的互动中遇到不好的体验，他们将不再使用这家公司的产品或服务。在这些糟糕的经历中，最常见的五个错误都与沟通有关，包括：

图 5-8　三大跨境电子商务平台的月访问量

（1）员工说话粗鲁，无法解决问题；

（2）需要与不同部门的人重复同一件事；

（3）被告知某一天会交货，结果货物却没有送达；

（4）不愿承认客户投诉中提到的问题；

（5）当客户明确表示不希望进行沟通时，仍然持续骚扰。

因此，与客户的沟通方式和态度也基本决定了他们的满意度。根据百度百科的定义，客户沟通是指信息在个体或机构之间以及机构内外之间的传递过程，或是客户服务人员通过互相交流自己的思想与客户的思想，使双方相互了解并协调行动的过程，如图 5-9 所示。

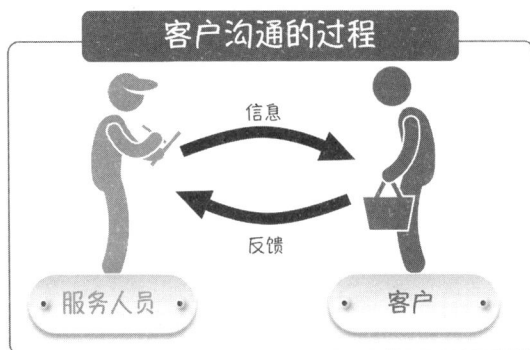

图 5-9　客户沟通的过程

客户沟通贯穿整个业务过程,包括售前、售中和售后服务这三个阶段的沟通。售前服务指的是潜在客户正式采购之前开展的一系列促成订单合作的服务工作,包括客户需求分析、提案展示和介绍、产品功能演示、成功案例分享等;售中服务是指在产品销售过程中为客户提供的服务,比如客户拜访、合同谈判、订单安排等;而售后服务指的是客户通过付费购买产品后所获得的各种服务活动,包括退换货流程、技术培训、产品安装调试、维修服务、零配件供应等。

举例来说,如果有一位巴西客户想要采购耳机、鼠标等消费类电子产品,收到询盘后,你可以 24 小时内通过邮件回复客户,并向客户发送产品目录,同时,可以安排一次线上视频会议或电话,以了解客户的真实需求,并进行合同签订和付款安排;在订单生产期间,定期向客户反馈生产情况和预计发货时间;当客户收到产品并在使用过程中发现了技术问题时,也需要尽快收集这些问题,并将其反馈给技术部门,以协助技术人员帮助客户解决技术问题。在整个过程中,除了使用邮件进行沟通外,还会使用到视频会议、电话等方式。

在这三个阶段,如果能够快速做出响应,或为特定客户提供定制化服务以满足其特定需求,将让客户感到你的价值,并留下积极正面的体验回忆。另外,当面对客户的投诉时,应善于帮助客户缓解情绪,从而获得再次合作的机会。如果客户每天需要花费两个小时才能解决一个问题,他们很可能会选择离开。虽然与客户的接触是基于商业目的,但是你应该给予他人老熟人的感觉,像培养友谊一样培养与他们的情感联系,让客户感到自己受到重视,这是建立忠诚度的第一步。

因素四,物流配送。

如果销售的是实体产品,就会涉及物流配送这个环节。物流配送指的是现代商品流通的一种方式,供应商按照客户的订货要求,在工厂或物流基地内打包安装好商品,通过海运、空运、陆运等方式将商品送交给收货人的整个过程如图 5-10 所示。在跨境电子商务中,任何一笔交易都包含四种基本的"流",即信息流、商流和资金流、物流,而物流就是最特殊的一种,无法通过互联网这个媒介来完成,必须有实物的传递。物流涵盖了运输、储存、配送、装卸、包装、保管、物流信息管理等活动。

201

图 5-10　跨境电子商务物流流程

这个过程中的任何一个环节都有可能影响客户的满意度,例如物流费用过高、产品发货不及时、配送时间过长、无法跟踪查询包裹进度、产品在配送过程中损坏或丢失、产品到了港口后被海关扣留等,都会使客户感到失望。相反,如果产品能够及时、快速且完整无损地送到客户手中,客户就会感到满意。

在跨境电子商务中,涉及境外物流配送,因此大部分公司都没有足够的资金来建立专属的物流配送服务,基本上都是与第三方物流公司合作。在这种环境下,物流配送是你无法控制但又不能忽视的一个环节,往往也是最容易导致客户不满意的地方。

综上所述,跨境电子商务中影响客户满意度的因素有很多,包括公司网站、跨境电子商务平台、客户沟通以及物流配送等多个方面。在这些方面,需要注意和加强的地方也有很多,比如网站加载速度、页面设计友好度、产品介绍的专业度、物流费用、发货及时性等。只有不断优化跨境电子商务的服务质量,才能满足客户的需求,赢得客户的信任和忠诚度,进一步推动业务发展。

要点总结（见图5-11）

影响因素要点总结

1 公司网站

网站加载速度

页面设计友好度

产品介绍专业度

2 跨境电子商务平台

操作过程中的便捷性

分类检索的便利性

网站服务器的稳定性

3 客户沟通

售前

售中

售后

4 物流配送

图 5-11 影响因素要点总结

第三节　提升技巧：做好这十个场景，
客户满意度100%

根据第一金融多媒体培训服务的调研说明，96%的不满意客户不会抱怨，其中91%的客户会直接离开，并且不再回来。因此，应该感谢那些会抱怨的客户，这表明他们仍然希望继续合作。当你能够积极地帮助客户解决问题时，这也是提高客户满意度的一种途径。对于客户来说，发生问题并不是离开你的原因，因为每家公司都会遇到问题，而你如何面对和处理这些问题，则影响着客户的离开和留下。

在四个影响客户满意度的因素中，客户沟通是一个比较容易执行和控制的因素。好的客户沟通甚至可以起到拯救局面的效果，而差的客户沟通则会本来不那么糟糕的客户抱怨变成客户怨恨。一般来说，客户沟通主要体现在三个服务阶段：售前、售中和售后，主要涵盖图5-12的内容。

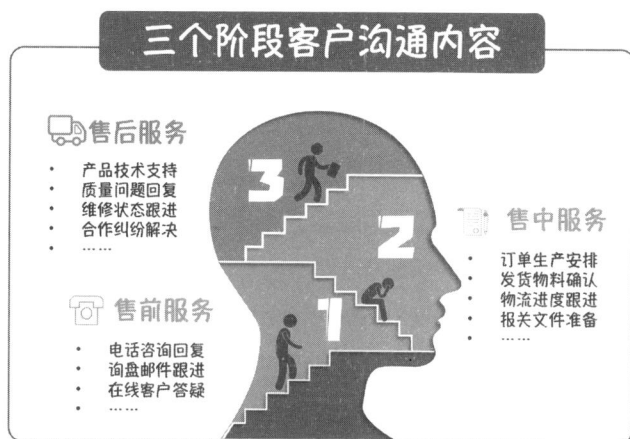

图 5-12　客户沟通内容

第一，售前服务阶段。

当客户在购买前对产品产生疑问时，需要根据客户的提问进行回复，包括电话咨询回复、询盘邮件跟进、在线客户答疑等方式。前面的章节已经重点分析了电话、邮件、WhatsApp 的回复方式，除了学会这些通用模板之外，还需要了解产品的质量、性能、参数、技术、安全性、尺寸以及出口所需的资质等方面的信息；同时，还需要了解你的产品与竞争对手之间的优劣势。

第二，售中服务阶段。

产品在交易过程中与客户的沟通内容主要集中在客户付款到产品签收这个阶段，包括订单生产安排、发货物料确认、物流进度跟进、报关文件准备等环节。订单生产安排指的是客户和你签订合同后，通常需要在内部下达生产订单到生产部门进行生产，在这个过程，需要确认交货日期，并且生产过程中可能会遇到一些延迟，可能是由于物料缺失或订单安排等原因。当出现订单推迟时，需要及时向客户反馈情况。订单完成后，需要准备发货并安装物料的运输，从港口出发运输到目的地港口。需要定期跟进货物物流情况，提前通知客户货物到港的进度，让客户做好收货准备。当货物到达目的地港口时，客户可能会需要资料工作，如商业发票、装箱单、原产地证明等文件，需要提前准备并协助客户处理报关工作。

第三，售后服务阶段。

在客户使用产品过程中遇到问题时进行沟通，包括产品技术支持、质量问题回复、维修状态跟进和合作纠纷解决等。相比售前、售中服务，售后服务是一个没有期限的服务，售前服务在签订合同时就已经结束，售中服务在客户收到货物后也会结束，然而，无论客户是否还在与你合作或正在使用你的产品，只要客户曾购买过你们公司的产品，售后服务不会终止。我有一些客户是在十年前购买了公司的产品，当时并不是我处理的合同，但前员工辞职后，这些客户就转给了我，因此当客户在使用过程中产品出现故障，我仍需要提供售后服务。

无论这个客户是否在你的责任范围，当收到客户的售后需求时，都要积极回应客户的投诉和抱怨，态度端正、积极主动、热心有礼貌是你应具备的基本素质，不能回避问题或消极处理，并且尽量避免与客户发生正面争执和冲突，即使对方的态度可能有些恶劣，可以先安抚他们并尽快提出切实可行的解决方法，同时明确表示解决问题才是面对问题的正确方式。

如果你在这个时候保持端正的态度,很有可能将这些客户发展成为忠诚客户,毕竟,每家公司都会遇到客户投诉,但并不是每位业务员都会积极主动解决问题,这是你的竞争优势。

由于时差原因,通常客户会先发邮件来投诉,因此如何回复投诉邮件也变得非常重要:

场景1 订单没有及时送达

在发货后,需要定期跟踪物流状态,然而,物流的延迟可能是出于一些你无法控制的原因。当发现和预期时间有差异时,需要提前跟客户沟通,让客户感受到你与他们一样着急,并及时更新物流状态。你可以这样处理:

Dear {CUSTOMER_NAME},

I deeply apologize for the delay in the arrival of your order. I know how frustrating this must be.

I've tracked the package via {CARRIER}, and and its current status is indicated as " {STATUS}". If you'd like to check on its progress, here's the link: {LINK}.

If your order fails to arrive within the specified {TIME_FRAME}, please reach out to me directly. In the meantime, I will do everything I can to locate your package.

Once again, {CUSTOMER_NAME}, please accept my sincere apologies for any inconvenience caused.

Sincerely,

{YOUR_NAME}

场景2 发错货

发错货真的是一个严重的问题,特别是当客户的订单涉及工程项目并且有明确的截止日期时,首要解决的是货物问题。可以这样说:

Dear {CUSTOMER_NAME},

I want to express my deepest apologies for the mix-up with your order. I fully understand the disappointment and frustration that such a mistake can bring, especially during this time of year.

I've double checked with your original order, and the correct items should arrive tomorrow via {CARRIER} with tracking number {NUMBER}. To track the package's progress, please use the following link：{LINK}.

I'll personally follow up with you tomorrow to make sure you received the correct items. If you have any questions in the meantime, feel free to contact me directly.

We do have one small favor to ask. Could you please return the unwanted items within the next {NUMBER} days? Inside the package, you should find an adhesive prepaid return label. In case it is not included, you can click this link to access the return form, which you can print and attach to the box. You can drop off the box at any {CARRIER} location. To locate the nearest drop-off point, please click here：{LINK}.

Once again, {CUSTOMER_NAME}, please accept my sincerest apologies for the inconvenience caused.

Sincerely,

{YOUR_NAME}

场景3 线上交流体验不佳

有时公司网站可能没有设置及时通信窗口，或者客户在国际站店铺与线上人员交流时没有得到及时回复，这些都会给客户带来不良体验。可以给客户发这样的邮件：

Dear {CUSTOMER_NAME},

I'm sorry you had such an unpleasant encounter with one of our associates earlier today. We try to make our customers' shopping experience easy and enjoyable, we set high standards for our stores. Unfortunately, in this instance, we clearly failed to meet those standards.

I've forwarded your complaint to the customer experience team. We will take immediate action to ensure that such incidents are not repeated in the future.

We'd also like to make it up to you by offering a {NUMBER}% discount on your next purchase. We hope this gesture demonstrates our commitment to your satisfaction.

Once again, {CUSTOMER_NAME}, I apologize for your unsatisfactory experience in our website. Thank you for bringing this matter to our attention; your feedback is truly valuable to us as we continuously strive to improve.

Sincerely,

{YOUR_NAME}

场景4　客户得到的回复相互矛盾

客户可能通过不同的渠道与你的公司接触,如公司网站、国际站、电话等。当他们问同一个问题时,可能会得到不一样的回复,这会让客户感到困惑和沮丧。可以用这种方式跟客户沟通:

Dear {CUSTOMER_NAME},

I'm so sorry for the confusion and frustration that you have experienced. As much as we rely on technology and training to provide customers with consistent, up-to-date information, we deeply regret when breakdowns like this occur.

To address your original question about {PROBLEM}, I have attached the {PROBLEM_TOPIC} policy for your reference. Please take a moment to review it.

{PICTURE}

You can find our complete return policy here: {LINK}. Please feel free to reply to this email or call my direct line with any additional questions you might have.

I have also escalated this issue to our corporate customer experience team. They will thoroughly investigate the matter to identify and address any underlying problems, ensuring that our customers always receive accurate information.

Once again, {CUSTOMER_NAME}, I apologize for the inconvenience. Thanks so much for letting us know. We appreciate your feedback, as it is invaluable in helping us improve our services.

Sincerely,

{YOUR_NAME}

场景5　回应不及时

无论是客户咨询合作还是抱怨，他们都希望得到迅速的回应。根据 Statista 的数据，在实时聊天场景里，77% 的客户希望得到即时回复；而在邮件沟通场景里，62% 的客户希望在 24 小时内收到回复。可以这样给客户发邮件：

客户发了几封邮件都没有得到回复。虽然跨境业务员的邮件通常很多，邮件数量的增加自然会影响回复时间，但这并不能成为不回复的理由。如果你确实错过了客户的回应，真诚的道歉永远不会太迟，可以向客户解释导致延迟的原因，并保证这种情况不会再发生。这有助于重新赢得客户的信任，并培养长期的客户关系。然而，如果因为工作繁忙或其他原因未能及时回复客户之前的邮件，可以采取以下处理方法：

Dear {CUSTOMER_NAME},

Please accept my sincere apologies for the delay in responding to your email. I fully understand and acknowledge your frustration, and I want to assure you that your inquiry deserved a prompt and timely response.

In response to your request, I have taken the necessary steps to {SOLUTION_YOU_HAVE_TAKEN}. Should you encounter any further issues on our website, please do not hesitate to reach out to me directly. I am committed to ensuring your satisfaction and resolving any concerns you may have.

Once again, {CUSTOMER_NAME}, I deeply apologize for any inconvenience caused. We are continuously working to streamline and enhance our customer service delivery, and your feedback is invaluable in this process. Please be assured that we are actively working to improve our response times.

Thank you for your understanding and patience. If there is anything else I can assist you with, please feel free to let me know.

Sincerely,

{YOUR_NAME}

场景6　收到技术投诉

有时候技术参数与客户实际要求不匹配,这会让客户感到不满意,并有可能导致他们停止采购。可以试着这样说:

Dear{CUSTOMER_NAME},

I sincerely apologize for the inconvenience these issues may have caused you.

It appears that the connectivity issues you experienced were due to {REASON}. Our team has been actively working on resolving this issue and we anticipate a complete resolution within the next hour. I'll reach out directly to let you know as soon as possible.

Furthermore, I am pleased to inform you that we have a {NEXT_STEP_SOLUTION} planned for the upcoming {NUMBER} months. This initiative will significantly enhance our services, ensuring a better experience for our valued customers like you.

Please don't hesitate to contact us if you need further assistance. Thank you for taking the time to provide us with valuable feedback. Your feedback is greatly appreciated as it helps us improve our services.

Sincerely,

{YOUR_NAME}

场景7　产品缺货

在与客户签订合同时,可能库存还是充足的,但在客户付款后可能就会出现缺货的情况,这个时候你可以这样说:

Dear {CUSTOMER_NAME},

We apologize for the inconvenience, but we regret to inform you that our product {PRODUCT_NAME} is currently out of stock at all our offline locations. However, we have some good news for you. We anticipate that the product will be back in stock by {DATE}.

In the meantime, we encourage you to explore our range of similar products that are currently available. We are confident that you will find alternative options that meet your needs and preferences.

We truly appreciate your interest in our products and look forward to serving you soon. If you have any further questions or require assistance, please don't hesitate to reach out.

Best regards,

{YOUR_NAME}

场景8　产品质量有问题

　　实际上，接收到客户关于劣质或有缺陷产品的投诉并不罕见，即使经过多重质量检查，仍有可能发生问题，也有可能是在运输过程中导致产品出现问题。当遇到这种投诉时，你必须立即承认错误并向客户道歉。同时，告知客户你正在采取纠正这种情况的措施。可以这样给客户写邮件：

Dear {CUSTOMER_NAME},

I sincerely apologize for the inconvenience caused by receiving a defective product in your order placed on {DATE}. Please accept my heartfelt apologies for the inconvenience this has caused you.

Our quality team ensures every product is scanned properly before they are shipped to meet our quality standards. Chances are that the product might have been damaged in transit.

However, I have some good news for you. Here are two offers for you:

1. If you would like to receive the same product, I will initiate the shipment today, and you will not be charged for the delivery.

2. If you want to order another similar product, here are some personalized recommendations for you. You can find them by clicking on this link: {PRODUCT_LINK}. If you have any other questions, feel free to get in touch. We look forward to continuing this beautiful relationship we have built over the years. Thanks for your patience and understanding!

Sincerely,

{YOUR_NAME}

场景9　官网出现"Error 404"

当客户尝试访问你的企业官方网站时,有时会看到错误代码,这对他们来说确实令人沮丧,然而,必须接受现实,并与客户进行以下邮件沟通:

Hello{CUSTOMER_NAME},

Thank you for bringing the technical issues with our website to our attention. We apologize for any inconvenience caused. Our team is aware of the situation and actively working to resolve the problem as quickly as possible.

You can expect our website to be fully functional by {DATE}. You will surely get a notification about the same on your registered mobile number and email address.

We truly appreciate your patience and understanding during this time. Your continued support means a lot to us.

Sincerely,

{YOUR_NAME}

场景10　错过项目截止日期

错过最后期限是所有项目经理的噩梦,不论出于何种原因,有时无法按时完成工作。为了保持你的专业品牌形象,最好在项目延期之前提前通知客户。可以采取以下措施:

Hello{CUSTOMER_NAME},

I apologize for the inconvenience caused, but I must inform you that we will not be able to deliver your project {PROJECT_NAME} within the agreed timeline. We deeply regret not meeting your expectations.

Here are some reasons that have led to the unexpected delay in project delivery:

{REASON_1}

{REASON_2}

{REASON_3}

However, I assure you that my team has been working day in and day out to complete the remaining work as quickly as possible. However, to ensure the delivery of a high-quality project, I kindly request a short extension to the deadline. We anticipate that we will require until {DATE} to finalize your project and deliver it to you without any further delays.

I hope you will understand my situation and grant us an extension. I highly value the relationship that we have built and look forward to working together on more exciting projects in the future.

Thank you for your patience and understanding on this matter.

Regards,

{YOUR_NAME}

场景 1~场景 10 对应中文解释如下：

序号	场　景	中文解释
1	场景 1	亲爱的{客户姓名}： 对于您的订单延迟送达，我深表歉意。我知道这一定让您十分沮丧。 我已通过{承运商}追踪了包裹，其当前状态显示为"{状态}"。如果您想查看包裹进度，链接如下：{链接}。 如果您的订单未能在规定的{时间段}内送达，请直接联系我。同时，我会竭尽全力查找您的包裹。 {客户姓名}，再次为给您带来的任何不便，向您致以诚挚的歉意。 诚挚的， {你的名字}
2	场景 2	亲爱的{客户姓名}： 对于您订单出现的混淆，我深表歉意。我完全理解这样的错误，尤其是在每年的这个时候，会给您带来失望与懊恼。 我已再次核对您最初的订单，正确的商品将于明天通过{承运商}送达，追踪单号为{号码}。若要追踪包裹进度，请使用以下链接：{链接}。 明天我会亲自与您跟进，确保您收到了正确的商品。在此期间，如果您有任何疑问，可随时直接联系我。 我们还有个小请求。能否请您在接下来的{×}天内退回不需要的商品？包裹内应有一张已付邮资的黏性退货标签。如果没有，您可以点击此链接获取退货表格，打印后贴在包裹箱上。您可以将包裹投递至任何{承运商}网点。若要查找最近的投递点，请点击此处：{链接}。 {客户姓名}，再次为给您造成的不便，向您致以最诚挚的歉意。 诚挚的， {你的名字}

序号	场　景	中文解释
3	场景3	亲爱的{客户姓名}： 很抱歉，今天早些时候您与我们的一位员工发生了不愉快的经历。我们一直努力让顾客的购物体验轻松愉悦，对店铺也设定了高标准。不幸的是，在这件事上，我们显然没有达到这些标准。 我已将您的投诉转交给客户体验团队。我们会立即采取行动，确保此类事件今后不再发生。 我们还希望为您的下次购物提供{×}%的折扣，以弥补此次失误。希望这能表明我们对您满意度的重视。 {客户姓名}，再次为您在我们网站上的不愉快体验表示歉意。感谢您让我们注意到这个问题，您的反馈对我们不断努力改进非常有价值。 诚挚的， {你的名字}
4	场景4	亲爱的{客户姓名}： 对于您所经历的困惑与烦恼，我深感抱歉。尽管我们依赖技术和培训，力求为客户提供一致且最新的信息，但发生此类故障时，我们仍深感懊悔。 针对您最初关于{问题}的疑问，我已附上{问题主题}政策供您参考。烦请您花些时间查看。 {图片} 您可在此处找到我们完整的退货政策：{链接}。如果您还有其他任何问题，欢迎直接回复此邮件或拨打我的直线电话。 我也已将此问题上报给公司的客户体验团队。他们会深入调查此事，找出并解决任何潜在问题，确保我们的客户始终能获得准确信息。 {客户姓名}，再次为给您带来的不便表示歉意。非常感谢您告知我们此事。我们珍视您的反馈，因为这对我们改进服务十分宝贵。 诚挚的， {你的名字}
5	场景5	亲爱的{客户姓名}： 对于延迟回复您的邮件，我深表歉意。我完全理解并认可您的沮丧，我向您保证，您的咨询理应得到迅速且及时的回应。 针对您的请求，我采取必要措施{您已采取的解决方案}。如果您在我们的网站上遇到任何进一步的问题，请随时直接与我联系。我致力于确保您满意，并解决您可能存在的任何疑虑。 {客户姓名}，再次为给您带来的任何不便深表歉意。我们一直在努力简化并提升客户服务，在这个过程中，您的反馈无比珍贵。请放心，我们正在积极努力缩短响应时间。 感谢您的理解与耐心。如果还有其他我能为您提供帮助的地方，请随时告知我。 诚挚的， {你的名字}

序号	场　景	中文解释
6	场景6	亲爱的{客户姓名}： 对于这些问题可能给您带来的不便，我深表歉意。 　您所经历的连接问题似乎是由{原因}导致的。我们的团队一直在积极解决这个问题，预计将在接下来的一小时内彻底解决。我会尽快直接联系您告知进展。 　　此外，我很高兴地通知您，我们计划在未来的{×}个月内采取{后续解决方案}。 　这一举措将显著提升我们的服务，确保像您这样的重要客户能有更好的体验。 　如果您需要进一步的帮助，请随时与我们联系。感谢您抽出时间向我们提供宝贵的反馈。我们非常感激您的反馈，因为它有助于我们改进服务。 　诚挚的， 　{你的名字}
7	场景7	亲爱的{客户姓名}： 　很抱歉给您带来不便，我们遗憾地通知您，目前我们所有线下门店的{产品名称}均已售罄。不过，我们有个好消息要告诉您。预计该产品将于{日期}补货。 　在此期间，我们建议您浏览一下我们现有的一系列类似产品。我们相信您能找到满足自身需求和喜好的替代选择。 　我们由衷感谢您对我们产品的关注，期待不久后能为您服务。如果您还有其他问题或需要帮助，请随时联系我们。 　致以最诚挚的问候， 　{你的名字}
8	场景8	亲爱的{客户姓名}： 　您于{日期}下单的商品中收到了有缺陷的产品，由此给您带来不便，我深表歉意。对于给您造成的困扰，请接受我诚挚的歉意。 　我们的质检团队会确保每件产品在发货前都经过严格检查，以符合我们的质量标准。很有可能该产品是在运输过程中受损的。 　不过，我有一些好消息要告诉您。为您提供以下两种解决方案： 　1. 如果您希望重新收到同款产品，我今天就安排发货，并且不会向您收取运费。 　2. 如果您想订购其他类似产品，这里为您提供了一些个性化推荐。您可以点击此链接查看：{产品链接}。 　如果您还有其他任何问题，欢迎随时联系我们。我们期待延续这些年来我们建立的良好关系。感谢您的耐心与理解！ 　诚挚的， 　{你的名字}

续上表

序号	场　景	中文解释
9	场景9	您好，{客户姓名}： 　　感谢您让我们注意到网站的技术问题。对于由此给您带来的任何不便，我们深表歉意。我们的团队已了解情况，并正积极努力尽快解决该问题。 　　预计到{日期}，我们的网站将全面恢复正常运行。我们一定会通过您注册的手机号码和电子邮箱，向您发送相关通知。 　　在此期间，非常感谢您的耐心等待与理解。您一如既往的支持对我们意义重大。 　　诚挚的， 　　{你的名字}
10	场景10	您好，{客户姓名}： 　　对于给您带来的不便，我深表歉意，但我必须告知您，我们无法在约定的时间内交付您的{项目名称}项目。未能达到您的期望，我们深感遗憾。 　　以下是导致项目交付意外延迟的一些原因： 　　{原因1} 　　{原因2} 　　{原因3} 　　不过，我向您保证，我的团队一直在日夜奋战，以便尽快完成剩余工作。然而，为确保交付高质量的项目，我恳请您能稍微延长一下截止日期。预计我们需要到{日期}才能最终完成您的项目，并确保不再出现任何延误交付给您。 　　希望您能理解我们的处境，并批准延期。我非常珍视我们建立起来的合作关系，期待未来能携手开展更多令人兴奋的项目。 　　感谢您在此事上的耐心与理解。 　　祝好， 　　{你的名字}

　　最后，在处理纠纷和投诉时，务必尽快回复，有时候，及时处理并展现出热情、关心和负责任的态度是非常重要的。首先，勇于承认错误，并提供解决方法，这有助于缓解客户的情绪。在情绪缓解后，再提供实际的解决方案，这样客户更容易接受。有时候，矛盾会因为不及时回复而加深。如果通过邮件进行下一步处理时措辞不当，很容易被误解为冷漠，这会对解决问题造成致命的打击。

要点总结（见图5-13）

提升技巧要点总结

1 订单没有及时送达

2 发错货

3 线上交流体验不好

4 客户得到的回复相互矛盾

5 回应不及时

6 收到技术投诉

7 产品缺货

8 产品质量有问题

9 官网出现"Error 404"

10 错过项目截止日期

图 5-13　提升技巧要点总结

第四节　满意度模型：让客户反感的七种
业务员特质

哈佛大学营销学教授杰拉尔德·萨尔特曼有一个著名的 95% 理论：人类 95% 的想法、情绪以及学习都是在无意识下发生的。就是说，除了产品、服务，客户选择是否合作也会受到是否符合客户喜欢的业务员类型的影响。

业务员是公司面向客户的窗口，代表着公司的形象，如果很专业，客户也会认为产品很专业；如果反应速度快，客户也会认为公司运转效率高；如果能够常常站在客户的角度提供一些可行性建议，客户也会认为公司是一个可靠的合作对象。相反，如果你对某些问题一无所知，客户也会觉得公司不专业，会认为你们是一个不靠谱的皮包公司；如果你的服务态度差、脾气也很差，客户就会认为公司的产品也很差。

现在客户选择供应商的渠道太多了，而且大多数产品同质化太严重，没有绝对的优势差异，因此服务显得格外重要。不要因为一些小事或不经意的失误而失去一个客户。虽然无法要求每一个客户喜欢自己，但至少不要让客户对自己产生负面评价。客户喜欢的业务员可能具备各种优点，正所谓萝卜青菜各有所爱，然而，让客户反感的业务员基本上具备以下七种特质，如图 5-14 所示。可以对照检查一下，是否有哪条或哪几条是你经常犯的，并在后续进行改正。

delayed 拖延型：明天复明天。

这七种不受欢迎的类型中，拖延型是大多数业务员都会犯的，是客户最不喜欢的一种类型。他们总是拖拖拉拉，很久都没有给客户一个回复。比如，当收到客户的询盘邮件，明明有时间，手上也有现成的报价，却等到下班时才回复。

我曾经有一个下属小何，他是名牌大学德语专业毕业。在面试时，他的表现非

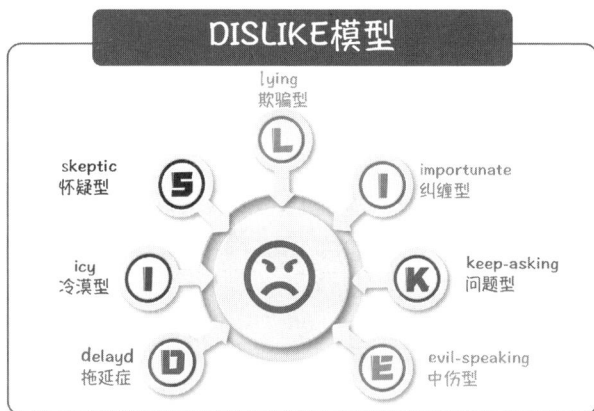

图 5-14　DISLIKE 模型

常得体，之前也有外贸客户开发的经验。然而，后来在公司工作时才发现他严重拖延，不仅对客户如此，对工作也一样。作为业务员，每天都需要去网上寻找客户信息，然后写开发信与客户联系。但是，他每天到公司后也不知道在忙什么，基本都是等到接近下班时才把邮件发送出去。几个月过去了，他也没有开发到什么客户。后来，正好有一个德国客户发来邮件，我把邮件转给他跟进。客户已经详细地写下了需求，并将所需产品列表发给了我们，要一份完整的报价。公司规定他们发送的邮件都要抄送给我，所以我看到他是第二天接近下班时才发送了报价。

后来，客户咨询是否可以提供一些样品，并希望了解更多详细的技术参数，希望与他通电话。我是两天后才看到这封邮件，询问他是否打过电话，他回答说没有，我问他为什么不打，他说因为公司电话无法拨打国际电话。当时我真的很无语，但还是忍耐着告诉他可以先用我的 Skype 电话打给客户。他打电话后，客户已经从另一个供应商那里下了采购订单。我非常失望，后来再也没有让他跟进客户，他做了半年也没有取得业绩，最终离职了。

没有人喜欢等待，特别是客户。等待本身就是一件令人沮丧、羞辱和浪费时间的事情。客户等待的时间越久，他们就会越生气，如果仍然没有回应，他们的不满很快就会变成愤怒，这也是为什么拖延是客户投诉最常见的原因之一。

除非你的产品真的就是独一无二，没有可替代的选择，否则客户是不会选的。

icy 冷漠型：客户推一步你才动一步。

对于推动的一方来说，与这样的人合作确实很受折磨，因为他们只有在被迫时才会采取行动。例如,当客户要求提供详细的技术参数时,某些业务员可能会承诺在特定日期前交付,但在期限过去后,客户还需要主动催促,才能得到所需的技术参数。

此外,即使客户已经签署合同并准备好安排生产和发货,这种人也只会在客户催促时才采取行动,中途也不会与客户沟通进展情况,更令客户难以接受的是,即使超过了交货期限,他们也不会主动解释,而是等待客户来邮件询问情况,然后才回复说无法按时交货。

之前我在阿里巴巴国际站帮助一个客户采购手链,联系到了供应商 B 就是这种类型的人。我问他发报价,他只是在我之前发的图片上标注上了人民币价格,问他是离岸价还是出厂价,他才告诉我,接着又是我问他关于生产周期的事情,其实这些信息在第一次报价时可以一一罗列出来,而他需要我问了三次。

要清楚地知道,客户并不是只向你一家供应商询价,谁能够在最短的时间内了解到客户需求并提供出适合的解决方案,谁就最有可能获得订单。

skeptic 怀疑型:对发生的一切事情都表示怀疑。

有些业务员在阅读客户的询盘信息时,首先会产生各种怀疑:这是某国客户,一定是难以合作的;这个询盘数量如此之大,一定是为了套价格的;这个询盘是用中文写的,很可能是同行。我也见过许多这样的供应商,当我在阿里巴巴国际站发布询盘信息时,用的都是中文进行沟通,有些供应商看到后不回复我,可能担心我是同行来套取价格的。

尽管要保持谨慎,不轻易相信别人,但无休止的怀疑也会让人寸步难行。这个世界上大多数客户都是善良的,他们不是为了欺骗人而欺骗人,与其花时间怀疑他们,不如努力与每个询盘的客户建立友好的关系,即使是同行,也有可能进行合作。

小艾他经常成为销售冠军,他的秘诀就是跟同行互相介绍客户,尽管大家销售的是相似的产品,但总有些不同之处。他的许多客户都是通过同行转介绍过来的,因为他会先将客户介绍给自己的同行朋友。

只有努力去抓住每一个机会,才有硕果累累的业绩收成。

lying 欺骗型:付款前什么都说好,付款后什么都不可以。

诚信是做业务的首要条件,一旦客户发现你撒谎,就不会再考虑合作了。因为合作的基础就是信任,许多业务员为了获取订单,什么都说好、什么样的条件都接受。一旦签了合同后,就出现了许多问题,然后开始找各种理由来搪塞。

交期这个问题就是经常遇到的一个谎言。我之前帮客户采购的经历中,签订合同时,我要求在一个月内交货,当时那个业务员保证没问题。25 天过去后,我打电话问交期,告诉他我们准备安排货代来取货了,他才告诉我说,因为某个元器件还没有到货,所以还没有开始生产,我们已经支付了定金,只能要求他们加快生产。后来我亲自去他们公司,找他的上司了解情况,才发现是这个业务员没有按时下单导致生产推迟。

这种类型的业务员确实非常讨厌,一个专业的业务员应该在犯错时主动承担责任,这种人只会一次一次地撒谎,最终毁掉自己的信誉。

importunate 纠缠型:每天像闹钟一样准时催促客户。

有一种业务员过于"紧迫"地跟进客户,然而这种"紧迫"并不一定是好事。他们会不断催促客户,每天发五六封邮件询问进度情况,或者每天一上线就通过 WhatsApp 账号发送"早安问候"。

处理一个项目或订单需要时间的,不同公司的情况和流程也不一样,有些流程可能需要较长的时间,甚至超过半年。作为业务员,跟进是必须的,但需要注意适度,过度催促是不可取的。在跟进工作时,应当注意把握好时机和节奏,过度催促可能会给客户带来压力,并影响合作关系。

keep-asking 问题型:一封邮件问一堆问题。

有些业务员倾向于在一封邮件中提出大量问题,自认为专业,但从另一个角度来看,这种做法更像是单方面的质询,就像警察办案审讯一样,不管你是否回答,他们只是不断抛出一堆问题,试图吓唬你,这种方式会让客户感到不悦。

如果你有许多问题需要确认,建议与客户约定一个线上会议,通过双向的沟通和交流,才能更好地解决问题。在会议中,可以逐个提出问题,听取客户的回答,并就每个问题进行进一步讨论。这样的互动方式能够更有效地解决问题,而不是仅仅通过一封冷冰冰的邮件。

evil-speaking 中伤型:公然诋毁同行。

欧美客户对这种类型的业务员特别反感,尤其是当他们已经与你的竞争对手合作时,你却公开说:"你之前合作的那个工厂使用劣质原材料,价格也比我们高。"你认为这样说客户就会考虑与你合作吗？不可能！这样的言论会让客户觉得在质疑他们的专业能力，甚至觉得在嘲笑他们。一旦客户产生这种情绪，不管你的言论是否有道理，他们会立即对与你合作产生抵触情绪。客户并不傻，他们对行业的了解可能比你想的还要深入。因此，绝不能企图用这种方法来影响客户的决策。一旦采取了这种方式，无论客户是否继续与之前的供应商合作，可以确定的是，他们不会跟你合作。

通过这个 DISLIKE 模型，首先要自我审视，看看自己是否存在这些问题。如果没有，那么恭喜你，你已经是一个非常优秀的业务员；如果存在，也没有关系，过去无法改变，但从这一刻开始，改变自己，不要再成为客户讨厌的那种业务员了。

要点总结（见图5-15）

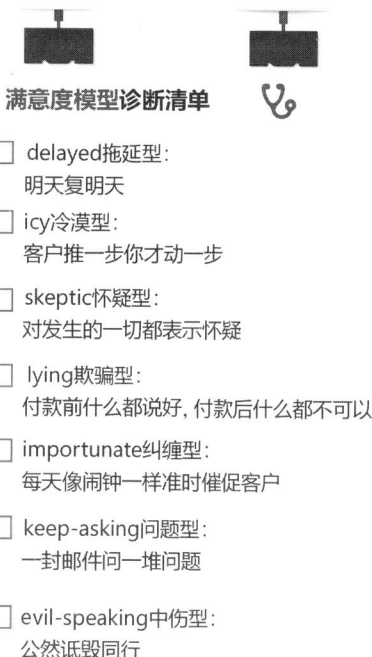

满意度模型诊断清单

☐ delayed拖延型：
明天复明天

☐ icy冷漠型：
客户推一步你才动一步

☐ skeptic怀疑型：
对发生的一切都表示怀疑

☐ lying欺骗型：
付款前什么都说好，付款后什么都不可以

☐ importunate纠缠型：
每天像闹钟一样准时催促客户

☐ keep-asking问题型：
一封邮件问一堆问题

☐ evil-speaking中伤型：
公然诋毁同行

图 5-15　满意度模型诊断清单

06

第六章

忠诚度:培养忠实客户做长久生意

本章将通过以下内容,帮助大家培养忠实客户,将一生一次的交易变成长久的生意:

什么因素能够影响客户忠诚度?

如何打造客户忠诚度,以获得后续订单?

与客户的首次互动能够起积极影响吗?

如何将一生一次交易做成长久的生意?

第一节　忠诚度矩阵：打造忠诚度，靠的从来都不是价格

客户群体的不断扩充是每个跨境业务员提升业绩的必经之路，因此，吸引新客户和维护老客户成为日常工作的重中之重。当投入大量时间和精力来开发新客户时，不可忽视对老客户的维护和跟进工作。否则，即使不断有新客户加入，但如果忽略了老客户的管理和维护，你的业绩无法持续稳定增长。因此，需要双管齐下：一方面通过各种渠道开发新客户，另一方面主动维护现有客户以提高老客户的忠诚度。

那么，什么是客户忠诚度？

客户忠诚度指的是客户对你们公司的品牌、产品和服务的依赖和认可，表现为多次重复购买的行为。也就是说，客户定期购买同一种产品，或者不定期购买几种不同的产品的行为，就是客户忠诚行为。这种行为是客户在长期享受服务过程中表现出的对你们公司思想和情感方面的信任和忠诚。客户忠诚度的核心在于客户与你们公司之间进行重复交易和互动的次数。

学员小光就有一批这样的忠诚客户。他们公司生产和销售 LED 灯具，客户群体是当地中大型经销商和代理商。每到年底，他的忠诚客户都会主动询问小光："你今年的业绩完成得怎么样？还差多少？需要我这边下一批库存订单备一些明年的货吗？"

由此可见，忠诚的客户就是最值得依赖和重视的客户。"哈佛商业评论"的一项分析表明，留住一个老客户的成本比获得新客户的成本低 1~25 倍。这意味着，如果花了 5 000 元来获得一个新客户，那只需花 200~1 000 元来保留一个老客户。贝恩咨询公司也提出了类似的分析，当客户留存率提高 5% 时，至少会带

来 25% 的利润增长，换句话说，如果目前的业绩是每年 2 000 万元，只需提高 5% 的客户留存率，而不需要开发新客户，你的业绩就能提升到 2 500 万元。简而言之，客户忠诚度越高，业绩也就越好。如图 6-1 所示。

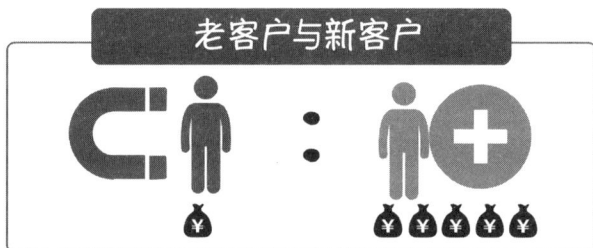

图 6-1　老客户与新客户

做好客户忠诚度管理主要有以下三大好处：

（1）带来足够的订单量。你的新客户往往都是别人的老客户，因此你的竞争对手也会努力争取这些客户，而客户在选择新的供应商时，通常会有一段较长的观察期，从样品采购开始，如果只依赖新客户，订单量显然不足。然而老客户已经对你们的品牌、产品和服务有了较为深入的了解，并且建立了一定的信任感，特别是 A 级关键客户，无论是售前、售中还是售后，他们是最省心的一群客户，价格基本稳定，不需要长期讨价还价，只要有订单就会直接下单，而且不需要像一开始合作时那样进行多次沟通。贝恩咨询公司的一份报告也证实了这个观点：向老客户销售产品比新客户容易得多，因为老客户比新客户平均多花 67% 的费用。你可以提前一年与这些客户规定好第二年的采购计划，这样也可以明确今年能够实现什么样的业绩。

（2）确保稳定的收入。大多数业务员的收入主要依靠提成，如果你的客户不断流失，业绩也会面临很多不确定性，有些月份业绩可能非常高，有些月份则可能非常低。以我之前的两个下属小谢和小郭为例，小谢由于售后服务意识差，客户流失率很高，尽管他拥有很强的开拓能力，总能开发到许多大客户，但开发大客户需要的时间也比较长，因此，他在一年内只有三到四个月的业绩达标，其他月份基本无法达到目标。公司的提成方式是设定了一个基本目标，超过该金额才开始计算提成。正因为如此，他有几个月基本是拿底薪，而在他业绩非常好的那三到四个月，由于个税扣得较多，提成也不会特别多。反观，小郭的服务能力

225

非常出色,他的客户一直跟他合作了多年,订单量比较稳定,他也会提前跟客户沟通一年的采购计划,这样可以根据业务量安排订单的月份。例如,如果二月份订单较多,而三月份订单比少,他会将一些二月份的订单安排到三月份,以使每个月的订单比较平均,也不会造成某个月的个税扣得比较多。

(3)降低新客户交易成本。刚刚提到,新客户的成交意愿低而且订单量较少,主要原因是这些新客户对你没有信任。但如果新客户是你的忠诚老客户介绍过来的呢?那情况将完全不一样,忠诚老客户总是能以很少或没有成本的方式给你介绍那些有精准采购需求的新客户,根据贝恩咨询公司进行的一项研究表明,老客户推荐的潜在新客户的数量比一次性买家多50%,最重要的是这些新客户成交意愿特别高:84%的B2B决策行为都是通过朋友介绍开始,而通过朋友介绍的新客户采购的可能性是普通新客户的四倍。

衡量客户忠诚度的两个维度。

衡量客户忠诚度需要了解两个维度:"忠诚行为"和"忠诚态度"。"忠诚行为"指客户计划采取的行动,而"忠诚态度"指客户对你的工作的感受。这两个维度来自沃克的忠诚度矩阵,它采用了经过科学验证的方法来研究客户忠诚度理论。通过这两个维度,可以构建出图6-2的四个区:忠诚区、摇摆区、束缚区和放弃区。

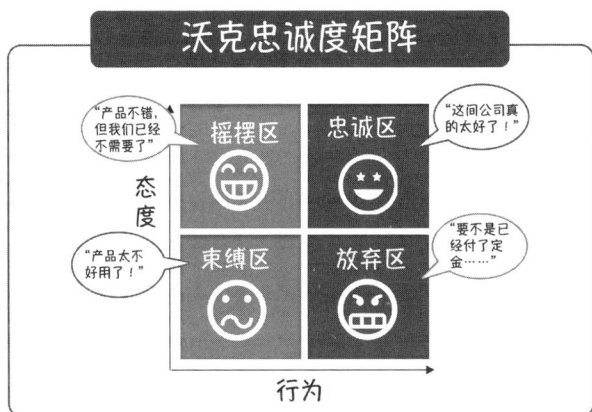

图6-2　沃克忠诚度矩阵

(1)忠诚区:这些客户是你最忠诚的那一批客户,他们在购买某一类产品时只认定你们的品牌,并持有积极的态度,尽管在某些情况下他们可能会因为没有库存而偶尔采购其他品牌，但最终他们还是会向你下更多的订单，并且积极地向其他客户推荐你们，他们经常会说："这家公司太好了"。

很多业务员在观察这个忠诚度矩阵时总是会关注那些负面的因素——如何将摇摆区、束缚区和放弃区的客户转变到忠诚区，却忽略了忠诚区的客户。实际上，这个区域的客户绝对是你需要花费最多时间和精力去维护的客户：他们认可你和你们的产品，并且给你带来大量订单。因此没有任何理由不去维护这些客户，这是为你创造收入的最快方式。

（2）摇摆区：这个区域的客户确实是有些难以理解，因为他们仍然认可你，却不打算继续与你做生意，听起来有些矛盾。进一步思考可以理解，可能是因为他们的业务发生了变化，不再需要你的产品或服务了，才不打算合作。

举个例子可以更好地理解这一点：你很喜欢你家附近的一家餐厅，喜欢这间餐厅的环境和菜品，但你搬家了，搬到了另一个城市，无论你多么喜欢那家餐厅，由于距离遥远，你也不可能再去光顾了。

这些客户经常说的一句话就是："这家公司的产品很不错，可惜我们不再从事这个行业了。"虽然这些客户可能不会再产生新的订单，但你仍然需要努力去维护他们，主要有三个原因：首先，他们可能会给你带来新的客户；其次，你的公司未来可能有其他产品可以提供给他们；最后，你也有可能离开现有行业进入一个新的领域，而这些客户恰好需要你的产品或服务。

（3）束缚区：这些客户虽还会继续和你做生意，但实际上他们并不满意，内心感到被迫，可能是因为已经支付了定金，或者受到集团公司的捆绑关系，也有可能是因为还没有找到合适的替代品。当他们有更好的选择时，就会中断和你的合作。他们经常会说："要不是由于已经付了定金，早就不想跟他们合作了。"

处于这个区域的客户也是一个矛盾体，他们不喜欢你，却不得不继续与你做生意，然而，对你来说，这其实是一个警示信号，应该谨慎对待。如果能够了解到他们不满意的原因，并且在你们的能力范围内，可以尽量与他们沟通协商，寻求解决方案。但如果问题超出了你们的能力范围，那么应该更加重视维护忠诚区和摇摆区的客户，因为这对你们来说更为重要。

（4）放弃区：这些客户已经放弃跟你们的合作了，并且不打算再回来了，更糟糕的是，他们对你们公司的评价非常差，经常会说"这家公司的产品太次了，不要跟他们合作""我不会再回来了,真的太不喜欢你们的产品了"等。

尽管常常说不要放弃每一个客户,但实际上,我们的精力是有限的,在这种情况下,你应该先分析放弃区客户的情况。如果他们符合以下三种情况之一,建议尽快找到合适的方法来挽回这些客户,以免面临更大的损失:

①这些客户集中在特定地区吗?

②这些客户是某款特定产品的用户吗?

③这些客户在行业中享有知名度、具有一定的行业话语权吗?

虽然许多人认为忠诚度只是重复购买,但沃克忠诚度矩阵通过增加"态度"这个维度来进一步细分客户。例如,虽然一个客户会继续购买,但由于合同或订单的束缚原因而感到困扰。如果你没有识别出这些客户,那些进入束缚区的客户就有可能会走向放弃区。

行动建议(见图6-3)

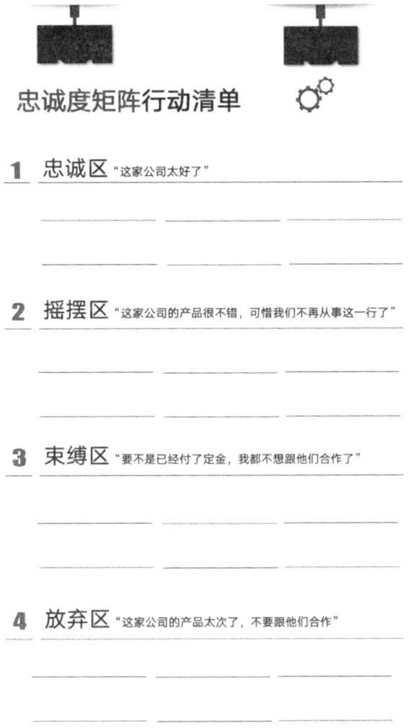

忠诚度矩阵行动清单

1 忠诚区 "这家公司太好了"

2 摇摆区 "这家公司的产品很不错,可惜我们不再从事这一行了"

3 束缚区 "要不是已经付了定金,我都不想跟他们合作了"

4 放弃区 "这家公司的产品太次了,不要跟他们合作"

图 6-3 忠诚度矩阵行动清单

第二节　忠诚度策略：做好六大步骤，后续订单水到渠成

在"互联网+跨境"大背景下，如果想在激烈的竞争中赢得客户，必须重视客户忠诚度，只有加强客户忠诚度，才能为带来稳定的订单，以下是具体的六个步骤：

第一步，保持稳定的产品质量。

不管市场如何变化，稳定的产品质量始终是客户忠诚度的主要驱动力，实际上，许多国外买家并非仅仅看重低廉的价格，他们也明白"便宜没好货"的道理，更加重视产品质量。根据美通社的一项调查统计，超过 77.84% 的受访者认可了这一观点，而价格排在了第二位，因此，可以看出，没有稳定的产品质量，就无法建立忠诚度。如图 6-4 所示。

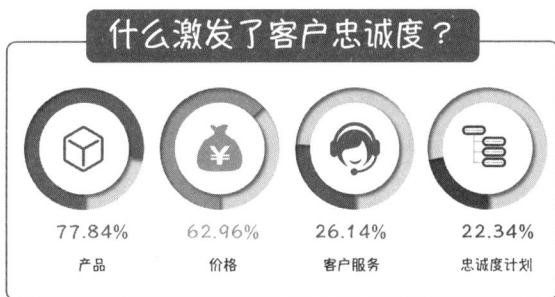

什么激发了客户忠诚度？

77.84%	62.96%	26.14%	22.34%
产品	价格	客户服务	忠诚度计划

图 6-4　什么激发了客户忠诚度？

可以根据客户的需求提供个性化的产品，因为这是客户关系发展到一定程度时客户的必然需求。我们曾与一个全球 500 强的企业合作，作为他们全球市场的合作供应商。最初，提供的是通用化产品，在合作了五年后，他们在不同市场也有了定制化的需求。

举例来说,在某地区市场,他们的客户希望将产品打造成为豪宅标配,因此,在包装上需要有高端定制的需求。其中一个要求是每个款式的产品单独提供一个支架,这样客户在收到产品后可以利用支架将其展示出来,从而提升终端客户的体验。此外,还需要为这个支架单独提供一个采购编号以便单独采购。虽然这样做有一定的成本增加,但也提高了产品的独特性。当客户收到这些定制化的产品时,会跟你建立一对一的服务关系,使产品具备个性化和差异化的优势,可以快速跟竞争对手区别开来,客户就会逐渐成为忠诚客户。

第二步,努力提高客户满意度。

客户满意度是客户对产品、服务和品牌的态度,而客户忠诚度则表现为客户对你的产品或服务的偏好,产生了重复购买的行为和持续信任的态度,客户满意度和客户忠诚度之间有着千丝万缕的联系。

举个例子,当你去商店买了一台渴望已久的全新 4K 电视,购买后服务人员递给你两份调查问卷,一份是询问你对刚才的体验是否满意,这就是客户满意度问卷,是衡量过去的态度;另一份是询问你有多少愿意向朋友推荐这家商店,这就是客户忠诚度问卷,是衡量未来的行为。

沃克忠诚度矩阵中,客户满意是形成客户忠诚的基础,已经详细介绍过客户满意度的提升技巧,这里不赘述,需要强调的是客户满意度的重要性:要先让客户满意,他们才有可能对你忠诚。

第三步,制定策略奖励忠诚客户。

让老客户在忠诚中受益,才能更好地维护客户忠诚。最常见的奖励方式,就是让客户在不断重复购买中获益,通过向大量购买的客户提供奖励,来维护现有客户对品牌的忠诚。在制定奖励策略时可以使用以下四种方法:

(1)达成目标返利计划。

这是最常见的对忠诚客户的奖励方法,让客户在不断重复购买中获益,以维护现在客户对品牌的忠诚。可以与客户签订合作备忘录(memorandum of understanding),在条款里增加每个季度或每年达成的业绩目标,当客户达到这个目标时,可以得到一定比例(如 4%) 的现金返利,这样做也可以帮助你定期和客户回顾订单情况。

（2）逢年过节寄送礼品。

这是一种比较"简单直接"的回馈忠诚客户的方法，对于那些 A 级关键客户，在逢年过节或客户公司的重要庆典时，寄送专属礼品。

（3）享受更大的折扣或更长的账期。

当客户达到特定的业绩目标时，也可以为他们提供降价优惠或更长的账期，现金流是每家企业的生命线，你的客户也一样，因此，可以在第二年让他们享受更大的折扣优惠政策，或延长账期至 3 个月或更长时间。

（4）新产品免费试用。

当你们研发出新的产品后，可以赠送给忠诚客户，不仅表示对他们的信任，也可以从他们那里获得市场反馈。

奖励方法有很多，可以根据行业、公司的具体情况进行优化应用。

第四步，通过多种渠道加强情感维系。

你跟客户的大多数交易都是在虚拟空间完成，很有可能你们已经合作了几年都还没有见过面，这使得客户的购买行为存在较大的风险。客户往往更倾向于选择信任的供应商合作，信任也成了影响客户忠诚度的重要因素。前面介绍过 DISLIKE 模型，确保自己不要成为客户讨厌的那种类型。

在与客户开始合作之后，还应该努力寻找交易之外的联系，通过多渠道接触巩固和强化与客户之间的情感联系，转化率研究机构 Invesp 的统计数据显示，短信、邮件和手机应用是三个效果最好的维护情感关系的渠道，如图 6-5 所示。

如果条件允许，可以关注他们的社交媒体账号，并在重要的节假日向他们致以恰当的问候和祝福。同时，也可以多关注客户在社交媒体上的帖文，及时了解客户的动态。细心的关怀能让客户感到特别关注，进而感激你的用心。

第五步，增加客户的转换成本。

转换成本是指客户因更换品牌、供应商或产品而产生的成本，通常意义上讲的转换成本是指金钱，还有心理和时间上的虚拟转换成本。

（1）金钱成本：很多网络供应商为了让你使用其宽带服务，提供免费上门安装、免费享受一年等服务，当你想换另外一家网络供应商时，之前的供应商会提出一些限制条件，例如需要亲自拿着机顶盒到指定柜台才能办理取消业务等，这

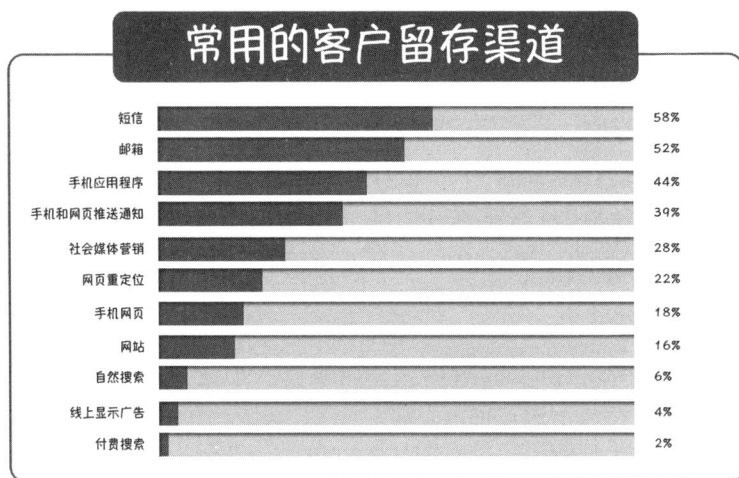

图 6-5 常用的客户留存渠道

样做的目的是增加转换成本,让你觉得很烦而最终放弃取消业务。

可以采取一些策略让客户付出高昂的转换成本,以阻止他们转向竞争对手的产品、品牌或服务。

(2)便利成本:如果公司有很多线下门店,客户可以随时随地购买产品,即使竞争对手提供了更便宜的产品,距离更远,客户也可能会选择成本较高的产品,因为更方便。

(3)情感成本:许多公司选择继续跟现有供应商合作,因为习惯了他们的服务模式,也建立了深厚的情感联系。如果去寻找新的供应商,建立新关系和结识新员工的情感成本可能更高。

(4)退出成本:有些公司会与 A 级关键客户签订合作合同,在这份合同中,客户享有更高的折扣、更长的账期或更优的售后条款,同时也限制客户的退出机制,例如预存一定的合作金、无法更新库存、缩短保修期等,让客户取消合作产生了成本。

(5)时间成本:从一个供应商切换到另一个供应商需要很长的时间,例如样品确认、价格谈判、客户反馈等,时间就是金钱,这也是客户在转换供应商时不得不考虑的关键。

要提高客户转化成本,首先要了解竞争对手从哪些方面着手吸引客户,然后再通过一种或几种转换成本来增加客户转换的难度和代价。例如,A 客户是你们在中东地区的最大经销商。为了增加他们的转换成本,可以邀请他们来参与新产品设计,并提供相关的市场信息,当他们投入更多精力,他们想要放弃这款产品的成本也会更高;你们也可以协助客户制作针对当地市场的宣传物料,这些宣传物料都是根据你们的产品定制化设计的,当客户想要转换成竞争对手的产品时,也会考虑到这些市场推广的成本;另外,还可以免费培训他们的代理商和客户,让他们熟悉你们产品的使用方法。相比于时间、精力转换成本,情感转换成本更难以被竞争对手模仿。

第六步,直接听取客户的建议。

如果你的客户没有诚实的意见,将需要更长的时间来培养忠实的用户,可以通过以下方式收集客户的反馈意见:

(1)发送电子邮件调查问卷收集可靠的反馈,并综合考虑这些反馈来改善目前的流程。

(2)经常关注你的客户在社交媒体上的帖子,因为人们倾向于在社交媒体上分享他们的想法,这样更容易获得真实的观点。

(3)在你的网站上嵌入一个弹出式调查问卷,可以收集那些不在你的电子邮件列表或新到你的网站的客户的反馈。通过在网站上添加弹出式调查问卷,用户可以更容易地回答你的问题,而不会感觉到被轰炸。

(4)如果你有聊天机器人,也可以查看实时聊天记录。通过查看站点访问者的实时聊天或聊天机器人对话,你可以获得对客户关注和痛点的有价值的见解。

客户忠诚度会受很多因素的影响,这些都需要你在与客户日常沟通的过程中细心捕捉。

行动建议（见图6-6）

忠诚度策略行动清单

1 保持稳定的产品质量

2 努力提高客户满意度

3 制定策略奖励忠诚客户

达成目标返利计划

逢年过节寄送礼品

享受更大的折扣或更长的账期

新产品免费试用

4 通过多种渠道加强情感维系

5 增加客户的转换成本

金钱成本

便利成本

情感成本

退出成本

时间成本

6 直接听取客户的建议

图 6-6　忠诚度策略行动清单

第三节　首因效应:你的第一次回应,
埋下了忠诚度的种子

新社会研究学院曾经做过这样一个实验:

他们招募了一群人,分成 A 组和 B 组,A 组有 34 人,B 组有 24 人。实验中,他们分别收到了一条关于某个人性格特征的描述,为了方便理解,将这个人叫作"山姆",其性格特征如图 6-7 所示。

图 6-7　山姆的性格特征描述

请注意,A 组和 B 组所用的描述语言是相同的,只是顺序进行了调整:A 组从优点词如"聪明""勤劳"开始,到缺点词如"固执""忌妒心强"结束,而 B 组则完全相反。在阅读完这些描述词后,A 组和 B 组的实验参与者对山姆的评价如下:

A 组:山姆是一个目标感特别强的人,他会为实现这个目标而努力奋斗,虽然他对别人缺乏耐心,但他有着坚定的信念,并且对很多事情都能做出正确的判断,因为他聪明且善于运用智慧达成自己的目标。他的固执和冲动可能是因为他清楚知道什么是对的,并且不会轻易妥协或接受别人反对的观点。

B组:山姆的勤劳和聪明等优点受到他忌妒心和固执这两个缺点的限制,此外,他很容易情绪化,他在做任何事情时都无法取得成功的原因可能是他相对软弱,因此他的优点无法得到充分发挥,他可能不容易适应环境,因为他容易产生忌妒情绪并表现冲动。

由这个实验可以看出第一印象的重要性,这也是"首因效应",后续的研究者通过不同的实验验证了这个结果。

首因效应是一种认知偏差,指的是一个人更容易记住他们最早接收到的信息,而不是后来的信息。在人际交往中,它指的是第一印象对今后交往关系的影响,也就是"先入为主"带来的效果,尽管这些第一印象并非总是准确的,但它们在脑海中留下最深刻的印象,并且决定了未来双方交往的进程。在与客户的初次交流中,留下良好的第一印象,因为它会影响未来的合作和订单。

本书主要分享业务交流中如何在六个不同的"第一次"留下好印象:

第一次写邮件。

在写第一封邮件时,无论之前是否与客户见过面,以下是五个注意事项:

(1)原因,告诉客户你从哪里获取到他的信息,并解释为什么要与他联系;

(2)抬头,务必在邮件开头使用对方的名字,这会显得更正式,避免使用泛称如 Dear Sir or Madam 这样的称呼;

(3)附件,第一封邮件中尽量避免添加附件;

(4)签名,邮件的落款应包含详细信息,包括姓名、公司名、地址、电话和电子邮件等联系方式;

(5)简洁,尽量精简文字,使内容简明扼要,能够清晰地表达主题。

第一次报价。

在进行第一次报价时,一定要展现出你的专业素质,即使有些客户可能只是随便询问价格,也不应该掉以轻心,因为只要客户询问了报价,就有机会合作。报价中应包含详细的信息。可以问自己"客户还需要什么其他方面的信息",这样更容易站在客户的角度思考问题。

报价应使用图片或 PDF 等无法修改的格式,可以通过附件或邮件正文发送。如果担心客户不愿打开邮件附件,可以先发送一个附件,几天后如果没有收到回复，再将报价插入正文中作为补充。总之，方法总比困难多，千万不要因为自己的顾虑而畏首畏尾。

第一次寄样品。

对于跨境 B2B 业务而言，如果没有寄送样品的环节，后续的合作可能性会较小。即使你的价格再好、质量再优，如果客户没有亲眼看到实物，很难继续谈下去。因此，即使客户没有主动询问，也可以主动提出寄送样品进行测试，不仅需要寄送样品，而且要尽快寄送，让客户先进行测试。如果在寄送样品的阶段，客户愿意以购买的方式进行合作，那么这个合作基本是 70%。

许多业务员会纠结是否收取样品费。如果收取费用，客户可能就不会下样品订单；如果不收取费用，客户收到后可能不会珍惜。实际上，这并没有绝对的答案，还是要根据公司的决策来考虑。如果将样品费视作市场推广费用那么可以考虑不收取费用；如果样品本身价格非常高，那可以以折扣的方式处理，另一种做法是让客户支付运费。

如果是老客户，你们有新产品想要推广时，尽量考虑免费提供样品。另外，如果该客户是一位大客户，也可以考虑免费提供样品。

在寄送样品时，附上你的名片和公司资料。名片是方便日后联系你，而公司资料则是方便客户进行宣传，可以引导他们将资料放置在公司展厅或向他们的客户展示。寄送一个样品和寄送一个样品加上十本宣传资料，费用差别不大。

在寄送样品之前，一定要非常小心谨慎。首先要确保寄送的样品完好无损，在寄送之前进行再次测试。另外，要确认产品的颜色、重量、尺寸、型号等是否符合客户的要求，考虑到运输的问题，使用抗震材料确保样品的完整性。想象一下，如果在合作之前客户收到的是次品，那么客户怎么还会愿意与你继续合作？

保持包装箱的清洁，并用马克笔清楚地写上收件人的姓名、地址和联系方式，避免快递员将包裹送错地方。如果有多个箱子，比如有三个箱子，可以在外箱上标明序号，如 1/3、2/3 和 3/3，这样快递员也不会搞错或漏发。如果外箱是一个空白的箱子，可以贴上"防雨防潮""小心轻放"等图标，如图 6-8 所示。

还有一点很重要，当发的样品与客户的要求不完全一致，例如客户要求蓝色的面板，但你们仓库里只有白色的面板，而客户同意先拿白色的看品质和功能，在这种情况下，在寄送样品时，除了发白色面板外，还应该附上一个蓝色的盖子，

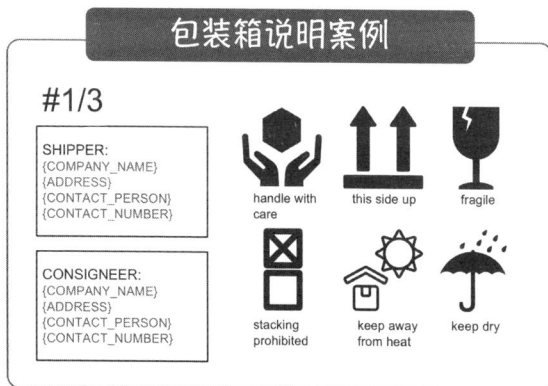

图 6-8　包装箱说明案例

这样客户就能够感到最终拿到的蓝色面板的质感。

第一次给老客户打电话。

由于时差或其他原因,很有可能与某个客户已经合作了很长时间,但从未通过电话交流,基本上是通过邮件沟通,还有一种情况是同事辞职时,公司将老客户转给你跟进。如果是老客户的首次电话交流,可以在初始阶段进行一些寒暄:

It's so nice to talk to you on the phone for the first time after nearly {NUMBER} years of communication via email. (经过近{数字}年的邮件沟通,第一次能和您通电话,感觉真好。)

外国人都不太喜欢在工作场合讨论太多私人事务,因此一旦开始电话交流,请尽快进入正题。如果客户讲得太快,你没能跟上,可以直接表达:

Sorry I lost you. Can you repeat it? (不好意思,我没听清。您能重复一下吗?)

电话结束后,你可以立即发送一封回复邮件,邮件内容也无须过于复杂,主要是将你们在电话中讨论或达成的某种协议以邮件的形式发送给客户,这既展示了你的专业素养,也避免后续相互推诿的情况。以下是一个案例参考:

标题:Short notes on {DATE}'s call

Hi {CUSTOMER_NAME},

Thank you so much for taking the time for our conversation yesterday regarding {TOPIC}. I enjoyed the conversation and gained a lot of insights from our discussion.

I wanted to follow up with you about {ITEMS_DISCUSSED}, as well as to see if there's anything else I can do to help move the process forward.

Please let me know if you need any additional information. Once again, I appreciate your time and consideration.

Best,

{YOUR_NAME}

(标题:关于{日期}通话的简短记录

嗨,{客户姓名},

非常感谢您昨天抽出时间与我就{主题}进行交谈。我很享受这次对话,并且从讨论中获得了很多启发。

我想就我们讨论的{讨论事项}与您进一步跟进,同时看看我还能做些什么来推动这一进程。

如果您需要任何额外信息,请告知我。再次感谢您抽出时间并给予关注。

祝好,

{你的名字})

第一次给新客户打电话。

具体方法已经详细阐述,在这里重申一个注意事项:建议提前写下几个不同场景的回复用语,先把这些背熟,在沟通过程中如果客户问到一些不擅长的话题,可以通过回复用语将话题转移到已经准备好的内容上:

Regarding the {TOPIC}, I also need some time to discuss with our technician to get more details about that. Maybe I will send you an email later. And then I also have one topic would like to discuss with you. (关于{主题},我也需要一些时间与我们的技术人员商讨,以获取更多细节。也许稍后我会给您发邮件。另外,我还有一个话题想和您探讨……)

通过准备好回复用语,可以更自信地应对客户问题,同时也能够将话题引导到已经准备好的内容上,以展示你的专业知识和解决方案。

第一次接待客户。

如果已经对一些客户跟进了一段时间,客户可能会提出到你们公司来参观,这意味着离成功合作已经很近了。然而,机会与风险并存。客户的公司访问计划可能包括拜访其他同类型的公司,以便做出采购决定。因此,客户来到你们公司,你的接待工作以及讨论的内容将直接影响客户的最终决策。

在之前的章节中,分享了我第一次接待国外客户的经历,那是一次尴尬的经历,但我庆幸在毕业不久后就面临这样的挑战,正是因为我永远无法忘记那种无地自容的感觉,我下定决心将半年的积蓄花在了提升英语口语的事情上。此后,我一直提醒自己不要再掉入同样的困境,不断积累经验,直到我有机会为大型专业的英语演讲提供同声传译服务。

本书里分享的都是我这十几年的经验总结,当客户要来拜访你们公司的时候,需要做好以下五项准备:

(1)行程安排:在客户到来之前,与客户确认他们的行程,包括航班信息、酒店信息、逗留天数、日程安排,了解他们从哪里到达你公司、参观完你公司后是否还有其他行程,是否需要接机等,还要了解客户人数、姓名、职位等信息。

(2)用车安排:了解客户的人数以便安排合适的车辆。除了人数,还需了解大致行李数量,确定行李是先送往酒店还是随车带走。考虑到外国人身材高大,车辆空间准备多1.5倍。

(3)用餐安排:事先询问清楚客户是否有任何饮食禁忌。尽量选择西餐,因为外国人的饮食习惯与己方有很大区别。还需要考虑不同宗教信仰。如果去中餐厅,务必提前为客户准备好刀、叉和勺子。

(4)饮料准备:事先询问客户喜欢哪些饮料,通常可以准备水、可乐、咖啡和茶这四种。水可以使用瓶装矿泉水,可乐需要提供有糖和无糖两种,考虑到有些客户可能控制体重,可乐和水尽量要冰的。如果没有咖啡机,可以现点,或者准备一些速溶咖啡,茶可以使用袋泡茶,像立顿这样的品牌比较常用。

(5)接机准备:接机时要准备好接机牌,可以在乘客出口处大方地举起来,如图6-9所示。有些业务员可能觉得不好意思,但实际上没有必要,对于到外地来做生意的人来说,没有什么比下飞机立刻有人接待更让他们开心的了。

(6)其他:在桌子上准备好笔、纸张、名片、小零食、花卉等物品。我曾经去伊朗拜访一个客户,他们的会议室里贴心地摆放着中国和伊朗的国旗,象征美好的合作意愿,当时,我看到这一景象感到非常温馨。

当你比竞争对手多做一点,你离成功也会更近一步。首次拜访留下良好印象,后续合作的可能性也会大大增加。一切都取决于细节。

国外客户接机牌案例

{CUSTOMER_NAME}

Welcom to China

{YOUR_COMPANY_NAME}

图 6-9 国外客户接机牌案例

要点总结（见图6-10）

首因效应要点总结

1 第一次写邮件
☐ 原因
☐ 抬头
☐ 附件
☐ 签名
☐ 简洁
2 第一次报价
3 第一次寄样品
4 第一次给老客户打电话
5 第一次给新客户打电话
6 第一次接待客户
行程安排
用车安排
用餐安排
饮料准备
接机准备
其他

图 6-10 首因效应要点总结

第四节　流失管理：将一生一次的交易，
　　　　变成长久的生意

你听过希腊神话中的伊卡洛斯的故事吗？

伊卡洛斯跟他的父亲代达罗斯一起用羽毛和蜡做成了两对翅膀。在起飞之前，父亲代达罗斯提醒他说："你必须小心，保持在半空中飞行。如果你飞得太低，翅膀会碰到海水，湿润后会变得沉重，你可能会被拖入大海中；而如果飞得太高，翅膀上的羽毛会因靠近太阳而燃烧。"两个人拍动着翅膀渐渐飞向了天空，伊卡洛斯兴高采烈，飞得很轻快，不由得骄傲了起来，完全忘记了父亲的忠告，操纵着翅膀越飞越高。然而，强烈的阳光融化了蜡，使得用蜡封在一起的羽毛开始松动，但由于过于兴奋，他没有察觉到这一点。最终，翅膀完全散开，羽毛从他双肩上脱落，伊卡洛斯一头坠入汪洋大海，瞬间被万顷碧波吞噬。

很多业务最终都会陷入这样的困境：一开始成功开发了一些新客户并带来了稳定的收入，然后将所有精力都投到获取新客户上，而忽略了客户流失带来的潜在危险。甚至当你问他们为什么客户会流失时，他们总是一脸迷茫；而当你询问他们应该如何解决这个问题时，他们更加不知所措。

根据 SmartInsight 的 B2B 客户生命周期，可以了解到一部分客户和你的互动越来越频繁，购买次数增多，逐渐成为你的忠诚客户。然而，随着时间的推移，也会有一些客户被竞争对手抢走，或者由于业务变动不再需要你的产品，这些客户被称为流失客户，这种现象称为客户流失。在这里，"一定时期"指的是多久呢？根据产品或服务的不同，客户再次购买的次数和间隔也不同。例如，日用品的采购时间通常不会太长，而车间大型生产机器的再次采购时间可能是五年甚至更久。原则上，"一定时间"应该大于你的客户再次采购时间。

从流失程度来看，客户流失分为完全流失和部分流失两种。完全流失指的是由于某些原因，如被竞争对手抢走，或者由于业务变化不再需要你的产品、对你的产品或服务非常不满等，在一定统计时间内订单次数为 0；部分流失则指的是客户仍在购买你的产品和服务，但与上一个周期相比，订单量逐步减少了，或者从高价值产品或服务逐渐转向低价值产品或服务，导致购买金额逐步减少。不论哪种流失，带来的直接影响就是业绩减少。

导致客户不满意不忠诚的因素都会导致客户流失，那么，要如何挽回流失的客户呢？

第一步，放正心态。

客户流失对于每个业务员来说都是不可避免的。根据 B2B NPS and CX Benchmarks Report 的报告，B2B 业务中的平均流失率为 28% 因此，不必总是陷入内耗的情绪，感觉自己的服务已经做得很好了，为什么客户离开的时候连一句"拜拜"都不说。

第二步，筛选出最有价值的 A 级客户。

A 级客户是对你的业绩产生最大影响的客户群体，因此你需要尽最大努力确保他们的满意度：倾听他们的建议、保持紧密的互动，确保已经完全解决了他们所面临的问题和困惑。

第三步，了解哪些客户有可能会离开。

避免流失的最佳方法是从一开始就阻止它的发生。总有一部分客户比其他人更有可能离开，因此了解谁处于流失的边缘非常重要，这样就可以及时与他们联系，争取他们的留存。识别有可能流失的客户是 B2B 公司最受欢迎的减少客户流失的策略之一。实际上，有 35% 的 B2B 企业成功使用了这种策略来减少客户流失。实际上，发现有可能流失的客户群体相对容易，可以整理出那些有一段时间没有联系或没有下订单的客户。

另外，还可以通过发送净推荐值评分调查来了解哪些客户有可能会流失。净推荐值评分（net promoter score surveys，NPS），如图 6-11 所示。是一种衡量客户推荐意愿的方法，主要围绕一个简单的问题：

On a scale from 0 to 10, how likely are you to recommend our product, service, or company to a friend, colleague, or family member?（从 0 到 10 分，你有多大可能向

朋友、同事或家人推荐我们的产品、服务或公司?)

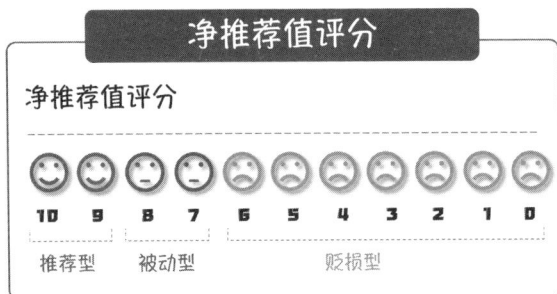

图 6-11　净推荐值评分

如果问这些问题时,客户表示沉默或者表现出不感兴趣,这可能是一个警告信号,表明他们正处于流失的边缘。如果客户对你的调查没有回应,也可以尝试不同的反馈收集方法,例如通过 WhatsApp 或电话采访,或者使用网站弹出式广告等方式。

第四步,找到客户流失原因。

在制定相应策略来降低流失率之前,首先要了解客户流失的原因。通常情况下,客户流失的原因可以归结为以下三个方面:

(1)企业内部:这包括产品参数不再符合客户的需求、服务未能满足客户期望、价格超出客户承受范围、物流配送或支付方式未达到客户要求、产品质量不稳定、缺乏忠诚度计划等。

(2)竞争对手:竞争对手提供了更好的价格和优质的服务,有潜力的客户都是卖家抢夺的对象,稍不留神,竞争对手就有可能抓住你的软肋乘虚而入蚕食你的市场份额。

(3)客户:例如客户不再从事该业务,客户所在的业务负责人更换等,每个人都有自己的人际圈子,如果负责人发生变动,可能也会将自己原本的供应链带到新的圈子里。

找出客户离开的原因的最好方法是与客户进行交流,直接给客户打电话询问为何不再下订单,这样不仅能表达对客户的关心,还能立即发现问题所在。事实上,有68%的客户离开是因为他们认为你们不关心他们。

可以积极利用各种渠道,包括电话、邮件、网站、实时聊天工具、社交媒体账号、即时通信软件等，只要现在开始打个电话、发封邮件或做个调查，就能获得有价值的反馈。

第五步，平时积极与客户进行互动。

另一种防止客户流失的方法是积极吸引他们的关注并促使其继续使用你们的产品，可以通过各种渠道定期更新产品信息、优惠政策或提供升级服务等，根据 Marketo 报告，B2B 企业与现有客户群体进行互动的最有效方式是通过邮件，其次是网站、社交媒体、聊天工具和博客。需要注意的是，这些渠道有效性可能因行业和目标客户而异。因此，在选择互动渠道时，要结合所在行业和目标客户的特点来制定合适的策略。定期与客户互动，提供有价值的信息和促销活动，能够增加客户对你的关注并增强客户与你的联结。

应该在什么时候通过什么渠道发什么样的内容联系客户呢？图 6-12 中提供了清晰的指导，详细列出了在整个客户生命周期的每个阶段应使用的沟通渠道。结合这些时间点，并根据本书中相应章节的方法，可以设计出相应的内容规划，从而确保在正确的时间和地点向客户呈现正确的内容。

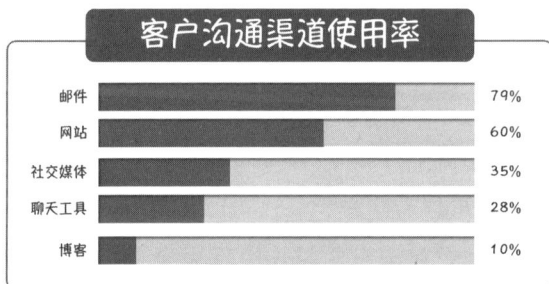

客户沟通渠道使用率

渠道	使用率
邮件	79%
网站	60%
社交媒体	35%
聊天工具	28%
博客	10%

图 6-12　客户沟通渠道使用率

第六步，有效利用反馈闭环。

保持客户满意度和忠诚度是防止客户流失的前提，因为不满意就不会再次购买，而缺乏重复购买意味着客户的流失。因此，本书中之前介绍的所有提高客户满意度和忠诚度的方法同样适用于防止客户流失，同时也要确保有效利用反馈闭环。

想象一下，最重要的客户来找你，表达对你的业务的不满，并提出了改进的方法，同时解释了这些改变为什么能让他们留下来，然而，你却没有做出任何回应,而是转身离开了。根据 CustomerGauge 的研究,如果 B2B 公司收集并积极回答所有客户的反馈,他们的客户留存率就可以提高 8.5%。

这就是反馈闭环:当从客户那里收集到反馈后,迅速而有效地采取行动,并告知客户对这些反馈很重视,如图 6-13 所示。可以这样做:告诉客户正在考虑他们的意见,并将进行有意义的改进。让客户知道你真正关心他们的意见,这可能是留住客户和失去客户之间最重要的区别。

图 6-13　反馈闭环

反馈闭环是客户管理的核心,它是回应客户反馈、采取行动并减少客户流失的关键技术。当你想要高效利用反馈闭环时,会主动询问客户为什么会有这样的反馈,并与他们进一步讨论该问题,一旦问题得到解决,也要让客户知道,这些解决方案是根据他们的反馈而制定的。

在使用反馈闭环时,首先要设定闭环的目标,如果不设定目标,将无法确定何时完成闭环,完成闭环越快,你的流失率就越低,因此目标应该集中在覆盖率上,即完成循环的调查的客户数量和完成循环的速度的百分比。

设定闭环目标的重要性在于确保在一定的时间内与尽可能多的客户进行反馈沟通,同时迅速采取行动。这样做可以增加客户的关注和满意度,建立更强的客户关系,并降低客户流失的风险。

总之,通过设定明确的闭环目标、主动与客户沟通并采取行动,将能够有效利用反馈闭环,提升客户满意度,增加忠诚度,并降低客户流失的潜在风险。

第七步,向客户提供高质量的教育素材。

提供高质量的教育或支持材料对于提高留存率并减少流失非常重要,可以提供免费的培训、网络研讨会、视频教程和产品演示等资源，换句话说，不仅要给他们提供有用的工具，还要提供如何使用这些工具的培训，以帮助客户获得最大的利益。

通过提供这些教育资源，将展示产品和服务的全部潜力，并确保客户成功使用和实施它们，这样做不仅会增加客户的满意度，还会提高他们的技能和知识水平，使他们更有信心地与产品和服务互动。

确保教育资源的质量非常重要，这些资源应当清晰、易于理解，并能够解决客户的疑惑和问题，你可以定期更新资源以保持其与市场、客户需求的一致性。

第八步，分享竞争优势。

可以利用网站、社交媒体等渠道回答以下关于你的竞争优势的问题，向客户说明与众不同、为什么要选择的原因。

（1）和竞争对手有什么不同？突出与竞争对手的差异，可能是更高的质量、更广泛的功能、更好的性能等方面。

（2）是什么让你脱颖而出？讲述特点和价值主张，强调所提供的独特价值和优势，以吸引客户的注意力。这可能涉及特殊的技术专长、创新的解决方案、个性化的服务等方面。

（3）如果客户离开，将会损失什么？明确客户离开的损失，包括失去与你的合作伙伴关系、专业的支持和咨询、定制化的解决方案等。

总之，通过清晰地展示你的竞争优势，可以向客户传达你与众不同的价值，促使他们选择建立长期合作关系。这将有助于巩固你的市场地位并吸引更多的客户。

第九步，延长客户的承诺。

延长客户承诺的有效方式就是签订长期合同，这样做可以让客户有足够的时间来了解和体验你的产品或服务，同时也增加客户离开的成本。

然而，在延长客户承诺时，需要注意以下几点：

（1）提供卓越的价值和优质的服务。确保你的产品或服务能够持续地满足客户的需求，并提供超出他们期望的价值。通过持续的交流和关系建立，建立与客户的深度合作。

（2）灵活的合同条款。在长期合同中，要考虑客户的灵活性和变动需求。提供灵活的合同条款,以适应客户的变化,并在合同期内不断优化和改进服务。

(3)持续的关系管理。与客户保持密切的沟通和关系管理,了解他们的反馈和需求,并及时解决问题。建立良好的合作伙伴关系,增强客户的忠诚度和承诺。

总之,通过签订长期合同和其他增加客户忠诚度的措施,可以延长客户的承诺,并建立稳固的合作关系。这将为你的业务提供稳定的收入来源,并降低客户流失的风险。

你已经非常清楚客户流失的代价,因此应该集中精力在扮演一个出色的"守门员"角色上,让客户明白与你们合作比离开更有益,为此,需要创造条件,让客户看到你们的产品和服务能够提供的好处,同时,要找到导致客户流失的原因,并积极采取行动,定期与客户进行沟通,提高客户服务水平,这些都是防止客户流失所必需的条件。

行动建议(见图6-14)

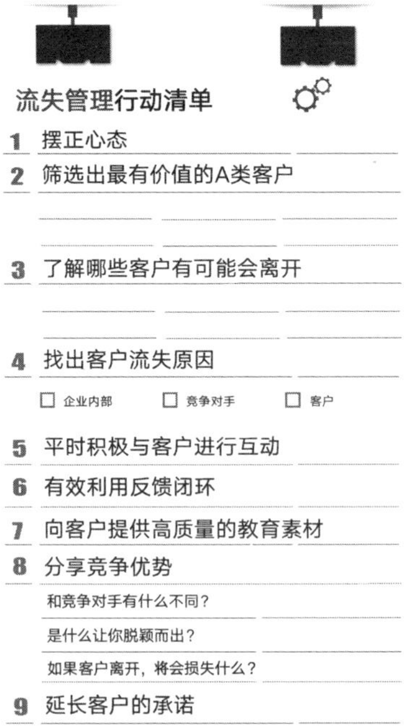

图 6-14　流失管理行动清单